ESG와 윤리·준법경영.ZIP

글로벌 스탠다드 컴플라이언스 패키지

ESG와
윤리·준법경영.ZIP

용석광 지음

맑은샘

살면서 깨달은 것이 있다. 규칙_{Rule}으로 만들어지는 것은 다 이유가 있다. 이미 우리 선조들은 많은 사건·사고와 시행착오 끝에 규칙을 만들었고 모두 지켜야 한다고 목소리를 높였다. 이를 지키지 않을 시 언론과 행정·사법부 등은 질타와 처벌을 내렸다. 그리고 그 책임은 당사자가 모두 떠안아야 했다.

이유가 있어서 만들어진 규칙을 나 스스로 깰 필요는 없다. 세상은 나 혼자 살아갈 수 없는 존재이기 때문이다. 하물며 7살 아이도 유치원의 공통된 규칙을 따라야 한다. 우리는 사람이기에 인격_{人格}이 있다. 즉, 선함과 악함이 있다. 청자생존_{清者生存}처럼 맑고 투명한 사람만이 살아남을 수 있다.

우리는 생각해 봐야 한다. 지금 대세가 되고 있는 ESG는 규칙을 만들고, 지키자고 하는 것이다. 즉, ESG 대세를 따라야 한다. 윤리_{Ethics}와 준법_{Compliance}을 활용하여 올바른 선택과 행동을 이끌어야 그래야 착한 사람(기업)이 될 수 있다. 그것을 지키면 기회가 될 수 있고, 지키지 않으면 위기가 될 수 있기 때문이다.

세종대학교 대학원 경영학과에서 지속가능$_{ESG}$경영을 강의 및 연구하고 있는 이용기 교수입니다. 먼저 우리 대학원의 박사과정 중에 있는 용석광 저자의 저서 출간을 축하드립니다.

최근 중요시되고 있는 $E_{environment}$(환경), S_{social}(사회), $G_{governance}$(지배구조) 트렌드가 증명하듯이 기업의 윤리와 준법에 대한 책임이 더욱더 강조되고 있는 시기입니다. 사회가 복잡해지고 자본주의가 더 견고해질수록 기업 책임의 폭은 점점 더 넓어지고 있습니다. 이를 증명하듯 입법부, 행정부, 사법부는 중대재해처벌법과 같이 기업이 안전과 관련된 준법 책임을 다하지 않는다면 강력한 규제의 방망이로 응징하고 있습니다. 또한 거액의 회계 부정과 횡령·배임, 비리, 갑질 등의 비윤리적 사건에 대해서도 정부의 제재가 지속적으로 이루어지고 있습니다.

기업은 수익 및 일자리 창출 등을 통하여 지속가능한 성장을 해야 합니다. 그러나 기업의 지속가능한 성장은 윤리·준법을 기본으로 이루어져야 합니다. 마치 사람처럼, 착한 기업이 아니면 이해관계자들로부터 외면받는 것이 현재의 기업 주소입니다.

대한민국은 전 세계가 인정하는 선진국 반열에 올랐지만, 급격한 경제성장에 따른 많은 사건과 사고의 민낯이 드러나고 있어 새로운 윤리와 준법 기준의 정립이 필요할 때입니다. 앞으로 ESG와 같이 윤리 · 준법은 기업의 선택이 아닌 필수조건이 될 것입니다. 그러나 기업의 윤리 · 준법은 ESG 중 건강한 기업지배구조를 통하여 지켜져야 합니다. G는 대한민국의 ESG 경영 실천 중 가장 중요한 변수이기 때문입니다.

컴플라이언스Compliance는 적발과 처벌이 아니라 예방 차원의 자발적 준법 통제 장치입니다. 이 장치가 효과적으로 작동하는 착한 기업은 성장의 기회를 가지나 그렇지 않은 기업은 이해관계자들에 의하여 나쁜 기업으로 인식될 것입니다.

이 책은 용석광 저자가 현직에 있었던 수년간의 실무 경험 및 노하우를 바탕으로 쓴 것으로, 이 분야의 업무를 하는 실무자이거나, 관심이 있거나, 공부하는 학생들에게 큰 가이드 역할을 할 수 있을 것으로 생각됩니다. 특히 이 책은 ESG 차원에서 많은 기업과 경영자들에게 큰 도움이 될 것입니다.

다시 한 번 용석광 저자의 책 출간을 축하하며, 앞으로 기업의 지속가능한 발전과 성장을 위해 저자께서 노력해 주실 것을 당부드립니다.

세종대학교 대학원 경영학과 지속가능ESG경영 전공

이용기 교수

CONTENTS

Part 2.
ESG 경영을 위한 컴플라이언스 기능과 실제

당신이 정말 읽고 싶은 책이 있는데 아직 쓰이지 않았다면, 그건 직접 쓰라는 신의 계시다. -토니 모리슨*Toni Morrison*

이 책을 읽는 이와 마찬가지로 저자 또한 컴플라이언스 관련 업무를 하였고, 지금도 기업을 대상으로 다양한 활동을 수행하고 있다. 하지만 업무에 참고할 수 있는 컴플라이언스 실무 서적이 없어 아쉬움을 느꼈다. 그러던 차에 2021년 4월, 드디어 ISO 37301:2021(Compliance Management Systems: Requirement with guideline for use)이라는 컴플라이언스 관련 글로벌 스탠다드 규격이 전 세계 최초로 제정되었다.

추상적이고 모호한, 그리고 눈에 들어오지 않았던 컴플라이언스 개념을 정립하여 명확히 이해할 수 있도록 도와준 것이 ISO 37301:2021이었다. 조각조각 흩어져 있던 컴플라이언스를 퍼즐처럼 맞추어 체계적으로 정리한 시스템이었다. 이를 계기로 내가 읽고 싶은 것은 물론, 다른 사람도 참고할 만한 실무 기준서를 만들고자 본 책을 출간하게 되었다.

돌이켜보면 본 규격서를 바탕으로 한 ISO 37301:2021이 제정되기 이전, 필자는 준법지원팀에서 ISO 19600:2014(Compliance Management Systems: guideline)의 번역 업무를 맡았었다. 당시 수많은 시행착오를 겪었고, 참고할 만한 서적을 물색하고, 또 관련 전문가를 찾아봤었다. 글로벌 선진국에서는 효과적인 컴플라이언스 프로그램이 필수적임에도 불구하고, 대한민국 서점에는 그 흔한 컴플라이언스 실무기준서가 왜 없는지 의문을 가질 수밖에 없었다. 더불어 이 좋은 제도가 대한민국에 뿌리내리지 못하고 있는 것이 못내 아쉬웠다.

실무자 시절, 많은 나라와 컴플라이언스 관련 국제교류를 추진할 기회가 있었다. 그러던 중 그들은 왜 컴플라이언스&윤리_{Compliance&Ethics}라는 용어를 반드시 같이 쓰고, 사업의 필_必수 전제 조건화로 사용하고 있는지 궁금하였다.

나라마다 다른 단어로 쓰인 컴플라이언스의 모국은 미국이며, 스터디(연구)를 통해 그 탄생 배경을 깊이 이해할 수 있었다. 컴플라이언스가 발전된 나라는 징계를 위한 적발과 처벌이 아닌, 앞으로 닥쳐올지 모르는 다양한 리스크를 사전 예방하고, 모니터링하는 등의 시스템을 구축하여 감지한다. 또, 원칙_{原則}과 기준_{基準}을 토대로 위법 행위자에 대한 징계를 신속, 정확히 대응한다. 무엇보다 컴플라이언스는 조직원들을 강압적으로 통제하는 것이 아닌, 건강한 조직문화를 형성해 각 조직원이 비즈니스 성과를 달성할 수 있도록 도와주는 비즈니스 상담자_{Adviser} 역할을 충실히 하고 있다.

여러 기관을 만나고 업무를 진행하며 느낀 점은, 대한민국은 이미 컴플라이언스가 발전할 수 있는 무궁무진한 제도가 갖춰져 있다는 것이었다. 하지만 제도를 통합하지 못하고, 각 기관의 주도권을 둘러싼 이권 다툼과 컴플라이언스 기능$_{Function}$의 초점이 모두 법$_{法}$과 관리자$_{\textrm{者, 人}}$에 맞춰져 있다.

컴플라이언스 제도를 이해하지 못하거나 사전 준비가 부족한 경영진, 그리고 해당 경영진을 보좌하는 실무자들을 볼 때면 안타까움과 아쉬움이 교차한다. 컴플라이언스는 사전 예방 차원이 강하다. 즉, 법과 윤리 등을 지키고 예방할 수 있는 자발적 통제 장치인 것이다. 미시적인 관점이 아닌, 비즈니스 경영 관점에서 거시적으로 숲$_{林}$을 바라볼 수 있는 포괄적 개념의 제도라고 할 수 있다.

공공 영역에서 윤리 · 준법 경영은, 때로는 과도해 보일 정도로 많은 부분에 갖춰져 있다. 그러나 L공사 사태 이후로 각 부처가 전쟁이라도 하듯, 윤리 · 준법 실천 제도를 추가로 만들어내고 있다. 이처럼 부처들 간의 주도권 쥐기와 과도한 실적경쟁에 고급 행정력이 낭비되고 있다.

마찬가지로 민간 영역의 많은 부분에서도 그 중요성을 인식하지 못하고 이윤 창출에 눈이 멀어 내부 통제, 윤리 · 준법, ESG 경영을 실천하며 다른 얼굴의 부정적 요소$_{Washing}$는 간과하고 있다.

그 결과, 최근 거액의 횡령 · 배임, 갑질, 비리, 성희롱 등 언론을 통해 연이어 보도되고 있다.

아직도 많은 기업이 법률에 위반되는 행동을 하고 있다. 시간의 흐름에 따라 조직(인사, 총무, 회계, 구매부서 등)은 그대로인데, 사람은 계속 바뀔 수밖에 없는 구조이다. 사람에 집중하지 못하면 법과 윤리 위반이 발생한다. 이러한 위반은 대부분 사람에 의해 일어나기 때문이다. 즉, 조직원(임직원) 관리를 못 하면 법과 윤리 등의 위반이 발생한다. 이는 위반 발생자뿐만 아니라 기업의 사주와 경영진, 기업의 평판 등 모든 면에 다양한 손실을 준다.

일부 기업들은 법만 잘 지키면 된다는 위선적인 생각을 한다. 그러나 법法은 고정되어 있지 않고 항상 살아 움직이고 있다. 마치 미생물처럼, 사건·사고가 발생하면 새로운 법률이 생겨나고 때로는 제·개정된다. 즉, 조직원들이 몰라서 법률을 못 지키는 일이 발생한다. 사람에게는 다중자아가 있기에, 처한 상황에 따라 언제든지 그에 맞는 행동을 한다. 사건·사고를 일으킨 기업의 사례들을 보면, 그럴 만한 동기부여Motivation가 있다. 아직도 많은 기업 안에서는 컴플라이언스 미준수가 수시로 발생하고 있다. 그것이 일부는 드러나고, 일부는 아직 드러나지 않았을 뿐이다.

사실 정답Answer은 정해져 있다. ESG처럼 환경(E), 사회(S), 지배구조(G)를 잘 지켜 인류가 바라는 지속 가능한 번영을 이루는 것이다. 다만 문제Question 해결 방법을 명확하게 알아야 하며, 이는 글로벌 스탠다드인 컴플라이언스(윤리·준법) 경영 시스템에서 참고할 수 있다.

ESG와 윤리·준법 경영 글로벌 스탠다드를 이용하여 비즈니스 모델과 운영 프로세스 전반에 걸쳐, 조직 내 단계적 혁신을 포함하는 것이다. 하나의 글로벌 스탠다드를 만들기 위해 전 세계 이해관계자들이 모여 수년간의 고민 끝에 제정하고, 또 현실을 반영하여 개선한다.

대한민국이 세계 강국으로 한 발 더 도약하기 위해서는 컴플라이언스가 필수 전제 조건이다. 더불어 이 책의 독자는 분명 컴플라이언스 관련 분야의 종사자이기에 당부하고 싶은 말이 있다.

넓은 범위의 컴플라이언스 제도는 분명 블루오션이다. 매 순간의 성실함이 인생 전체가 되듯, 미리 대비하고 준비하는 자에게는 빛을 발하는 시간이 반드시 올 것이다.

이 책은 비전문가들도 조직 활동을 하며 지켜야 할 컴플라이언스 제도를 쉽고 편하게 이해할 수 있도록 실무와 사례 위주로 구성하였다. 컴플라이언스 실무를 하는 모든 이에게 작은 보탬이 되고자, 실무 경험자로서 본 책을 집필하게 되었다. 글은 저자가 썼지만, 이 책을 읽고 난 후 모든 것은 독자가 주인이 되길 바란다.

더불어 컴플라이언스 제도의 발전을 위하여 컴플라이언스 협의체에 적극 동참하기를 권한다. 개인마다 컴플라이언스 발전을 위해 묵묵히 노력해준다면, 건강한 나무 여러 그루가 모여 푸르고 푸른 숲Forest을 만들 듯, 최상의 조직이 형성될 것이다. 본인이 속한 대기업, 중견·중소기업, 공공기관 등 모두가 모여 건강한 생태계를 만들고, 대한민국은 윤리·준법을 기본 바탕으로 지속 가능한 성장을 할 것이다.

마지막으로, 이 책이 나오기까지 많은 도움을 주신 관계자들과 사랑하는 가족에게 감사 인사를 전한다.

2022년 6월
저자 용석광

Part 1

윤리·준법경영 솔루션!
컴플라이언스

1

'컴플라이언스 시대'의 도래

01 '컴플라이언스'의 정의

책을 집필하며, 전통 그대로 '컴플라이언스$_{Compliance}$'를 사용할지, 우리에게 익숙한 '준법$_{遵法}$'을 사용할지, 용어 정의와 관련해 많은 고민이 있었다. 어쩌면 이러한 고민을 하는 것 자체가 시대에 뒤떨어진 것이 아닐까 싶다. 이미 기업 경영에서는 컴플라이언스를 다양한 용어로 사용 및 운영하고 있기 때문이다.

'컴플라이언스'를 순수 우리말로 번역하면 '준수$_{遵守}$'라고 하는데, 이는 무언가 어색하고 빠진 듯한 느낌이 든다. 그래서 일반적으로 우리에게 익숙하면서도, '기업은 반드시 법을 따라야 한다'는 의견에서 '준법'이라는 단어를 사용한다. 여기서 '준$_{遵}$'은 '좇을'의 의미로 쓰인다. 이외에도 무언가 '따라가다', '좇다', '순종하다', '복종하다', '거느리다', '뛰어나다', '높이다', '공경하다' 등의 뜻이 있다.

그러나 컴플라이언스는 '좇거나', '복종하거나', '따라가는' 것이 아니기에, 위 단어들과는 어울리지 않는다. 법률을 따른다는 '준법'의 의미가 강한 것은 사실이다. 기업이 사업을 추진해 가는 과정에서 위법 예방, 또는 대응의 의미로써 '자발적으로 지키겠다'는 내부 준법 통제 시스템을 말하는 것도 맞다. 그렇다고 무조건 법령을 위반한 사실이 발각되는 것을 저지, 또는 회피한다는 의미는 아니다. 더불어 사후적으로 대응하겠다는 것도 더더욱 아니다. 본질은 결국, 조직을 둘러싸고 있는 다양한 의무사항$_{Obligations}$을 철저히 준수하면서 지속가능경영을 하겠다는 것이다. 여기서 중요한 것은 준수이다. 준수는 전례나 규칙 등을 지킨다는 의미가 강하므로, 컴플라이언스에 있어 조직이 자발적으로 지키고 대응하겠다는 뜻이 된다.

준법의 의미로 본다면 대내외 법$_{法, Law}$률 환경은 급속도로 움직이고 있어, 기업의 사업 형태나 전략 등은 예측하기 힘들다. 그러므로 포괄적인 의미의 컴플라이언스를 단순히 준법으로 단언하기에는 무리가 있다. 그럼에도 불구하고 우리는 컴플라이언스 실천에 있어 '법'을 반드시 빼놓을 수 없다. 여러 의무사항 중 법은 최소한의 사회·도덕적 합의에 만들어진 공통의 강제성이 있는 규범이다.

여기서 법에 대해 자세히 살펴볼 필요가 있다. 우리는 혼자 살 수 없기에, 공동체를 구성하여 함께 살아간다. 국가와 같은 집단에서는 서로 간에 자율적인 도덕과 예절이 필요하다. 그러나 비윤리적인 사람들이 존재하므로, 모두의 약속인 법을 만든다. '법은 최소한의 도덕이다.'라는 말이 있는 것도 그 때문이다.

대한민국에 거주한다는 자체만으로 국가의 법에 따르겠다는 무언의 동의(찬성)를 했다고 볼 수 있다. 동의론에 근거하여 법을 지키겠다고 동의하였으니 따라야 한다는 주장이다. 그 결과로 우리는 교육, 치안, 국방 등 국가의 다양한 혜택을 받고 있는 것이다.

기업들은 컴플라이언스의 여러 요인 중, 반드시 법을 우선순위에 두고 따라야 한다. 그렇지 않으면 국가의 강제력에 의해 그 효력이 작동하며, 위반 시에는 강력하고 고통스러운 장기적 제재가 따른다.

그렇다고 법이라는 것이 결코 기업 경영의 장애물은 아니다. 법이란 모두에게 동등한 게임의 규칙$_{Rule}$이고, 지키지 못한 조직과 개인을 처벌하기 때문이다. 또한 법은 외면적인 성격을 가지고 있기에 법률 위반 행위를 외부로 표출할 시, 그에 상응하는 형벌을 부과받는다. 내면성 행위로 규율의 대상이 되는 것은 아니다. 즉, 생각하는 행위만으로는 사람을 처벌할 수 없다. 언제, 어디서나 유효한 보편적 · 불변적 법칙인 자연법$_{Natural\ Law}$처럼, 일상적인 시민 생활을 규제하는, 모두가 지켜야 하는 공통의 규칙들이다. 법을 체계화하여 근대적 시민을 위한 도덕 철학처럼, 자연법학에서는 법$_{Law}$과 도덕$_{Moral}$에 대한 구별을 부인해 왔다. 정치인, 기업인, 시민 등 누구 하나 빠짐없이 우리는 모두 법치주의를 존중$_{Respect\ for\ the\ Rule\ of\ Law}$해야 한다. 법치 존중은 우리 모두를 위한 의무이며, 반드시 준수해야 하는 기본 가치이기 때문이다.

법치$_{法治}$는 법의 우위를 말한다. 어떠한 개인, 또는 조직(기업)도 법 아래에 있으며, 법을 만드는 정치인은 물론 정부 역시도 법을 따라야 한다. 그렇기에 국가는 법치주의$_{法治主義}$에 근거한다. 국회에서 만든 법률에 따르지 아니하고는 나라나 권력자가 국민의 자유와 권리를 제한하거나 의무를 지울 수 없다는, 근대 입헌 국가의 정치 원리이다. 그래서 법치는 권력의 자의적 행사와 대조된다. 일반적으로 법치는 '법과 규정이 성문화되고 일반 대중에게 공개되며, 수립된 절차에 따라 공정하게 집행되는 것'을 의미한다.

기업의 사회적 책임 맥락에서의 법치 존중은, 적용되는 모든 법과 규칙 등을 준수하는 것을 의미한다. 기업은 이를 인식하여 조직원들에게 준수 의무를 알리고, 통제 조치를 실행하는 단계를 밟는다.

기업은 법이 만든 사람이다. 그래서 법인法人이라고 한다. 필요할 때만 인간 행세를 하거나 도덕과 윤리가 부재하면 안 된다. 기업도 사람이기에 인격人格이 있다. 즉, 선함과 악함이 있다. 바로 기업의 본질적 목적인 생존Survival과 지속적인 성장Sustainable Growth이다. 이 두 가지를 성취하는 것이 이윤 창출과 사업 확대이다.

과거 기업들은 법률만 지키면 되었지만, 이제는 윤리적인 범위까지도 고려하여 투자자뿐만 아니라 이해관계자를 만족시켜야 한다. 사람으로 비유했을 때, 돈밖에 모르는 사람으로 낙인이 찍히면 안 되는 것과 같은 이유이다. 간혹 어떤 이들은 합법적이면 윤리적이라고 생각한다. 그러나 윤리와 법은 범위 등의 다양한 측면에서 명확히 다르다.

즉, 법률이 모든 사회 문제를 해결하는 만병통치약이 될 수는 없다. 법은 안정적이고 명확하다. 반면 느리고 경직적이며 그 장벽은 높다. 우리 서민들은 자주 변경되고, 새롭게 제정되는 법을 알지 못해 어기게 되는 상황이 발생할 수 있다. 또, 법이 언제나 명확히 옳은 것만은 아니다. 아래 사례처럼, 법이 현실을 따라가지 못하는 경우가 생기기도 한다.

2019년 무더운 여름날, 길을 걷던 중 라디오에서 충격적인 사연을 들었다. 어린 여자아이가 가해자 4명에게 성추행을 당한 사건이었다.

경찰과 검찰 모두 가해자들을 처벌하고자 하였지만, CCTV도, 목격자도 없는 상황이었다. 증거라고는 오로지 아이의 진술뿐이었다. 수사기관은 아이에게 어쩔 수 없이 '성적 수치심'을 강요해야만 했다. 당시 법률에서는 성범죄의 중요 유·무를 판단할 때, 피해자의 '성적 수치심'이 핵심 감정이었다고 한다. 법이 늘 합리적일 수 없음을 방증하는 대목이다. 결국, 아이의 그 한마디를 듣고자 수사기관은 가해자들을 재판장까지 끌고 왔다. 판사는 아이에게 여러 차례 물었다. "수치심을 느꼈나요?", "글쎄요…, 그게."… 아이의 엇갈린 진술에 신빙성 없음을 문제 삼았고, 1심에서 가해자들은 무죄를 선고받았다.

사연을 듣자마자 걸음이 멎었다. 온몸이 굳는 느낌이었다. 피해자가 느꼈을 감정이 중요했다면, '수치심'이 아니라 '두려움'과 '공포'에 초점을 맞추었어야 했다. 그러나 법률에서는 성폭력 여부를 판단할 때 핵심적인 감정으로 간주하는 수치심만을 강요했다.

타인을 볼 낯이 없는 부끄러움을 어째서 피해자에게 묻는 것인지 이해되지 않았다. 너무 화가 나서 말문이 막혔다. 결국, 2심과 3심을 거듭한 장기간의 싸움 끝에 가해자들은 처벌받았다고 한다. 이는 법률을 판단할 때 사람의 광범위한 실제 감정들은 소외시킨 것이다. 이렇듯 법과 현실의 괴리감이 발생할 때가 있다.

또 다른 사례는 2019년 12월, 법률구조공단 변호사들이 집단 파업에 들어섰다. 법률구조공단 측은 '소속 변호사들이 평균 1억 원이 넘는 임금과 65세 정년보장을 받고 있으니, 앞으로 변호사를 계약직으로 뽑겠다.'라고 하였다. 반면 변호사 노조는 '변호사에 의한 법률상담·법률구조를 보장하려면 정규직 변호사를 더 많이 늘려야 한다.'라는 입장을 내보였다. 큰 틀에서 보면, 법률구조공단은 형평성을 맞추고 변호사들에게 정당한 대우待遇를 해달라는 것과 법률 상담 등의 업무가 너무 많다는 것이었다. 그도 그럴 것이, 일상생활과 뉴스에서 보는 것처럼 대한민국은 갈등, 대립, 마찰, 충돌 등의 분쟁을 뭐든지 법으로 해결하려 한다. 법이 만병통치약이라고 생각하는 것이다. "법대로 하자!", "경찰서 가자!" 등의 식이다.

그래서 대한민국의 법적 분쟁 항소율은 점점 높아지는데, 판단해야 할 판사는 한정적이다. 2010년 전후 대한민국 법률 통계로, 1명의 판사가 1년에 약 3,700여 건의 판결을 한다는 것이었다. 계산해 보면, 1명의 판사가 하루에 10건이 넘는 판결을 하고 있던 셈이다. 뉴스나 영화를 통해 많은 양의 법률 문서를 초록색 카트에 담아 끌고 다니는 판사의 모습이나, 책상 위에 쌓인 문서들을 본 적이 있다. 그렇다면 판사들은 그 많은 양을 하루에 다 본다는 말인가? 그리고 그 많은 내용을 어느 한쪽으로 치우치지 않고, 공명정대公明正大하게 판결할 수 있는가?

가수 겸 작곡가 유희열과 배우 차태현이 진행하는 〈다수의 수다〉에 나왔던 내용을 보면, 소송을 판결할 때는 평균적으로 경찰·검찰 수사를 거치는데, 무죄 판정은 약 3~4%에 그친다고 한다. 피의자의 감정과 진술은 무시하고 무조건 기소하여 실적을 쌓고, 언론에 공개함으로써 망신을 주는 것은 물론, 가정을 파국으로 치닫게 하는 것이다. 반면 수사기관은 대중과 상위기관으로부터 스포트라이트를 받아 진급을 하고, 권력의 힘을 얻게 된다. 게다가 사건 중 빠르게 추진할 것과 느리게 추진할 것을 골라 수사할 수 있다고 한다. 이를 방증하듯, 영화 〈살인의 추억〉에서는 '뭐 얘기를 들어볼 것도 없이 나는 한눈에 딱 봐서 범죄자를 안다.'라는 대사가, 영화 〈더킹_{The King}〉에서는 '사건을 묵은지마냥 잘 묵혀뒀다가 적절한 시기에 꺼낸다.'라는 대사가 나오기도 한다.

이처럼 '법이 현실을 따라가지 못한다.'는 비판이 나오고 있다. 대상의 특성과 상황, 환경이 다양한 만큼 복합적인 처방이 필요하다.

그렇기에 여러 복잡하고 소모적인 분쟁을 해결하기 위해서는, 사전적 예방, 사후적 대응, 회복 기능을 가진 컴플라이언스를 확대해야 한다. 영국 런던대 법학연구소장 애브럼 셔_{Avrom Sherr}는 "많은 사람에게 여전히 사법절차 접근권은 고급 호텔에서 차를 마시는 것처럼 얻기 어려운 것"이라며, "온라인을 통해 사법절차 및 법률구조 정보 제공을 확대하는 등, 법률 서비스에 대한 접근권을 확보하기 위한 여러 가지 방안들이 도입돼야 한다."라고 하였다.

최근 어려운 법률 서비스를 누구나 쉽고 저렴하게 접근하고, 도움 받을 수 있는 온라인_{IT} 플랫폼이 개발 및 운영되었지만, 아쉽게도 법률 소비자에게 상당한 오해를 야기할 수 있어 부적절하다는 지적을 받고 있다. 즉 법률 서비스를 IT 플랫폼과 연결한 것은 잘못된 비즈니스라는 것이다. 현재 이러한 IT 법률 서비스와 변호사 단체 간의 충돌 및 갈등이 고조되고 있는 것도 사실이다.

이제 법_法을 포괄하는 컴플라이언스 관점에서 자세히 설명해 보고자 한다. 컴플라이언스의 궁극적인 구성 요소는 의무_{Obligation}를 준수하는 것인데, 의무를 따르기 위해서는 필수적·자발적 두 가지 요소로 나뉜다. 기업이 사업을 운영하며 필수적_{Mandatory}으로 준수해야 할 것(예: 법, 허가, 규제기관 명령 등)과 자발적_{Voluntary}으로 준수할 수 있는 길

(예: 협정, 방침, 절차 등) 중 선택~Chooses~하게끔 하는 것이다. 이 요구사항들~Requirements~을 지키고 예방하는, 건전한 사업 활동이 가능하도록 구축된 통제장치가 바로 컴플라이언스다. 여기서 나오는 요구사항은, '조직이 효과적으로 컴플라이언스 경영 과제를 해결하는 데 필요한 요건'이라는 의미로 볼 수 있다. 즉, 업무의 바람직한 모습을 제시하는 지침이며, 이는 필수적~Mandatory~과 자발적~Voluntary~ 요구사항 준수로 나뉜다.

뒤에서 소개하겠지만, 컴플라이언스 제도의 발상지는 미국이다. 2000년대 초, '컴플라이언스의 황금기'라 할 수 있는 기업 스캔들과 예기치 못한 정부의 대응이 촉발되었다. 바로 엔론~Enron~과 월드컴~World Com~의 분식회계 사건이 컴플라이언스 제도에 기름을 부은 것이다. 결국 1991년 미국 연방 양형 위원회~US Sentencing Commission~가 기업의 법규 준수에 대한 적극적 노력을 형량 선고에 반영하는 연방 양형 가이드라인을 발표하고, 이에 반응하는 판결이 내려지면서 기업들은 컴플라이언스 제도를 적극적으로 도입하였다. 즉, 컴플라이언스 시스템이 잘 관리되었음을 입증하는 조직은, 조직원의 범죄 행위에 있어 양벌규정 때문에 발생하는 경영자의 형사책임을 최고 95%까지 감면받을 수 있다. 이를 증명하는 대표적인 사례가 1996년에 있었던 케어마크~Caremark~ 판결이다. 민사에도 연방 양형 지침을 적용한 첫 사건이었다. 반대로 범죄행위~Criminal misconduct~에 대해 무거운 형벌도 부과한다. 당근(인센티브)과 채찍(형벌)~Carrot and stick~ 접근법을 골고루 사용하는 것이다. 미국과 같이 강력한 법과 제도를 통한 제재를 고민해봐야 한다. 한국의 경우 경미한 제재를 받고 또다시 법을 위반한다. 사전 예방을 잘하기 위해서는 강력한 사후적 제재가 훨씬 효과적일 수 있다. 감당하지 못할 처벌을 받게 되면 컴플라이언스 같은 사전 예방 제도 성격의 시스템이 중요하게 된다. 용어 정의보다 더 중요한 것은 그 의미와 현상을 살펴볼 필요가 있다. 산업혁명 이후 자본주의에 지친 이해관계자들은 이제 기업들에게 착한 기업을 요구하고 있다. 윤리·준법을 이행하지 않는 나쁜 기업이면 이해관계자(소비자, 정부, 투자자, 임직원, 수사·조사·감독·행정기관 등)에게 지탄과 단죄의 대상이 되기 쉬운 현실이다. 이처럼 나쁜 기업은 강력하고 고통스러운 장기적 제재가 따를 것이다.

기업은 법률적 준수뿐만 아니라 다양한 책임과 의무가 있다. 컴플라이언스는 기업이 반드시 준수해야 하는 모든 필수적 의무와 자발적 준수사항을 다룬 것이다. 핵심은 이사회와 최고경영자 그리고 모든 임직원이 책임성 있는 윤리·준법 의식과 신뢰성 있는 조직내 안전 장치(통제 시스템)를 만들고 최선을 다해서 이행하는 것이다. 그 장치가 '컴플라이언스$_{Compliance}$'이다. 의식이 바뀌면 행동이 바뀌고, 행동이 바뀌면 관행이 바뀌고, 궁극적으로 사람과 조직 문화가 바뀐다.

02 법치형 준법경영, 문치형 윤리경영

간혹 컴플라이언스 제도를 명확히 이해하지 못하는 사람은 이런 이야기를 한다. 첫 번째, 컴플라이언스가 조직원들을 징계 및 적발하기 위한 시스템이라는 것이다. 컴플라이언스는 Middle office의 성격으로, 조직원들을 도와주는 기능을 충실히 수행하는 제도이다. 감사 부서가 발생한 이슈를 발견하고 징계하는 경찰 기능이라면, 컴플라이언스 기능$_{Function}$은 조직과 조직원들에게 향후 닥쳐올 수 있는 위험 요인들을 의사처럼 예방한다. 또 징계나 처벌로부터 자유로워질 수 있도록 돕는, 거버넌스 측면의 건강한 조직문화를 만드는 솔루션이다.

두 번째, 경영진이 컴플라이언스를 비용이고 사업의 장애 요소라고 생각한다는 것이다. 이것은 오해이고 잘못된 판단이다. 만약 컴플라이언스를 하느라 비용이 증가한다 해도, 예방 차원과 사고 발생 시 일어나는 충격을 감당할 수 있다면 기업 경쟁력은 충분히 올라간다. 기업 경영에 있어 사업 활동을 할 때는 수많은 법률과 맞닿을 수밖에 없고, 규제기관의 관리 · 감독 · 수사 · 조사 역시 점차 강화되기 마련이다. 당장은 유야무야$_{有耶無耶}$ 넘어갈지라도 언젠가는 다른 사건과 연계되어 반드시 별건수사처럼 처벌받게 된다.

앞서 설명했듯, 법은 기업 경영의 장애물이 아닌 모두의 공통된 규칙$_{Rule}$이기 때문이다. 기업 경쟁에서 어떤 기업은 컴플라이언스를 준비하지 못하여 실패할 리스크$_{Risk}$이고, 어떤 기업은 지속 가능한 경영을 해나갈 기회$_{Opportunity}$인 것이다. 장기적 관점에서 컴플라이언스는 신규 기업의 진입을 억제하고, 경쟁을 완화 시킬 수도 있다. 단적인 예로 가상화폐 관련 업계를 참고해 볼 수 있다. 「특정 금융거래정보의 보고 및 이용 등에 관한 법률(2021.12.28)」 시행 이전, 암호화폐 시스템 내에 내부자 거래나 자금세탁 등의 불법적인 행태가 있었으나 법적인 제도가 없어 관리할 수 없었다. 그러나 이러한 법률이 시행되고 정부의 관리를 받게 되면서 법과 규정 등의 제도를 갖춘 업체는 공식적인 자산으로 인정받게 되었다. 즉, 정부가 요구하는 절차를 통과하지 못한 기업은 원화 거래가 막혀 거래가 축소되고, 폐업을 맞이하게 되는 것이다. 이처럼 관련 법, 규정을 지키고 따르는 기업(기회)과 그렇지 않은 기업(위기)을 들 수 있다.

최근, 안전 관련 사고로 이슈를 겪고 있는 H기업은 건설면허를 반납하거나 면허정지를 받을 위기에 처해 있다. 이와는 반대로 기회를 얻은 경쟁 기업들은 다양한 건설사업 수주를 엿보고 있다.

요즈음, 글로벌 기업들은 파트너사들에게 컴플라이언스 제도를 반드시 요구한다. 특히 수출 주도형인 한국은 더더욱 거래관계에서 중요할 수밖에 없다. 컴플라이언스가 갖춰지지 않은 기업과는 거래하지 않겠다는 것이다. 이는 국가 간의 계약과 거래에서도 필수 전제 조건으로 작동한다. FTA, UN, ISO, 글로벌 투자기관 등에서 ESG를 요청하고 있는 것처럼, 전 세계는 빠르게 컴플라이언스를 요구하고 있다. 기업들은 내부 준법 통제장치인 컴플라이언스 제도를 도입함으로써, 리스크는 현저히 줄이고 시의적절한 기회를 얻을 수 있다.

다음으로 도덕$_{Moral}$과 윤리$_{Ethical}$ 측면에서 컴플라이언스 범위를 구분하자면, 컴플라이언스와 밀접한 관련이 있는 개념으로는 윤리를 들 수 있다. 도덕, 윤리, 사회적 책임, 투명경영, 정도경영 등은 모두 비슷한 맥락으로 풀이된다. 도덕과 윤리적 기준은 컴플라이언스보다 높으므로, 법적 권리를 뛰어넘는 행동을 제시할 수 있다. 즉, 법은 없지만 옳고 그름은 판단해야 한다.

컴플라이언스는 기대되는 행동 기준을 나타내지만, 도덕과 윤리는 조직과 조직원이 상식적으로 지켜야 할 기본 수단이 될 수 있다. 경영 측면에서도 각각 뉘앙스가 다르긴 하지만, 근본적으로 윤리·준법경영이라는 본질은 같다고 볼 수 있다. 윤리·준법경영은 조직 활동에서의 옳고 그름을 판단하여 기업이 추구해야 하는 윤리적 가치의 핵심을 설정하고, 이를 실천하는 경영방식을 말한다.

그렇다면 도덕과 윤리를 본격적으로 비교해 보자. 일상생활에서는 둘을 구분하지 않고 같은 말처럼 쓰고 있지만, 차이점은 분명히 있다. 우선 도덕은 실천적인 느낌이 강하다. 개인의 양심과 관련이 있고, 법처럼 강제성이 없어 자율적으로 행동하면 되는 것이다. 앞서 설명한 것처럼 도덕을 지키지 않으면 욕을 먹는다. 법과 비교했을 때 내면성을 가지고 있기에 생각만으로는 처벌이 불가하다.

한편, 윤리의 사전적 정의는 '사람이 지켜야 할 도리'라고 되어있다. 도덕이 실천적 느낌이 있다면, 윤리는 이론적 느낌이 강하다. 윤리는 도덕을 포괄하는 개념으로, 사회 시스템과 관련이 있고 강제성이 있다. 그래서 '직업 도덕'이 아닌 '직업 윤리'라고 한다. 사람의 생명을 다루는 의사 윤리가 있고, 누군가가 억울한 처벌을 받지 않도록 도와주는 변호사 윤리가 있다. 모두 윤리 의식이 있어야 하는 직업인 것이다.

이를 잘 나타내는 것이 '박종철 고문치사 사건'을 다룬 영화 〈1987〉이다. 당시 대한민국은 이분법적으로 둘 중 하나를 선택해야 했다. '애국자 될래? 빨갱이 될래?'처럼, 한쪽을 반드시 선택하여야만 하는 무서운 세상이었다.

그러나 당시 용기 있던 부검의, 언론, 검사, 교도관, 재야인사, 종교계 등은 강압적인 외압에도 굴하지 않고 박종철 고문치사 사건을 세상에 알렸다.

부검의 황준석 박사는 인터뷰 중 이런 이야기를 했다. "부검은 제 양심이자 직업윤리였습니다. 학교에서 공부할 때 스승님이 늘 그랬지요.

부검을 잘못해서 사인이 틀리면 부검의를 그만둬야 한다고요." 그들은 아마도 정의감 때문이라기보다는 직업윤리와 상식에 따라 행동한 것이었을 것이다. '법의학은 망자의 사인을 밝혀주는 최후의 보루'라는 자신의 소신과 직업 윤리로, 두려움을 무릅쓰고 실천한 것이었다.

윤리적 행동_{Ethical behavior}이란, 특정 상황에서 옳고 그름의 행동이라고 믿으며 그 원칙을 구부림 없이 따르고 지키는 행동이다. 어떤 사람들은 합법적인 행동을 윤리적인 것으로 생각한다. 그리고는 완벽하게 정당화될 수 있다고 설명한다.

과거에 알고 지내던 분께서는 늘 "법을 지켰으니, 본인은 깨끗하고 윤리적이다."라고 말씀하셨다. 반문하고 싶은 첫 번째는, 이 험난한 세상을 백지처럼 깨끗이 살아온 사람은 드물 것이다. 털어서 먼지 나지 않는 사람은 없다. 그분은 늘 위선적이었고, 겉과 속이 다른 모순적인 사람이었다. 실제로 국내의 모든 법을 다 알지도 못하였고, 위반의 경계를 넘나드는 경우도 있었다. 말ₑ 이라는 것은 말하는 자가 아닌, 듣는 자가 판단해야 하는 것이다.

두 번째는, 법은 사회에서 지켜야 한다고 확고히 믿는 행동 중 일부만을 성문화했다는 사실을 간과하는 것이다. 앞서 설명한 것처럼 법은 완전하지 않다. 전 세계는 글로벌 스탠다드화되고, 4차 산업혁명과 같이 빠른 속도로 변화하고 있다. 그 변화에 법은 경직되고 불완전해져 모든 것을 막지는 못한다. 과거에 괜찮았어도 오늘부터는 문제가 되는 것이 윤리와 준법이다. 급변하는 세상 속에서 우리가 놓치지 말아야 할 것은 원칙과 진심, 그리고 상식에 준하는 말과 행동이다. 상식적인 수준을 가지고, 성희롱, 갑질, 폭언 등은 근절되어야 한다.

위의 글처럼, 법이라고 해서 언제나 옳은 것만은 아니다. 컴플라이언스는 윤리·준법경영에 있어 가장 기본이 되는 조직의 안전 기능_{Function}이다. 더불어 컴플라이언스 요소는 법_{法}만으로는 충분하지 않고, 윤리가 반드시 포함되어야 한다. 법률이 모든 비즈니스 행동을 규정할 수는 없는 것처럼 말이다.

윤리·준법 경영의 성공 전략인 컴플라이언스의 저자 마틴 비겔만 _{Martin T. Biegelman}(2012)은, 문제를 겪지 않기 위해 법규를 준수하는 수준에만 머무르는 것은 완전한 컴플라이언스가 아니라고 하였다. "일류의 컴플라이언스는 법규 준수(규정 및 법률을 지키는 것)와 윤리(가치, 무결성, 책임성, 항상 옳은 일을 하는 것에 기반한 문화를 개발하고, 이를 지속시키는 것)를 성공적으로 혼합하는 것이다."라고 주장하였다. '법치형 준법경영'의 축으로 법과 규칙의 엄격한 준수를 지향하고, '문치형 윤리경영'으로 철학과 조직 문화로서의 통합된 윤리·준법경영을 지향해야 한다. 이로써 법과 규칙에 의존하는 데서 오는 한계를 넘어 윤리·준법 경영 문화로 정착시키고, 지속 가능성을 확보할 수 있다.

아무리 도덕적인 경영활동을 할지라도, 윤리적이지 못하면 기업 가치는 저평가되고 만다. 다시 한 번 언급하고 싶은 것은, 도덕과 법은 사회질서를 유지하기 위한 최소한의 요구 조건이라는 것이다. 그리고 윤리는 법규를 초월하여 광범위한 영역을 대상으로 하고 있다. 따라서 효과적인 컴플라이언스 제도가 ESG와 윤리·준법 경영을 실천하는 기업에 적절한 통제장치(브레이크)가 될 수 있는 것이다. 그러므로 컴플라이언스 경영, 윤리·준법 경영을 나눌 필요 없이 연결 고리인 윤리·준법 경영의 한 몸통으로 봐야 할 것이다.

03 컴플라이언스 유사 기능과 개념[1]

구분	정의	주요관심분야	특징	컴플라이언스와의 관계
컴플라이언스	컴플라이언스 관련 법률, 규칙 및 기준을 준수하지 않은 결과 겪을 수 있는 리스크를 식별, 관리 및 경감하는 활동	법률과 규칙 및 기준	외부적으로 기대되는 행동 기준	-
윤리	가치, 무결성, 책임성, 항상 옳은 일을 하는 것에 기반한 문화를 개발하고 이를 지속시키는 것	법률 및 법적 권리를 뛰어넘는 행동에 대한 기준 및 규범들	조직문화와 밀접한 관련이 있음	외부적으로 기대되는 행동 기준 준수 동기, 수단으로 컴플라이언스보다 넓은 범위를 다룸
내부 통제	운영, 보고 및 법규 준수와 관련된 목표 달성에 관해 합리적인 확신을 제공하기 위해 조직의 이사회, 경영진 및 기타 인력에 의해 고안되어 실행되는 프로세스	조직의 운영, 재무보고, 법규 준수	조직 운영과 관련된 전 분야를 망라함	내부 통제는 컴플라이언스를 비롯하여 위험관리, 내부 감사 및 거버넌스를 모두 포함함

---

1 참고: 노동래(금융투자 회사 컴플라이언스 프로그램의 운영 현황 및 개선방안에 관한 연구, 윤리·준법경영연구 제15권 제2호(통권 제22호))

구분	정의	주요관심분야	특징	컴플라이언스와의 관계
리스크 관리	조직의 목표 달성에 관한 합리적인 확신을 제공하기 위해, 해당 조직에 영향을 줄 수 있는 잠재적 사건들을 파악. 조직의 리스크 성향 이내로 관리하기 위해 조직의 이사회, 경영진 등에 의해 전사적으로 적용되도록 설계된 프로세스	신용, 시장, 법률, 평판 위험 등 조직에 위협이 되는 요소들	전략의 맥락에서 통합적으로 관리	리스크는 컴플라이언스 리스크를 포함
내부 감사	독립적이고 객관적인 감사 및 컨설팅 활동	내부 통제와 동일함	경영 라인으로부터 독립적임	컴플라이언스 기능에 대해 적정성과 효과성 측면에서 감사를 시행함
거버넌스	이사회, 경영진, 그리고 주주 사이의 권한의 할당	대리인 문제를 완화하기 위한 경영진 감독	이사회와 이사회 하위 위원회를 중심으로 논의됨	거버넌스 기구는 컴플라이언스의 효과성을 감독함
기업의 사회적 책임	이익을 낼 필요와 이해관계자들의 필요 사이에 균형을 유지하라는 규정을 뛰어넘어 그 이상으로 기업이 기울이는 노력	다양한 이해관계자들의 이익의 균형	조직의 핵심 활동 영역 이외의 분야를 다룸	실패 시 기업의 평판에 악영향을 미친다는 점에서 컴플라이언스와 유사

04 경성규범과 연성규범의 상호보완책으로서의 컴플라이언스

이번 장에서는 기업의 효과적인 윤리·준법 경영을 돕기 위해 경성규범Hard Law과 연성규범Soft Law 차원에서 접근해 보고자 한다. 국가에 의해 규율이 강제되는 경성규범Hard Law은 국민이 규범을 어겼을 때 공권력이 나서서 그에 상응하는 책임을 물을 수 있으며, 엄격한 법률로 대표되기에 법적 구속력이 강해 일률적이고 기계적일 수 있다. 법이라는 것은 단단하게 경직되어 있어 어렵고 직접적이며, 반드시 따라야 한다. 이를 증명하듯, 우리나라의 상장 기업에 대한 규제는 그동안 상법, 자본시장법, 상장규정, 공시규정 등 경성규범 중심으로 운영 및 판결되어왔다.

반면 주로 영국, 독일, 일본 등에서 발달한 연성규범Soft Law은 직접적 법적 구속력이 없을 뿐, 간접적으로 일정한 기준과 원칙을 제시함으로써 주체들의 행위에 영향을 미친다. 윤리나 도덕 같은 추상적 개념으로 이해할 수 있으나, 그보다는 구체적이다. 공정거래위원회에서 시행하고 있는 공정거래 자율준수 프로그램CP 및 동의의결이 이와 유사한 제도이다.

즉, 실질적인 영향력을 행사하기 위해 만들어진 행위규범의 일종으로 자율적인 준수 성격이 강하다. 또한, 경성규범에 해당하지 않는 법률을 총칭함으로써 범위가 매우 포괄적이다.

경성규범의 대표적 법은 안정적이고 명확하지만, 느리고 경직적이다. 앞서 소개한 바와 같이 법은 모든 사회문제를 해결하는 만병통치약이 될 수 없다. 제정은 물론, 개정되기까지 오랜 시간이 걸리며 정작 적용되어야 할 시점에는 공정하게 적용되지 않는다.

대상의 특성과 처해있는 환경이 복잡 및 다양하기에, 복합적인 처방이 필요하다. 특히 기업에 대한 규제가 대표적이다. 기업의 경제 환경은 국제 경제 동향에 따라 시시각각 변화한다. 지금의 국제 정세는 변화를 예측하기 어렵다. 미국과 중국의 무역갈등, 러시아와 우크라이나 전쟁 등과 같이 우리 기업들은 방향을 잡기 힘들다. 이처럼 국내의 법을 일률적으로 적용하는 것은 산업을 위축시킬 수 있다.

결과적으로 필자가 의도하는 바는 윤리 · 준법 경영 관점에서 경성규범과 연성규범이 적절한 조화를 이루어 강력한 시너지 효과를 거두는 것이다. 경성규범의 규제적 적발, 제재만으로는 사회적 비용이 많이 들고 효율적이지 않기에 연성규범의 자율적 준수 지침을 마련하고 장려하여 올바른 기업 비즈니스 문화를 정착시키면 되는 것이다.

그러기 위해서는 기업지배구조 모범규준Corporate Governance Code의 개선이 필요하다. 법률로써 규제의 방향을 설정하고, 세부 법을 적용하는 항목에 대해서는 법의 사각지대를 메꾸는 국제법 같은 보완책이 필요하다.

해외에서는 기업지배구조 개선을 위해 연성규범이 폭넓게 사용되고 있다. OECD는 회원국의 기업지배구조 개선을 목적으로 'OECD 기업지배구조원칙'을 수립했다. 이 원칙은 경제적 효율성을 개선하는 기업의 성장을 촉진하며, 투자자의 신뢰성 제고를 위해 제도적 기초를 마련하는 것을 목적으로 한다. 제1장, '실효성 있는 지배구조 체계의 구축' 부분에서 원칙준수 예외설명Comply or explain 방식의 도입을 권고하고 있다.

'원칙준수 예외설명' 원칙이란 기업이 원칙적으로 모범규준을 '준수'

하되, 예외적으로 준수하지 않을 경우 그 이유를 이해관계자에게 '설명'하는 것을 말한다. 어떤 회사나 투자자, 혹은 이해관계자에게는 합리적인 규제가 다른 환경 및 상황에 놓여있는 주체들에게는 비합리적으로 작용할 수 있음을 전제한 것이다.

한국은 IMF 이후 기업지배구조 개선을 목적으로 연성규범에 의한 '기업지배구조 모범규준'이 생겼지만, 제 기능은 작동되지 않고 있다. 첫 번째 이유는 경성규범 중심의 강력한 규제 체계 때문이다. 기업은 상장회사의 상법, 자본시장법, 공시규정 등 법령 중심으로 운영되어왔다. 법을 준수하지 않았을 때의 처벌 여부가 규제의 이행 유무를 결정하는 핵심 요소로 자리매김한 덕분이다. 두 번째는 기업이 연성규범을 이행해야 할 유인책이 크지 않기 때문이다. 우리나라의 모범규준은 자율적인 선택을 보장하면서도 이에 따른 '설명'의 의무를 부과하지 않아, 기업들은 굳이 자신들에게 불리한 항목들을 공시하지 않고 있다.

아시아기업지배구조협회Asian Corporate Governance Association가 2016년 발표한 자료에 따르면, 한국은 평가 대상이었던 아시아 11개국 중 기업지배구조 관련 평가에서 9위에 머물렀다. 이를 증명하듯, 최근 여러 거액의 회계부정과 횡령·배임 등의 사건이 발생하고 있다. 같은 해 OECD가 각국의 기업지배구조 현황을 조사한 결과도 크게 다르지 않았다. 우리나라는 조사 대상국 46개국 중 유일하게 '원칙준수 예외설명'과 같은 규범 실행 메커니즘을 도입하지 않은 나라로 분류됐다.

즉, 기본적이고 핵심적인 사항으로, 필요한 규제는 구속력 있는 경성규범, 탄력적 대처가 필요한 사항은 연성규범으로 제시하여 적정한 비율로 선택하게끔 해주면 된다. 조화를 이루고자 할 때, 불분명한 중간지대인 회색지대_{Gray Zone}를 논하기보다 제도의 장단점을 보완하자는 것이다. 대표적으로 경성규범의 중대 재해 처벌 등에 관한 법률(2022.1.27. 시행)과 연성규범의 ISO 45001:2018(안전보건 경영 시스템), ISO 37301:2021(준법 경영 시스템), CP 등이 도움될 수 있다.

근로자를 포함한 종사자와 일반 시민의 안전권을 확보하고, 기업의 조직문화 및 안전관리 시스템 미비로 발생하는 중대 재해사고를 사전에 방지할 수 있는 「중대 재해 처벌법」은 대표적 경성규범에 속할 것이다. 또한, ISO 45001:2018(안전보건 경영 시스템)을 통해 사업장에서 발생 가능한 재해 및 사고의 위험성을 예측·관리하고, 지속적인 개선으로 인적 재해 및 재산 피해를 막음으로써 기업의 안전보건과 건강을 지킬 수 있다.

이어, 기업의 모든 컴플라이언스 리스크 관리와 의무사항을 지킬 수 있는 자발적 준법 통제장치인 ISO 37301:2021(준법 경영 시스템)과 CP가 대표적 연성규범일 것이다. 이처럼 ISO 37301:2021은 법 영역뿐만 아니라, 다양한 규제 영역에서 넓은 범위의 준법 경영, 또는 내부통제 시스템의 일종으로 활용될 수 있다.

경직성을 보완할 수 있는 자발적 준수인 안전보건과 준법 경영 시스템 제도를 받아들여, 경성규범과 연성규범의 장·단점을 상호 보완하면 된다. 컴플라이언스의 대상은 강제성이 부여된 경성규범과 사회적으로 요구되는 연성규범을 포함하는 통제장치가 될 것이다.

따라서 모든 기업은 컴플라이언스 제도를 통해 연성규범과 경성규범의 조화를 이뤄 전문성을 갖추고, 청렴과 윤리, 준법을 실천하는 건강한 조직문화를 만들 수 있다.

05 선진국 대한민국의 컴플라이언스 방향

외국을 방문하다 보면, 다른 나라 사람들에게 한국을 자랑할 일이 종종 있다. 모두 눈부신 경제 성장을 이룬 우리나라를 부러워한다. 그도 그럴 것이, 대한민국은 전 세계가 인정하는 선진국 반열에 올랐다. 선진국으로 분류하는 것이 명확히 합의되지는 않았지만 말이다. 선진국의 정의는 '고도의 산업 · 경제 발전을 이룬 나라', '경제체제가 고도로 발전한 나라', '다른 나라보다 정치 · 경제 · 문화가 발달한 나라' 등 다양하다. 공통점은 모두 '경제'가 포함된다. 전쟁 이후 폐허만 남은 국가가 전 세계 10위 규모의 경제 선진국으로 성장한 사례는 오직 대한민국뿐이다. 이를 방증하듯 선진국 클럽인 G7 회의에 초청되기도 하였다. 이처럼 우리 기업들의 영업 활동은 세계화되고 있다.

그러나 사건 · 사고의 발생은 계속되었다. 산재 사망률은 OECD 선진국 중 3위이며, H 아파트 붕괴사고로 건설업계에서는 1위를 기록했다. 소득 격차와 노인 빈곤율과 자살률의 기록은 매년 갱신되고 있다. 급속한 산업화는 이뤄냈지만, 각자도생 속에서 기득권층의 엘리트 카르텔과 정치 · 사회적 신뢰도는 최하점이다.

특히 대한민국은 엘리트 카르텔 부정 · 부패가 심각한 나라로 대표되고 있다. 또한, 오너 경영 위주의 기업이 많기에, 자녀에 대한 경영권 승계를 기반으로 많은 가족 기업이 탄생하고 있다. 다음 장 컴플라이언스 르네상스 시대 부분에 자세히 소개하겠지만, 한국 사회가 진정한 선진국으로 거듭나기 위해서는 엘리트층의 부정 · 부패를 타파해야 한다.

기업들은 오너 리스크에 의한 애꿎은 피해가 없도록 기업의 컴플라이언스에 집중해야 한다. 그리고 사주들은 공인이기에 언행에 신중해야 한다. 최근 화두가 되는 E(환경), S(사회), G(거버넌스) 트렌드를 따라 기업과 사회의 책임이 더욱 중요시되고 있다. 사회가 복잡해지고 자본주의가 견고해질수록 기업이 져야 할 사회적 책임의 폭도 넓어지기 때문이다. 기업 역시 이에 맞춰 공정한 사회, 환경, 소비자 권리 등을 강화하기 위해 다각적인 부분에 동참하고 있다.

그렇다면 사주와 전문경영인의 차이를 나눠보자. 작은 가족 기업으로 출발한 회사가 점차 거대화되면 누군가는 경영권을 승계받아야 한다. 승계를 받기 위해서는 기본적으로 지녀야 할 몇 가지가 있다.

첫째, 경영에 대한 전문적 지식과 경험을 기본으로 갖춰야 한다. 둘째, 기업을 사랑과 정성으로 키워나가야 한다. 셋째, 청렴성과 도덕성 등의 강력하고 건강한 윤리의식을 가져야 한다. 첫째와 둘째 조건은 대부분 잘 갖추고 있지만, 어릴 적부터 풍족한 생활을 겪어왔던 이들은 항상 사건·사고를 일으켜 매스컴을 탄다. 그 때문에 보통은 전문경영인의 힘을 빌려 가족의 경영 승계를 돕는다. 그러나 이 또한 제대로 된 견제 장치가 없어 늘 문제가 발생한다. 이사회는 그저 허울일뿐, 제 기능을 하지 못한다.

최근 공공기관의 노동이사제가 국회의 문턱을 넘었다. 노동자 대표가 의결권을 쥐고 이사회에 참가하는 제도이다. 공공기관의 경영 투명성과 공익성을 높이고, 노사 협력을 강화할 수 있는 제도라는 평가가 있지만, 경영권 침해 등 의견이 첨예하게 엇갈리고 있다. 경영진의 세습경영, 도덕적 해이, 방만 경영 등으로 사주 리스크는 다른 나라보다 단연 높다.

경영권 승계를 하면 단순 사회의 악_惡이고, 물려주지 않으면 선_善이라고 이분법적으로 단정할 수는 없다. 노동이사제의 찬성과 반대로 나눠 옳고 그름을 분별하기도 쉽지 않다. 답은 정해져 있으며, 가장 중요한 것은 건강한 기업지배구조를 형성하여 모든 이해관계자가 만족할 수 있는 지속 가능함을 이끌어가는 것이다. 지배기구와 최고경영진의 역할 및 책임은 그 어느 때보다 중요해지고 있다. 진정한 리더십을 보여 줄 시기이다. 경성규범에서 정하는 상법, 자본시장법, 공정거래법과 연성규범에서 얘기하는 구체적이고 실질적이며 자율적인 윤리·준법 지침 등이 내포된 컴플라이언스 제도는 사주 리스크 등의 안전한 견제 장치이다. 고로, 건강한 지배구조를 도울 수 있는 효과적 방법이다.

아래 ISO 37301:2021의 영어 원문을 살펴보면, 컴플라이언스는 포괄적으로 윤리와 사회적 기대까지 포함하고 있다.

'An effective, organization-wide compliance management system enables an organization to demonstrate its commitment to comply with relevant laws, regulatory requirements, industry codes and organizational standards, as well as standards of **good governance**, generally accepted **best practices, ethics** and **community expectations**'

이처럼 컴플라이언스 대상은 강제성이 부여된 경성규범처럼 법률에 한정된 것이 아니라, 윤리 등을 종합적으로 내포하고 있다. 또한, 법령 등은 준수 위반의 사전적 예방에 초점이 맞춰져 있다. 동시에 위반

행위 여부를 조기 발견할 수 있도록 대응책을 제시해준다.

아울러, 컴플라이언스는 '조직의 모든 준수 의무의 이행(meeting all the organization's compliance obligations)'이다. 컴플라이언스 의무란, '조직이 의무적으로 준수해야 할 필수적 요구사항과 조직이 자발적으로 지킬 것을 선택한 요구사항(requirements that an organization mandatorily has to comply with as well as those that an organization voluntarily chooses to comply with)'이다.

앞서 설명한 것처럼, 컴플라이언스 의무 이행의 영역은 크게 필수적$_{Mandatory}$, 자발적$_{Voluntary}$ 두 가지 요구사항으로 나뉜다. 필수적 요구사항은 법령, 허가, 면허증(라이선스), 기타 허가 형식(수권서), 규제기관에서의 발행(명령, 규칙, 지침), 법원이나 행정법원의 판결, 조약, 협정 및 협약(의정서) 등이 있다. 자발적으로 지킬 것을 선택하는 사항은 커뮤니티 그룹 또는 비정부 기관들과의 협정, 공공기관 및 소비자들과의 협정, 방침들 및 절차들과 같은 조직의 요구사항, 자발적 원칙 또는 실천규범, 자발적 표시 또는 환경선언, 조직과의 계약적 합의 아래에 발생하는 의무들, 관련 조직 및 업계 표준 등이 있다.

따라서 이 광범위한 컴플라이언스를, 단순히 경성규범 차원에 경직된 법률에 한정해서는 안 된다. 기업이 사업을 운영하는 것에 있어 접하게 되는 수많은 의무사항(법, 규범, 윤리, 계약관계 등)을 종합한 것이 컴플라이언스 그 자체인 것이다. 경성규범에 빗대어, 컴플라이언스를 단순히 준법으로 칭하기에는 부족함이 있다. 컴플라이언스는 의무사항을 다하는 것으로, 관리 프로세스의 모든 결과물이다.

우리는 사람들이 법을 지키지 않는 이유에 대해 생각해 볼 필요가 있다. '법은 번거롭고 불편해서', '법을 잘 몰라서' 등 이유가 가장 많을 것이다. 모르면 지키지 못하는 것이 법이다.

법은 살아 있는 미생물처럼 변화하고, 진화하고, 또 새롭게 등장한다. 그렇기에 국가든, 조직에 속한 개인이든 컴플라이언스 같은 제도를 통해 원칙 중심 규제의 한계를 극복해야 한다. 국가와 기업, 그리고 국민은 코리아 디스카운트 문제가 발생하지 않도록 비재무적인 ESG의 중요성을 인식해야 한다. 즉, 투명한 경영과 자발적 윤리·준법 경영을 최우선으로 삼아야 한다.

처벌만이 능사가 아니다. 제재의 칼날을 휘둘러 무조건 따라오라는 식은 구시대적인 방식이다. 사전 예방과 자율적 준수에 대한 인센티브를 제공하여 과잉 범죄를 막고, 법률과 행정적 소모 비용을 낮추어야 한다.

06 컴플라이언스 르네상스 시대

거센 흐름을 주도하고 있는 ESG 이슈 중 환경Environmental과 사회Social는 형용사로 쓰여 독립변수가 된다. 반면 거버넌스Governance는 명사적 기법으로 쓰였기에 종속변수로 볼 수 있다. 막연한 생각으로는 환경(E)과 사회(S)가 중요할 것 같지만, 한국의 ESG 추진 중 최대 변수는 G이다. 이슈들의 실천을 보장하는 것은, 바로 G에서 강조하는 기업의 '행동적 투명성'이다.

윤리·준법에 대한 인식지수가 낮을수록 환경, 인권, 안전보건 등과 같은 사회적 가치 보장에 대한 인식도 낮을 수밖에 없다. 이는 기업도 마찬가지다. 투명성이 확보되지 않고, 윤리·준법에 대한 민감도가 낮은 기업은 ESG 경영의 핵심 가치들을 실현할 가능성이 매우 낮다. 그렇기에 오늘날 글로벌 기업들은 공급망 내의 기업들을 상대로 높은 수준의 투명성과 반부패를 요구하고 있다. 그도 그럴 것이, 최근 EU에서는 기업 윤리 입법이 실행되었다. EU는 '기업 공급망 실사법(A Directive on Corporate Due Diligence and Corporate Accountability)'을 공식화했다. 인권탄압, 환경오염, 안전보건 등의 이슈 시 수입이 전면 금지되고 막강한 처벌이 내려지는 법이다.

국내에서는 컴플라이언스 차원에서 중대 재해 처벌법과 같은 징벌적 처벌 법안이 입법화되는 추세이다.

여기서 주목할 점은, 국내외 모두 각종 법률은 늘어나고, 처벌은 강화되고 있다는 것이다. 그러나 법$_{Law}$만으로 모든 것을 막을 수 없다. 법 하나를 만들 때마다 도망갈 일이 10가지씩 생긴다고 하였다. 법이 모든 능사는 아니기에, 자발적으로 준수할 수 있는 컴플라이언스가 필요한 것이다.

과거와 비교해 경영의 패러다임은 급속도로 변화하고 있다. 그렇다면 컴플라이언스 관점에서 과거를 정리해 보자. 전쟁 이후인 1960년대, 우리는 정부의 강력한 주도하에 그 어느 나라도 이뤄낼 수 없는 고도 성장기를 만들어냈다. 특히, 경제개발계획 속에서 기업들은 연 8%가 넘는 수익을 거두며 고도성장의 주역이 되었고, 외적으로도 크게 성공하였다. 이 시기의 기업은 수출로 외화를 획득하고 일자리를 창출하는 견인차 구실을 하였다. 우리나라도 본격적으로 산업화가 시작되었다. 급격한 성장과 대외 원조를 감당하지 못한 정부는 일부 법률 체계를 갖추지 못하였고, 많은 기득권층이 이득을 얻기도 하였다. 반면 인권, 환경, 안전보건 등은 무시되었다.

1972년, 천연자원의 고갈, 환경오염, 지구온난화, 기상이변 등 인류의 위기 타개를 모색, 경고·조언하는 것을 목적으로 설립된 로마클럽Club of Rome에서 '성장의 한계'라는 보고서를 발표함으로써 '지속가능경영'이라는 단어가 탄생하였다. 그러나 우리는 50년이 흐른 현재에도 ESG와 같은 태풍에 전혀 대비하지 못하고 있다.

1980년대 이전에는 정부와 기업의 공조하에 경제적 성과만을 중요하게 여겼다. '경제적 성과만 낸다면 무엇이든 괜찮다'는 공리주의적 사고가 뿌리 깊게 박혀있던 것이었다. 그러나 고도 성장기를 지나 민주화를 거치면서, 공정과 상식적인 판단을 지향하는 사람들로 하여금 경제적 성과만을 앞세우는 기업은 부정적인 인식이 강해졌다. 과거의 기업은 제품 가격과 품질에 주된 관심을 쏟았고, 오로지 이윤 극대화에만 포커싱Focusing을 맞추어 노동자의 안위는 신경 쓰지 않았다. 환경과 경제는 상충관계로, 공공과 민간 구분할 것 없이 모두 환경문제에 소극적이었다. 정부 또한 규제에 미온적으로 대응하던 시기였기에, 경제 성장과 환경 쟁점이 최우선 사항일 수밖에 없었다.

대표적으로 미국에 본사를 둔 다국적 화학 기업이자, 부동액 프레스톤Prestone으로 유명한 유니언 카바이드Union Carbide에서 인도에 독극물을 유출하는 사고가 발생했고, 오존층이 파괴되어 전 세계가 충격에 휩싸였다. 1986년 4월 26일에 발생한 소련 체르노빌 원전사고는 인류 역사상 최악의 원전사고로 기록됐다. 이는 무려 히로시마 원자폭탄의 400배에 달하는 영향이었다.

1990년대는 경제적 성장의 기반하에 기업의 사회적 책임이 쟁점을 이루던 시기였다. 당시, 국제사회의 요구 아래 기업의 지속가능성과 사회공헌에 대한 논의는 초반부터 이어져 왔다. 그러나 기업들은 실제 이익과 직결되지 않는다고 판단하여 큰 필요성을 느끼지 못했다. 우리나라 기업뿐만 아니라 다국적 기업들 역시 글로벌화되어 저임금 국가로 진출하기 시작했다. 동시에 나이키의 아동 고용 논란을 계기로 전 세계에 인권 문제가 부각 되었다. 빈익빈 부익부 격차는 점점 심해졌고, 사회적 책임과 관련된 평가기관들이 이러한 문제들을 날카롭게 꼬집음으로써 언론에 보도되었다.

이처럼 기업에 대한 윤리 · 준법 경영의 목소리가 커지는 가운데 사회단체, 시민단체, 소비자단체, 환경단체, 인권단체 등의 감시와 비판 역시 늘어갔다. 또한, 대한민국은 공정거래위원회의 역할이 강화되어 경제력 집중 억제 시책이 도입되었다. 더불어 외환위기와 시장경제의 정착으로, IMF 경제위기 이후 기업 구조조정을 주도하며 시장경제의 준칙 수립과 감시자의 역할을 강화했다.

2000년 이후에는 사회적 책임성이 더욱더 강조되었다. 경제도 중요하지만, 환경, 지배구조, 사회적인 성과를 동시에 추구해야 한다는 목소리가 높아졌다. 기업의 투명성 요구가 증대된 대표적인 사건은 2000년대 초에 벌어진, 미국 엔론Enron 및 월드컴WorldCom사의 분식회계 사건이다. 이들의 분식회계를 도운 것은 세계 5대 회계법인 중 하나였던 아서앤더슨Author Andersen사였는데, 현재는 몰락하여 회계의 역사와 전통을 무너트린 회계법인으로 기록되었다.

2002년에는 미국 기업 역사상 가장 거대한 회계 조작 사건이 일어났다. 거대 에너지 기업 엔론은 300억 달러가 넘는 손실이 발생하였음에도 불구하고, 마치 이익이 발생한 것처럼 회계장부를 조작했다. 엔론의 외부 회계감사 법인이었던 아서앤더슨은 회계 조작을 방치한 것은 물론, 관련 문서 파기와 위증을 하기도 했다. 그뿐만 아니라 무려 1,000억 달러라는, 당시 역사상 최대 규모의 파산으로 기록되었던 미국 월드컴의 회계 부정에도 관여한 것이 드러나 결국 문을 닫았다.

엔론과 월드컴 사태 이후 미국은 기업회계의 문제점을 개선하기 위해 2002년, 샤베인&옥슬리법(상장기업 회계개혁 및 투자자 보호법)을 즉각 제정했다. 이 법은 미국 상장회사 회계감독위원회 설치, 감사인의 독립성 보장, 내부통제 시스템 강화, 경영자의 부정행위에 대한 처벌 강화, 증권사 애널리스트의 이해상충 규제 강화, 내부고발자 보호 등을 규정하고 있다.

이때, 회계감사 분야에서 내부통제Internal Control라는 용어가 고안돼 사용되었다. 비즈니스 언어인 회계부정은 사회적으로 매우 큰 파장을 일으켰으며, 내부통제의 중요성을 다시금 깨닫게 하는 시대였다. 기업들은 이러한 분식회계 사태를 보며, 지속가능성에 대한 위기의식을 느꼈다. 기업 스스로 자정하지 않으면, 정부가 기꺼이 개입하여 법과 같은 강력한 채찍으로 통제한다는 것을 안 것이다. 더불어 잘 나가던 회사도 눈 깜짝할 새에 망할 수 있다는 사실 역시 모두가 알게 되었다. 이 사태를 계기로 시민단체의 활동이 강화되고, 소비자들의 태도가 급격히 변하였다. 자본주의를 이끄는 유럽과 미국을 필두로 적극 기업 정책에 관여하게 된 것이다. 그리고는 국제기구와 금융관련기관 등을 통해 글로벌에서는 환경규제가 강화되고, 사회 책임 투자 펀드는 활성화된다.

현재, 대한민국은 4차 산업혁명을 눈앞에 두고 있으며, 급격한 경제 성장을 기반으로 시민 의식이 높아졌고, 기업의 투명성 및 윤리성 강화에 대한 요구 역시 강력해졌다. 다양한 이해관계자의 영향력 역시 점차 막강해지고 있다. 나아가 대한민국은 컴플라이언스 뿌리를 내리고 있는 과도기이기도 하다. 2021년 기준 한국의 경제 규모는 10위였고, 2022년 현재도 10위를 차지할 것으로 전망한다.

국제통화기금$_{IMF}$의 세계 경제 전망 자료에 따르면, 한국의 올해 명목 국내총생산$_{GDP}$은 1조 8천239억 달러(약 2천166조 8천억 원)로 추정된다. 전 세계 191개국 가운데 10위에 해당하는 규모이다. 대한민국은 급격한 성장을 해왔으며, 글로벌화를 통해 전 세계를 주도적 견인하는 역할을 하고 있다. 하지만 여전히 부정 · 부패와 관련된 갑질, 횡령, 배임, 비리 등이 난무하며, 법 · 규정 위반 등으로 사람이 죽고, 돈 없고 힘없는 서민들이 고스란히 피해를 보고 있다. 서구권 국가에서 200~300년 만에 이룬 산업화를 단 50~60년 만에 이루어서인지, 아직은 부족한 측면이 있는 것이 사실이다.

김영란 전 국민권익위 위원장이 KBS 프로그램 〈명견만리 Q100〉에서 강의했던 내용을 설명하고자 한다. 대한민국과 이탈리아의 가장 큰 공통점은 엘리트형 부패 카르텔이라고 한다. 뉴스를 통해 배운 것이 많기에 공감이 간다. 엘리트 카르텔은 '합법적 부패'이다. 최근 대한민국을 뒤흔들고 있는 부패 스캔들(L공사 부동산 투기 사태, 여러 기업의 사건 · 사고들 등)을 보면, 대부분 돈과 힘, 그리고 정보를 많이 가진 특권 엘리트에게서 비롯된다. 선진국 문턱을 가로막고 있는 부패 구조는 모두 법과 규정, 그리고 언론 등 엘리트들의 영향력 행사에 있다.

많은 사람이 '민주화가 되면 부정과 부패는 종식될 것'이라고 했다. 하지만 정치, 경제, 사회, 문화 등에서 부패는 매우 교묘하고 은밀한 방식으로 발전되어 왔고, 작정하고 숨기면 발견할 수 없을 만큼 치밀해졌다. 기업 및 정부 전문가와 같은 권력에 의해 저질러진 금전적 동기, 비폭력적인 범죄인 화이트 칼라 범죄$_{\text{White-collar crime}}$는 이 책을 쓰고 있는 오늘도 단골 소재처럼 뉴스에 등장하고 있다.

우리는 부패$_{\text{Corruption}}$와 부패방지$_{\text{Anti-corruption}}$가 끊임없이 반복되는 것을 목격하였다. 정권이 바뀔 때마다 이전 정권의 부패행위들이 계속해서 드러났고, 응징하듯 처벌했다. 새로운 정권에서는 부패방지를 최우선 순위로 삼고 적극적으로 실천하겠다는 공약을 쏟아냈다. 기업들은 그에 맞는 줄을 섰고, 언론들은 호응했다. 법을 잘 아는 사람들은 법률상의 허점을 찾아 합법 위장술로 처벌을 면피해왔다. 정치인, 법조인, 언론인, 기업인 등이 거미줄처럼 엮어 그 결실을 만들어냈다. 엘리트 카르텔은 각 영역에서 '영향력'을 행사할 수 있는 고위층에서 주로 발생한다. 이들은 서로 비판하고 견제하는 것처럼 보이지만, 사실은 합의된 연극을 하는 것이다.

〈국가별 부패유형〉

유형	국가	내용
독재형 부패	중국, 인도네시아 등	관료의 권력형 부패
족벌형 부패	러시아, 필리핀 등	사회 특권층 부패
엘리트 카르텔	한국, 이탈리아 등	엘리트들 카르텔 형석, 합법적 부패
시장 로비형	미국, 영국, 캐나다, 일본 등	선진국형 부패

미국 콜게이트_{Colgate} 대학의 세계적인 부패 연구자 마이클 존스턴의 말에 의하면, 부패에는 여러 유형이 있다고 한다. 첫째, 주로 중국, 인도네시아와 같은 나라에서 나타나는 '독재형 부패'는 아무런 제재를 받지 않고, 부와 권력을 착취하는 관료들에 의해 이루어진다. 둘째 유형인 '족벌 부패'는 시장의 기회는 확대되지만, 제도가 취약한 러시아와 필리핀 같은 사회 특권층에 의해 이루어진다. 셋째, '엘리트 카르텔형 부패'는 시장 기회와 제도는 발전하였지만, 권력을 견제할 민주 제도가 미숙한 대한민국과 이탈리아 같은 나라에서 일어난다. 넷째 유형인 '시장 로비형 부패'는 민주제도가 발전한 선진국에서 영향력을 행사할 기회를 둘러싸고 발생한다.

부정부패는 그 형태만 변화할 뿐, 절대 사라지지 않는다. 한국형 부패는 매우 흥미롭다. 학연·지연처럼 관료들, 정치인들, 같은 군대·지역·학교 출신 등의 엘리트들이 모여 부패 카르텔을 형성한다. 서로 끌어주고, 밀어주고, 공통의 가치관을 형성한다. 관료 조직 사회에는 관피아, 해피아, 모피아 등이 있다고 말한다.

여기서 '불법적 부패'가 분명한 후진국형 부패와 달리, 엘리트 카르텔과 시장 로비 같은 선진국형 부패는 합법적으로 일어날 수 있다는 것을 알 수 있다. 간단히 말해 후진국형 부패는 뇌물을 공공연하게 주고받지만, 선진국형 부패는 합법의 형식으로 이루어진다. 사회가 발전할수록 부와 권력을 추구하는 새로운 기회들이 증대된다. 합법의 형식을 빌리는 경우도 있지만, 불공정하게 사용할 수 있는 새로운 방법도 많다. 단돈 1원도 받지 않았다고 해서, 또는 그것을 법적으로 증명하지 못한다고 해서 부패가 아닌 것은 결코 아니다.

부패는 사적인 이익을 위해 공적인 기회와 자원을 사용하는 것이다. 국회의원같이 막강한 영향을 미칠 수 있는 사람들이 다수多數보다는 소수小數와 개인의 이익을 위한 결정을 내리는 것이다. 이 같은 부패는 민주적 제도를 훼손하고, 궁극적으로는 제도에 대한 국민의 신뢰를 파괴한다.

어느 전직 장관급 공직자는 '인생의 마지막 뒷모습을 망쳤다. 악마의 덫에 걸려 빠져나가기 힘들 듯하다. 모두 내가 소중하게 여겨온 '만남'에서 비롯되었다.'라는 유서를 남겼다. 한 번의 식사, 골프, 술자리, 청탁, 선물 등의 사소한 유혹들이 큰 부패행위를 낳아 다이어리가 검찰로 넘어갔고, 결국 세상의 끈을 놓은 것이다.

수사 과정에서 얻은 치욕과 주변의 싸늘한 시선, 가슴을 치는 자괴감이 한평생 공직을 걸어왔던 사람을 사지로 내몰았다. 이는 윤리적 문제이다. 악마의 덫은 언제 어디에나 있다. 그러므로 공직에 있는 이들은 사람을 가려서 만나고, 자리를 골라서 앉는 분별력이 있어야 한다. 단순히 돈만 받지 않는다고 되는 것이 아니다. 누군가가 뒤집어씌우면 속절없이 당할 수밖에 없는 세상이다. 보복성이 있을 수 있고, 물고 늘어질 수도 있다. 믿었던 동지가 칼을 든 검찰, 방망이를 든 재판관 앞에서 적이 되는 것이다.

법과 원칙을 지키지 않은 사건·사고들은 반복되어왔다. 우리는 한 번쯤 생각해 봐야 한다. 이미 일어난 일은 되돌릴 수 없지만, 사전에 예방하고 사후에 다시는 일어나지 않도록 대처해야 한다. 무언가 반복된다는 것은 구조적으로 문제가 있다는 것이다.

최근 있었던 O사의 횡령 사건을 들어보자. 2021년, 자금관리 부서

팀장이 자본금 108.18%에 달하는, 역대 거액 2,215억 원을 빼돌린 사건이다. 내부통제 장치가 과연 작동되었을지, 작동되었다고 한들 막을 수는 없었을지, 여러 가지 추측과 의구심이 든다. 무엇보다 컴플라이언스 관련 조직을 운영하는 담당자가 운영 측면에서 노출되었고, 모럴해저드Moral hazard까지 근절되지 않았다. 이렇게 대형 금융사고가 벌어지고 있다는 사실을 은행과 금융당국이 몰랐을 리 없다. 몰랐다면 그것은 직무유기고, 제도에 분명한 허점이 있는 것이다. 회계상의 허점을 노린 횡령과 유사한 사건은 과거에 수차례 있었다. 그러나 해당 사건은 금액적인 부분이 역대 최대치였으며, 일어날 가능성을 간과했다는 점에서 더욱 주목받았다. 이와 유사한 사건은 앞으로도 계속될 것이다.

과거도 그랬지만, 현재 역시 견제와 균형보다는 단기 효율을 중시해오고 있다. 조직이 효율만을 중시할수록 여러 권한이 집중될 수밖에 없다. 그리고 권한을 관행처럼 이용하다 보면 사고가 나기 마련이다.

토지공사와 주택공사의 결합이 만든 L공사는 9,800여 명을 거느린 국토부 산하 준시장형 공기업으로, 토지·주택과 도시의 개발·정비·관리 등을 종합적으로 담당한다. 당시 이해 충돌 방지법의 장치는 부재했다. L공사의 몸집은 지나치게 컸고 권한도 막강했다. 전두환 정부 시절 내려졌던 '투기 억제를 위한 통합 확대'라는 결정을 시작으로, 김영삼 문민정부 이후 '민영화·효율화를 위한 조정'을 겪었다. 다시 이명박 정부에 들어서 경영 효율화를 강조했다.

이렇듯 기업은 효율성Efficiency만을 추구해서는 안 된다. 효율성은 단기적 목표만을 다루며, 투입 대비 최대 산출을 기대한다. 효율성만 추구한다면, 시간과 비용 등을 최소화하여 최대의 성과를 내려고 할 것이다. 건설 현장으로 예를 들면, 기업은 인건비를 아끼고자 최대한 적은 인력을 쓰고 강도 높은 압박을 가할 것이다. 또한, 저렴한 자재를 투입하여 최소 시간으로 건물을 지으려 할 것이다. 덧붙여 건설 노동자가 효율성만을 추구한다면, 가장 적게 노력해서 가장 그럴듯한 결과를 내려고만 할 것이다. 투입 대비 보상이 적기에 굳이 열심히 일할 필요가 없기 때문이다.

L공사 부동산 투기 사태에서 보듯, 수도권 주변에는 아직도 노른자 땅이 많다. 오로지 효율성만을 높일 시, 이 금싸라기 같은 땅에 투기하지 못하는 비합리적 규제가 있다면 공무원에게 뇌물을 주고 저렴하게 매입하면 되는 것이다. 그리고 규제를 풀어 이득을 취하듯 효율성을 추구하면 되는 것이다. 이처럼 과정을 무시한 결과론적 효율성만을 추구한다면 사고는 반드시 일어난다.

인간은 상처 나고 크게 아픈 뒤에야 다시는 그 과정을 답습하지 않는다. 다치기 전에 미리 예방할 수 있었다면 좋았을 것이다. 모든 일에는 모순이 내재되어 있어, 시간이 흐를수록 대립이 발생한다. "인간은 끊임없이 모순과의 대립을 해결하려 노력하는 존재다." 19세기 독일 관념 철학자 헤겔Georg Wilhelm Friedrich Hegel(1770~1831)이 남긴 이 말처럼, 우리는 사건과 사고가 발생한 이후 많은 것들을 고치고 제도화한다. 후회하기 전에 미리 준비해 두었으면 더 좋았을 텐데 말이다.

최근 들어 컴플라이언스 제도와 관련하여 고위공직자 범죄수사처 설치, 청탁금지법 정착, 이해 충돌 방지법 제정, 공익신고자 보호법 강화 등 강력한 제도적 장치가 생겨나고 있다.

정부와 금융당국에서는 IMF 이후 많은 내부통제 장치를 마련해 왔다. 사외이사제도, 내부회계관리제도, 감사위원회, 준법감시인, 준법지원인, 공정거래 자율준수 프로그램$_{CP}$, 외부감사인에 관한 법률 등 많은 제도적 장치가 있다.

위 제도들은 사건이 일어난 이후의 대처방식이었다. 사전 예방이 아닌 사후 대처형이 대부분이다. 앞으로도 닥쳐올 리스크는 무궁무진하므로, 해결 방법을 미리 준비해 놓아야 한다.

그러나 일부 모순적인 정치인, 기업인들은 좀처럼 바뀌지 않고 과거 관행을 고수하고 있다. 조직(기업)의 생명주기는 항상 변화한다. 기업은 성장, 변혁, 쇠퇴를 반복한다. 그리고 지속 가능한 성장을 유지하고 싶어 한다. 국가, 공공, 민간 구분할 것 없이 불변의 법칙이다.

컴플라이언스 르네상스 시대의 서막을 알리는 것은 이미 과거의 다양한 부정과 부패로부터 이어져 왔고, 앞으로도 더욱 중요한 문제로 부각될 것이라는 사실을 잊지 말아야 한다.

07 대한민국과 기업의 위치

경영학 관점에서 캐롤$_{Carroll}$(1991)의 CSR 피라미드 모델을 소개하고, 한국과 해당 조직에 속한 독자는 어느 위치에 있는지 짚어보고자 한다.

1단계는 경제적 책임이다. 기업의 설립 시기에는 이윤만을 극대화하려 한다. 이윤을 내야 영속성이 유지되며, 이윤 극대화는 곧 고용창출로 이어진다. 이해관계자는 오로지 주주와 경영자들뿐이며 대가

를 치르더라도 기업의 이윤만 극대화하면 된다는 생각이다. 이 단계에서, 과거처럼 강력한 리더십이 부재하면 조직은 무너져 내린다. 즉, 사회의 기본적인 경제 단위로써 재화와 서비스 생산에 대한 책임만을 가진다는 의미이다.

2단계는 법적 책임 단계이다. 법규만 준수하며 법률 위반을 하지 않으면 된다는 것이다. 법의 테두리 안에서 기업 활동을 영위만 하면 된다고 생각한다. 위반이 없으니 비윤리적이지 않다고 인식할 수 있다. 즉, 법규만 지키고 그 이상의 윤리는 고려하지 않는 것이다. 더불어 기업들은 정부의 강력한 통제장치인 세금을 줄이기 위해 갖은 노력을 다할 것이고, 권력 앞에 줄을 설 것이다. 1단계의 이윤만을 극대화하다가 2단계에서 최소한의 법규 준수를 고려하지 않는 기업들은 법과 윤리 위반, 그리고 관리 부족으로 무너져 내린다. 1단계와 2단계는 당연히 수행하여야 하는 기업의 필수 의무임에도, 법과 규정만 지키면 된다고 생각할 것이다.

3단계는 윤리적 책임이다. 급격한 경제 성장을 이룬 대한민국은 지금 이 단계를 정교화하려고 한다. 장기적으로 성장하고 생존하고자 하는 기업은 절대적으로 이 단계를 무시하면 안 된다. 법적으로 강요되지 않아도, 자발적으로 사회 통념에 의해 형성된 윤리적 기준을 따르는 단계이다. 윤리와 이윤의 균형을 이루기 위해 윤리강령을 발표하고, 조직원들에게 윤리적 동기부여를 심으며 윤리조직을 체계화해야 한다. 청자생존淸者生存처럼 맑고 투명한 사람만이 살아남을 수 있다. 기업도 법인法人으로써 사람이 운영하는 것이다. 많은 기업이 그 이상의 윤리는 고려하지 않은 상태로 사업을 하다 쇠퇴한다.

마지막 4단계는 자선적 책임 단계이다. 경영활동과 관련 없는 기부와 자원봉사 등의 문화를 만들어야 한다. 윤리 원칙에 의해 행동하고, 윤리를 최우선으로 해야 하는 단계이다. 여기까지 살아남는 기업들은 정교화 단계를 거치게 된다. 그러나 지나친 관료주의와 관행, 부정부패의 리스크가 있을 수 있다. 이 단계의 핵심은 선한 기업 시민이 되어야 한다는 것이다. 삶의 질 향상을 위해 공동체에 자원을 나눠야 한다. 사회적 책임CSR을 잘하려면 기부를 잘해야 한다고 생각하는 것은 큰 착각이다. OECD에서는 기업과 사회와의 공생관계를 성숙·발전시키기 위해 기업이 취해야 하는 행동을 강조했다. 이익을 창출하는 데 경영 범위를 넘어, 이해관계자를 포함한 모든 공동체에 책임감을 가지고 실천해야 하는 것이다.

조직은 반드시 성장과 변혁기를 반복한다. 변혁기에 특정 문제를 해결하지 못하면 많은 기업이 그래 왔듯 몰락을 걷게 된다.

급격한 대내·외 패러다임의 변화 속에서 지속 가능한 성장을 하기 위해서는, 기업과 정부를 비롯한 모든 조직에 윤리·준법을 자발적으로 준수할 수 있는 컴플라이언스가 필요하다.

우리 국민들은 이미 경제적·법적·윤리적·자선적 책임_{Responsibilities}을 다하고 있다. 이러한 책임감은 더욱 민감하게 반응하고 있고, 그 의식 역시 높아졌다. 독자의 기업은 어느 위치에 와 있는가?

08 새로운 업무의 시대, 기업 리스크 관리의 중요성

존 F.케네디_{John F. Kennedy}는 리스크 관리에 대해 이런 말을 하였다. "중국인은 '위기'를 두 글자로 쓴다. 첫 글자는 '위험'이고 둘째는 '기회'의 의미다. 위기 속에서는 위험을 경계하되, 기회가 있음을 반드시 명심하라." 리스크(위험)를 정의할 때는 다양한 용어가 쓰인다. Danger는 사망, 부상, 손상 등 무언가 안 좋은 일에 대한 위험, Threat는 협박적인 성격으로, 위협받는 상황의 위험, Crisis는 사회적으로 영향을 미치는 사건 등의 위험이다. Hazard는 사람의 건강, 안전 등 '요소'적인 측면의 위험이다. 반면 Risk는 불확실성이 목표에 미치는 영향으로, 여기서 영향은 기대에서 벗어나는 것을 의미한다. 긍정적(기회)임과 부정적(위협)임 둘 다 내포하고 있다.

이렇듯 리스크의 정의는 불확실성에 기인한다. 글로벌 스탠다드인 ISO 31000:2018(Risk management-Guidelines)에 따르면, 기대에서 벗어나는 일련의 사건·사고들을, 불확실성이 목표에 미치는 영향으로 규정한다. COSO Framework는 사건·사고가 목표 달성에 부정적인 영향을 주는 것이 발생할 가능성_{Likelihood}으로 규정한다. 모두 불확실성과 발생할 가능성을 주장하고 있다.

리스크를 좀 더 쉽게 이해하기 위해 사례를 들어보겠다. 만약 내일 중요한 미팅이 잡혀 있다고 가정하자. 그런데 일기 예보에서 비가 내릴 확률이 50% 있다고 하였다. 무엇인가 불확실하다. 일기 예보는 가끔 정확하지 않을뿐더러, 날씨 또한 시시각각 변하기 때문이다. 목표는 중요한 미팅이다. 여기서 우리는 선택의 기로에 놓인다. '우산을 챙겨 가야 미팅에 늦지 않고, 불편함이 없다.'와 '일기예보도 믿지 못하고, 무겁고 귀찮으니 우산을 챙겨 가지 않는다.'이다. 이렇듯 불확실성에 대한 리스크를 식별하고, 예방 차원으로 중요한 미팅 결과의 목표에 달성할 수 있게 하는 것이 리스크 관리이다.

코로나바이러스 감염증(이하 'COVID-19')의 영향으로 항공, 정유, 에너지, 건설, 관광, 오프라인 유통(백화점 등) 산업은 극심한 침체기를 보냈다. 사람들은 지식 저하, 우울증, 살과의 전쟁 등을 겪기도 했다. 기업들 또한 재택 근무로 인한 정보 누출 등, 영업비밀에 대한 보안 측면의 리스크가 찾아왔다.

반면 기회를 잡은 산업에는 게임, 온라인 유통, 온라인 플랫폼, 온라인 도서, 기타 IT 관련 등이 있다. 모두 COVID-19의 발생 확률Probability을 전혀 예상하지 못했을 것이다. 과거에는 전통적인 리스크 관리를 부정적이고 통제되어야만 하는 것으로 생각했다. 그렇기에 특정 부서에서만 리스크를 관리하였다. 그러나 최근에는 리스크가 기회가 될 수 있으며, 통합적인 관점에서 경영 시스템 전반이 관리되어야 한다고 생각하는 경향이 강하다.

앞서 존 F.케네디John F.Kennedy의 말처럼 리스크는 부정적(위협), 긍정적(기회) 둘 다 내포하고 있다. 영국의 역사가 아놀드 토인비$_{Arnold\ J.}$의 메기 효과$_{Catfish\ effect}$는 리스크를 잘 표현하고 있다. 강한 경쟁자가 등장하면 나머지 경쟁자들의 잠재력이 올라간다는 효과이다. 실제로 미꾸라지만 넣은 논과 미꾸라지에게 위협이 되는 메기를 함께 넣은 논은 극명한 차이를 보였다. 미꾸라지들은 메기를 피해 재빨리 움직였다. 정체된 생태계에 메기 같은 강력한 포식자(경쟁자)가 나타나자, 생존을 위해 활력을 띄게 되는 것이다. 추수 때도 미꾸라지와 메기를 같이 넣은 논의 벼 수확이 훨씬 좋았고, 미꾸라지도 강성해져 살이 통통히 올랐다.

기업의 경쟁력을 높이려면 적절한 위협 요인이 필요하다. 치열한 경쟁 속에서 적당한 긴장과 자극이 발생함으로써 건강해지는 것이다. 1991년, 한국일보의 이건희 삼성 회장 칼럼에서는 위의 사례를 비유하였다. 덧붙여 '안전하다고 생각되는 순간이 가장 위험하고, 위험하다고 생각하는 순간이 가장 안전하다.'라고 언급했다. 불의의 재난이나 커다란 실패는 우리가 마음을 놓고 있을 때 느닷없이 다가오는 법이다.

이렇듯 우리는 불확실성에 대응하기 위해 리스크를 관리해야 한다. 그래야 확률을 낮출 수 있으며 위협을 기회로 바꿀 수 있다. 때로는 사고로 컴플라이언스를 강화하는 조직도 있다. 인적 재난 관련 K통신사의 경우, 아현지사 화재 사고 후 여러 네트워크 장애들이 발생했다. 해당 기업이 추산한 물적 피해액만 무려 469억 원에 달했다. 기업은 신속히 소상공인들이 입은 피해를 보상했고, 사회적 기구를 만들었으며, 개인에게는 요금을 감면해주었다.

이후 재해 및 재난 관련 리스크를 분류하고, 중요성을 인식하여 전사 차원에서 컴플라이언스를 강화하였다. 지속가능 보고서에 안전관리 원칙을 포함한 재난 안전 대응 계획을 수립하고, 통신구 전체에 소방시설 보강 및 감시 시스템을 구축하여 네트워크의 안정성을 확보하였다. 더불어 컴플라이언스와 관련된 안전 리스크 관리 기반을 다졌으며, 컴플라이언스 위원회를 설치하여 전사 컴플라이언스 체계를 강화하였다. 컴플라이언스를 보강하고자 전 조직원을 대상으로 연간 안전, 준법, 윤리 · 준법경영 등의 교육을 진행하였고, 네트워크 안정성 확보 계획에 적극적으로 자원을 투자하고 있다.

물론 화재와 먹통 등의 사태에만 기인하여 컴플라이언스 리스크를 강화한 것은 아니었다. 현재도 여러 리스크가 발생하고 있다. 하지만 리스크가 기회가 되어 사건 · 사고를 예방할 수 있도록, 활발한 컴플라이언스 활동을 수행 중이다. 즉, 앞으로 닥쳐올 위기에 대한 대응 체계를 마련하고 있다.

다음으로는 위기 발발 시 대응Response의 기본 체계를 설명하고자 한다. 사고 발생 초기에는 압도적 대응으로 조기 진화를 시도하여야 한다. 파격적 리스크 어벤져스팀(법무, 감사, 컴플라이언스, 윤리, 여론, 재무, 대외관계 등)의 최고 실력자를 구성하고, 이들에게 임파워먼트Empowerment를 부여하여 기동력을 최우선으로 시행할 수 있도록 적극 지원해야 한다. 초 · 중기에는 경영진의 진정성 있는 외부소통과 조직 내 단합으로 모두가 위기를 극복해야 한다.

경영진들은 책임감 있는 비즈니스를 해야 할 의무가 있다. 최고 경영자는 모든 책임을 지고, 더는 숨을 곳이 없다는 생각으로 진정성 있는 사과, 적극적 대처, 재발 방지 노력 등 최선을 다해야 한다. 모든 대외적 채널을 가동하여 위기에 맞서야 한다. 말기에는 수습에 가닥이 잡힐 시, 사회공헌 프로그램과 재발 방지 방안 등을 적극 시행하여야 한다. 수습 후에는 회복력$_{Resilience}$을 보존하여 위기를 기회로 삼을 수 있게끔 힘써야 한다.

전 포드자동차 CEO 마크 필즈는 "최고의 기업이 되기 위해서는 위기 회복력$_{Resilience}$으로 도약해야 한다."고 말했다. 과거의 위기를 숨기지 말고, 적극적인 위기관리 교육과 투명성을 최우선으로 하여야 한다. 위기 극복 사례를 대외적으로 홍보하고, 조직 구성원을 통합하는 기회로 삼아야 한다.

그렇다면 기업들은 리스크 관리를 왜 해야 하는가? 사업을 수행하는 동안 수많은 리스크가 발생한다. 그렇기에 기업은 사업 운영에 따른 리스크를 분류하고, 이를 관리할 필요가 있다. 급격한 대내외 경기 불안과 다양한 정치, 경제 이슈 등 수많은 경영환경 속에서 최대 화두는 '체계적인 리스크 관리'이다. 침착하게 리스크를 관리해야만 살아남아 지속 가능한 경영을 할 수 있다. 리스크 관리를 하지 못하면 기업 자산 감소, 매출 감소, 투자 감소, 사업 철수 및 축소, 사회적 지위 상실 등이 발생한다. 노동 환경 악화에 따른 생산성이 저하되고, 비용은 증가하여 기업의 신뢰성은 낮아진다. 더불어 인사 노무에 따른 조직원들은 혼란을 겪을 것이고, 소송 문제 등 법적으로 대응해야 하는 상황에 부딪히고 말 것이다. 종업원들은 고용불안을 겪고, 조직의 최고 자산인 인재 확보 역시 불투명해질 것이다.

그렇다면 어떠한 리스크들이 있는지 구체적으로 알아보자. 아래와 같이 내 · 외부 리스크와 우발적이고 자의적으로 발생할 수 있는 리스크가 있다. 내부 리스크는 경영을 둘러싼 환경 조건에 관한 리스크로, 자의적으로 발생한 이슈는 적극적인 노력으로 막을 수 있다. 그러나 외부적이고 우발적으로 발생한 이슈를 막기는 쉽지 않다. 당장 우리 삶에 지대한 영향을 끼치는 COVID-19 또한 누구도 예상하지 못한 리스크였다. 이렇듯 자연재해 리스크는 우발적으로 발생한다.

〈리스크 유발요인〉

	외부적	내부적
우발적 발생	해외 시장 실패, 글로벌 악재, 세제개편, 규제 강화, 허위 · 과장, 경제하락, 투자손실 등	바이러스, 홍수, 지진, 환경오염, 화재 · 폭발, 위해 물질 유출, 전자시스템 정지, 자동차 사고 등
자의적 발생	과다 · 출혈 경쟁, 기밀누출, 인재 유출, 정치적 요구, 인사청탁, 리베이트, 영업 실패, 재무관리 실패 등	산업재해, 인사사고, 내부고발, 분식회계, 기밀정보 누설, 배임 · 횡령, 갑질, 성희롱 등

최근, 기업 리스크를 밝혀내는 것 중 단연 1위는 내부적이고 자의적으로 발생하는 '내부고발'이다. 내부고발로 기업의 심각한 법 위반 혐의가 드러날 시, 각 수사 · 조사 기능, 언론 등이 앞다투어 달려들 것이다. 그리고 기업은 민 · 형사 소송에 대비하여 대형 로펌을 통해 대응하고, 내부 법무팀 또한 만반의 준비를 한다. 그럼에도 불구하고 경찰, 검찰, 법원, 공정위, 국세청 등의 각 부처가 수사와 조사를 진행할 것이며, 국정감사(국회)와 언론은 이들을 질타할 것이다. 이때 기업의

주가는 평판 리스크를 고스란히 떠안은 채 하락할 것이며, 기업 이미지는 회복할 수 없는 위치에 놓인다. 신입·경력사원들은 지원을 꺼릴 것이며, 내부에는 썩은 사과만이 남아 고인 물이 될 것이다.

특히 검찰은 위반을 형사 사건화하고, 전방위적 압수수색으로 핸드폰 디지털 포렌식Digital forensics부터 할 것이다. 수사는 점차 확대되어 압수수색을 통한 별건 수사가 가능해지고, 처벌은 강화될 것이다. 기업은 이미지를 고려하여 사과의 기자회견을 열고, 포토라인 앞에서 수사에 적극 협조하겠다고 말할 것이다. 그러나 경영진에 대한 책임 추궁이 강화되는 추세로, 경영진은 민·형사상 벌금과 처벌을 면치 못하여 징역, 또는 집행유예를 선고받아 긴 법정 싸움에 들어가게 되는 경우가 많다. 막대한 소송비용이 들 것이며 환수조치, 세금 착수, 인허가 취소, 계약금지, 거래중단, 평판 훼손, 주가 하락 등의 악순환을 겪고 기업을 향한 지속적 감시는 강화될 것이다.

기업 범죄에 대한 제재 및 검찰의 대응 방안 연구에 따르면, 최고 경영진 기소 건의 약 96%는 유죄(벌금/징역), 또는 유죄 취지의 선고를 내리고 있다. 과거와 달리 기업인, 또는 전문 경영인에게도 중형(실형)이 부과되는 것이다. 회사에 재임 중인 경우는 물론, 과거 재임 시설 내용에 대해서도 책임을 부과하는 추세이다.

이번에는 기업 리스크를 유형으로 분류하여 알아보자. 아래의 리스크 종류 중 자연재해 리스크를 제외한 나머지 리스크는 대부분 관리가 가능하다. 다만 인식 부족, 내부 역량의 결핍, 정치적 충성 경쟁, 정형화된 리스크 측정 지표의 부재 등, 본질적인 문제를 해결할 수 있는 리스크 관리 장치가 부족하다는 단점이 있다.

〈리스크 유형〉

전사적 리스크	적대적 합병, 경영권 위협, 마케팅 전략 오류, 생산전략 오류, 제품 개발 전략 오류, 영업전략 오류 등
사업 리스크	경쟁사 출연, 실업률 증가, 소비자 취향 변화, 연구 연령 비율 변화, 신기술 출현 등
법적 리스크	법규 위반, 고용 관련 소송, 지식 재산권, 법·규정 개정 및 추가 등
보안 리스크	사이버 범죄, 정보 누출, 산업 스파이 등
인프라 리스크	전략 감축·중단, 가스 감축·중단, 연료 감축·중단, 통신망 마비, 물류체계 마비, 악성 노조 등
내부장치 리스크	내부 전산 마비, 생산설비마비, IT 시스템 마비 등
공급자 리스크	공급자 재고 불충분, 공급자 파산, 외부공급 품질 불량 등
자연재해 리스크	태풍·폭우·폭설, 지진, 산불, 환경오염, 전염병 등

〈출처: 기업 리스크 유형 분류, 2004, 한국표준협회, 기업의 리스크 관리 자원을 위한 정책방안 연구 보고서〉

이 중 기업 활동에서 현실적 리스크는 법적 리스크가 될 수 있다. 수많은 법률을 지켜야 하는 기업 차원에서 보면, 이 리스크 관리는 쉽지 않다. 더불어 규제기관의 관리, 감독, 수사, 조사는 점차 강화되고 있으며, 법률이라는 것은 항상 고정되어 있지 않고 살아 움직인다.

제도의 모순점을 개선하고자, 더욱 강력한 법과 규정이 끊임없이 생겨날 것이다. 최근, 징벌적 손해배상 제도가 입법화되고 있다. 건강, 안전, 환경에 「중대 재해 처벌법」, 반독점 공정거래에는 「독점규제 및 공정거래에 관한 법률」, 반부패, 뇌물방지에는 「형법」, 「청탁금지법」, 「이해충돌방지법」, 영업비밀에는 「부정경쟁방지 및 영업비밀보호에 관한 법률」, 개인정보/정보보호에는 「개인정보보호법」, 「정보통신망법」, 기업지배구조/재무보고에는 「상법」, 「주식회사의 외부감사인에 관한 법률」, 「자본시장과 금융 투자업에 관한 법률」 등 수많은 법률은 개정 및 새롭게 강화되고 있다.

법률 리스크를 쉽게 관리하기 위해 전반적인 내용의 거시적 관리와 분야별 내용의 미시적 관리로 나눠보자. 먼저 거시적 관리는 전사 차원의 법률 리스크를 관리하는 것이다. 산업별 특성 및 규제 환경에 대한 이해를 토대로, 전 조직원이 기업에 해당하는 공통 법률 리스크를 인식하고 대응하는 것이다. 효율적 리스크 관리를 위하여 주관부서를 주축으로 내부 준법통제 장치를 마련하고, 업무 프로세스상에서 검토·관리해야 한다. 그리고 윤리·준법 규범 관련 이슈들을 교육하고 리스크에 대응한다.

미시적 관리는 윤리·준법부서에서 통제하는 것이 아닌, 각 부서 특성에 맞는 리스크를 관리(통제)하는 것이다. 더불어 각 부서에 따른 컴플라이언스 의무와 리스크를 파악하여 보고함으로써 리스크를 최소화한다.

필자의 경험에 따르면 대부분 피심사자와 기업들은 해당 종류의 부정적 리스크는 자신의 기업에게 발생 될 가능성이 0_{Zero} 수준이라고 한결같이 말한다. 그러나 기업을 운영함에 있어 사건, 사고 등은 항상 언제 어디서든 일어난다. 사람은 다양한 자아를 가지고 있기에 상황과 역할에 따라 얼마든지 다른 모습을 연출할 수 있다. 일부분의 문제라고 생각하지만, 당사자가 관련될 수 있다. 방관하고 묵인했던 것들이 밝혀질 수도 있고, 어렵고 변화하는 법을 따라가지 못해 법 위반이 일어날 수도 있다.

최소한의 노력으로 발생하는 영향(손해)을 방지하거나, 최소화하기 위한 것이 리스크 관리이다. 리스크를 분석, 평가, 통제하는 업무에 대해 관리정책, 절차, 지침 등을 체계적으로 적용하는 목적과 목표의 달성 가능성을 높이는 사람을 리스크 관리자라고 한다. 관리자는 큰 틀의 컴플라이언스 방침에 맞춰, 최선을 다해 조직 내의 다양한 리스크를 예방하고 통제하여야 한다. 모두가 눈여겨보지 않는 위험이 나중에는 화살이 되어 기업과 임직원, 그리고 자신에게 돌아온다.

컴플라이언스 리스크를 매트릭스 차원에서 보면, 실질적인 컴플라이언스 노력 및 관련 자료 축적이 중요하다. 그러므로 법령 준수 관련 조직 및 내부 규정을 정비하여야 한다. 관리자는 조직원에게 정기적으로 교육을 진행하고 적극적으로 의지를 표명해야 한다. 리스크를 감지하기 위하여 모니터링 시스템을 구축하고 정기, 또는 비정기적으로 내부 감사를 수행하여야 한다. 마지막으로, 위법 행위자에 대한 적절한 징계가 이루어져야 재발방지절차를 마련할 수 있다. 이러한 사업 구조적 리스크 관리 방안 데이터는, 나아가 양벌규정을 대비할 수 있는 법적 입증 근거 자료가 될 수 있다.

그물망처럼 촘촘한 리스크 매트릭스 차원에서 컴플라이언스 의무를 충족하지 못하는 위반이 발생하였을 때, 기업이 컴플라이언스 위반 발생을 전혀 예상하지 못했거나, 명확하게 알고 있다는 가정하에 비교해 보자.

첫째, 기업이 전혀 예상하지 못했고, 리스크도 인지하지 못하여 위반이 발생한 경우이다. 대부분 컴플라이언스 시스템을 갖추지 못한 기업에서 조직원의 우발적 부정으로 발생한 사건들일 것이다. 수사가 진행되고 있는 O사의 대규모 횡령 사건이 여기에 해당한다. 현재까지는 그 기업을 둘러선 모든 이해관계자가 몰랐다고 한다. 발생할 수 있는 리스크인지 의심조차 하지 않았다.

반면, 위반이 발생할 것에 관하여 리스크 인지도가 있는 상태에서 효과적이지 못한 시스템을 설계하였거나 제대로 운영하지 못함으로써 사건이 일어난 상황이다. 또는 조직원의 문제로 부적격한 사람을 채용하여 사업을 운영하였거나, 경영진의 무관심으로 발생한 경우이다. L공사 부동산 투기가 이에 해당할 것이다.

공공기관은 이미 과도할 정도로 충분한 윤리 · 준법경영을 실천하고 있다. 지나치게 과도하여 운영상 충돌이 발생하고 통일화되지 않았으며, 주관부서는 이원화되어 협력하지 않고 있다. 또한, 순환보직으로 책임성이 부재하여 안정을 바라고 변화하는 윤리 · 준법경영을 업그레이드하지 않는다. 대부분의 공직자와 공공기관의 실무자들은 업무 실패를 인정하지 않는다. 실패라고 보고하는 즉시 인사고과에 반영되어 진급과 성과급을 받지 못하기 때문이다. 또한, 기획재정부에서 평가하는 경영평가 등의 점수에 치중하다 보니, 업무적으로 실적 중심의 행정, 윤리 · 준법경영에만 집중된 것도 원인이라고 할 수 있다. 특히 한국은 점수에 민감하다 보니 등수가 떨어지기라도 하면, 실무자들은 경영진에게 보고할 면목이 없어진다.

둘째, 기업이 컴플라이언스 위반이 발생할 것을 명확히 예상하고 있었을 경우이다. 의사결정 과정에 일절의 개입 없이 조직원이 관행적으로 위반행위를 한 것이다. 대부분 소규모 컴플라이언스 위반행위로는 갑질, 직권남용, 소규모 부패 등이 있다. 더불어 영업에 치중하는 조직에 해당하기도 한다. 경영진은 회사 매출에 눈이 멀어 이윤 극대화만을 노리고, 법 위반은 극도로 꺼린다. 본인들 손에 피를 묻히기 싫어 영업사원들의 손에 칼자루를 쥐여 주고 절벽으로 몰아세운다. 분기마다 실적 그래프를 보여주며 압박을 가하고, 우수 영업사원에게는 대규모의 포상을 제공하며, 사고 리스크 발생 시 의사결정 과정에 개입이 없었음을 주장한다.

반면 의사결정 과정에 적극적으로 개입하는 조직적 범죄가 있다. 컴플라이언스 리스크 평가는 하였으나, 통제장치는 전혀 작동하지 않은 보여주기식 평가를 하는 것이다. 탈세, 분식회계, 주가조작, 채용비리, 언론플레이, 사주 리스크 등 대형 위반이 이에 해당한다.

정부, 은행, 대기업은 대부분 위기관리 시스템을 갖추고 있지만, 효과적이지 못한 경우가 있다. 위기관리 시스템의 대표적인 이상 증상 6가지를 알아보자.

1. 위기 시 커뮤니케이션을 하지 않는다. 위기관리 주체는 내·외부로 침묵할 뿐, 아무런 커뮤니케이션을 하지 않아 실패한다.
2. 타이밍을 놓치고 늦게 커뮤니케이션 한다. 위기관리 커뮤니케이션을 시작하는 데 너무 과도한 시간이 걸려 타이밍을 놓치고 실패한다.

3. 정확하게 커뮤니케이션 하지 않는다. 상황 파악과 분석에 문제가 있어 포지션과 핵심 메시지가 혼란스러워지면서 실패한다.
4. 전략 없이 커뮤니케이션 한다. 공감하지 않고, 변명하고, 함부로 커뮤니케이션 하고, 이해하기 힘든 메시지로 실패한다.
5. 통합적으로 하나의 목소리를 갖지 않는다. 허락되지 않는 내부 구성원들이 준비되지 않은 대응과 커뮤니케이션을 하여 실패한다.

위기에 대한 정의와 평가는 이해관계자들마다 다르다. 최고 의사결정자, 실무자, 모두 다른 생각을 하고 있기에 실패하고는 한다. 리스크는 반드시 위기와 기회를 같이 활용해야 하고 특정 부서에서만 관리하는 것이 아닌 전 부서원이 이행해야 한다.

09 기업의 브랜드와 평판 리스크

다음은 평판 리스크에 대해 알아보자. '평판評判'이란, '평가評價'와 '판단判斷'이 합쳐진 단어이다. 최근 화두가 되는 ESG처럼 각종 국내외 이니셔티브들은 평가와 판단을 도입하여 등급을 매기고 있다. 사회에서 바라보는 기업들에 대한 평판 리스크는 곱지 않은 시각이 강하다. 평판 리스크는 기업에 막대한 영향을 미치고 있다. 특히 컴플라이언스 평판 리스크는 기업의 이미지에 무시할 수 없는, 단발성이 아닌 단·중기 주가에 영향을 미친다. 최근 소셜 미디어가 확산되며 기업의 평판 리스크는 과거에 비해 엄청난 영향을 증대시키고 있다.
대표적인 사건이 N기업 스캔들 사건이다. 2000년대 초, 이 기업은 매출 1조의 재무 안정성을 유지하며 업계 1위를 달렸다. 그러나 멜라민(유해물질) 분유 사태를 시작으로 대리점에 대한 갑질과 강매, 그리고 우유 가격 담합까지, 연이은 논란이 터졌다.

그 후 2013년 5월 3일, 50대 대리점주에게 '갑질'과 '막말', '떡값 요구' 등을 한 녹취록이 언론에 공개되면서 세간의 주목을 받았다. 정부는 규제 강화와 조사 확대를 발표했고, 국회는 질타의 목소리를 냈으며, 언론은 각종 기사를 쏟아냈다. 단 2주 만에 매출 23%가 감소했고, 국민 대다수가 편의점 가맹주 협회에서 시작된 불매운동에 국민 대다수가 동참했다. 경영진들은 대국민 사과 기자회견을 열었고 재발 방지를 약속했다. 당시 시가총액 4,300억 원이 증발했다. 이를 계기로 2015년 11월 N기업 방지법이 통과됐으나, 이 또한 졸속으로 평가받았다.

해당 기업은 이후 상생 협약과 사회적 책임에 앞장서며 대리점주와 상생협약, 그리고 연탄배달 봉사 등 다양한 노력을 했다. 그 결과 영업이익의 흑자를 회복하고, 중국과 유럽 등 해외시장까지 진출했다. 그러나 거기까지였다. 또다시 로고 감추기, 아르바이트생을 향한 갑질, 3세 아들 경영 논란, 성차별 공고 논란, 가족 등기, 곰팡이 주스, 마약 사건, 방사능 우유를 판매한다며 경쟁사를 비방하는 등의 파렴치한 행동을 벌였다. 심지어 COVID-19의 항바이러스 효과 발표 관련 식품표시광고법 위반 혐의로 경찰에 고발까지 당하고 압수수색까지 받게 되었다.

최근에도 무너진 M&A, 손해배상 소송 등 갖은 사건이 있었다. 2012년, 영업이익은 639억 원에서 2021년, -723억 원으로 손실이 컸다. 코스피에 상장된 이 기업은 2013년 5월 3일 기준 주당 최고 1,175,000원에서 현재는 321,000원으로 3배 이상 하락하였다. 분명 조직 내의 누군가는 잘못되었다고 손을 들고 호각_{Whistle}을 불었을 것이다. 그러나 건강한 조직 문화가 될 수 있는 기회 장치인 컴플라이언스는 전혀 작동하지 않았다.

언론에 밝혀지지 않은 이슈들이 더 많을 것이다. 빙산의 일각처럼 수면 아래의 컴플라이언스 미준수 역시 넘쳐날 것이다. 묵인하는 문화, 파벌, 이타주의 감소, 경영진의 탐욕과 방관, 직장 내 갑질, 직권 남용, 매출 우선주의, 안전장치 부족, 충성경쟁 등 조직의 컴플라이언스 문화가 제대로 작동하지 않은 탓이다. 썩은 사과는 조직 내에 반드시 있다. 그를 옹호하는 자, 방관하는 자 등 다양한 위법을 돕는 자들이 있다.

사람들은 평판이 좋은 자와 기업은 언제나 옳을 확률이 높다고 믿는다. 반대로 평판이 나쁘면 그 대상이 어떤 것이든 문제가 있다고 본다. 세평을 점검하는 것도 단순히 좋고 나쁨에 따른다기보다, 인물의 됨됨이에 대한 크로스 체킹_{Cross checking}을 하는 것이 강하다.

직장인들도 이직을 할 때마다 채용 리스크를 줄이기 위해 평판을 검증받는 시대이다. 나쁜 평판을 받을 때도 있지만, 시간이 지나면서 좋은 쪽으로 바뀌기도 한다.

나이키의 경우 과거 인권 문제로 도마 위에 오른 적이 있다. 축구공을 만들기 위해 하루 14시간을 일하고, 20루피(약 500원)를 받는 아이들이 언론에 보도되었다. 이로 인해 주가와 매출 급락이라는 고통을 겪었었다. 그러나 아동노동 착취의 오명에서 벗어나 현재는 중국 신장

위구르 인권 문제를 비판하고, 광고에 다양한 인종을 출연시키며 좋은 기업으로 우뚝 성장하고 있다.

'리스크'라는 것은 결과 및 발생 가능성과 관련 정보$_{Information}$ 부족 상태에서 위기와 기회가 동시에 일어나는 것을 말한다. 리스크의 결과, 또는 발생 가능성에 대한 이해 및 정보가 부족하거나 부실한 상태에서 잠재적인 사건들은 계속해서 일어난다. 아울러, 위기가 있으면 기회도 반드시 있다. 어둠이 있는 곳에 빛이 존재하는 것처럼, 그 이면의 불확실성을 미리 준비하고 대응하여야 한다.

'High Risk, High Return!'이라는 말이 있다. 투자의 기본 전제처럼 대원칙이 있다. 큰 위험을 감수하면 그만큼 큰 기회가 있다는 것이다. 일부는 맞고 일부는 틀릴 수 있다. 이제 기업은 컴플라이언스 리스크 관리로 Low Risk, High Return하여 지속 가능한 성장을 해야 한다.

COVID-19와 같은 불확실한 위기로 전 세계의 인류가 마스크를 쓰고, 모든 것이 장기간 멈추리라고는 누구도 예상하지 못하였을 것이다. 리스크 관리 및 연구는 예언이 아니라 예측하고 대비하는 영역이다.

언젠가 발생할 일은 반드시 일어난다. 미래를 부정적으로만 봐서는 안 되며, 그렇다고 긍정적으로 보기만 하는 것도 문제가 된다. 즉, 미래를 객관적으로 보려고 노력해야 한다. 그게 리스크(위기)이든 기회이든, 다가올 미래를 마주하는 태도가 긍정적이어야 한다. 이 두 가지가 바뀌면 미래는 재앙이 된다.

10 소유와 경영, 그걸 지켜보는 이해관계자

오늘날에는 기업의 윤리·준법경영과 ESG를 실천하지 않으면 생존과 번영이 어렵다고 할 수 있다. 철저한 투자자 관점의 ESG 뿐만 아니라 기업이 이해관계자들과의 우호적인 관계를 지속하는 데 소홀하고 무관심하다면 지속가능성을 확보할 수 없다. 결국, 기업은 윤리·준법경영을 최우선 과제로 삼아야 하고, 그들에게 만족스러운 보상을 해야 한다.

즉, 선택이 아니라 필수 요소로써 갖추어야 할 경쟁력이며, 하나의 스펙이 된 셈이다. 자본주의는 과거와 달리 자본주의는 전혀 다른 모습으로 변화하고 있다.

현대 자본주의 사회에서 기업은 누구의 것인가? 과거에는 분명 주주의 소유였다. 자본주의 사회에서는 주주가 최상위 포식자였으며, 모두의 위에 군림하였다. 기업의 창업 초기에는 투자자가 될 수도 있었다. 재벌 회장은 방어할 만한 주식을 가지고 전 계열사를 문어발처럼 소유하여 일감을 몰아주는 등, 갖은 부정 경쟁을 하였다. 그들은 대부분 직장 상사가 없는 회사원으로서 종신직 경영 생활에 참여하고 그 특권을 누렸으며, COVID-19로 인한 경영 악화 속에서도 연봉을 올리고 배당금을 받았다.

현재 대기업들은 정치, 경제, 사회, 환경적 영향력은 점차 막강해지는 추세이다. 그들이 실패할 시 그 피해는 모든 이해관계자에게 간다고 볼 수 있다. 임직원, 협력사와 노동자, 그의 가족들, 금융기관, 국민, 정부, 소비자 등 우리 모두에게 영향을 미친다. 심지어 대한민국의 대기업은 전체 조직의 수로 보면 1%도 되지 않는다. 대기업의 영향력은 실로 막강하다.

대기업은 오너 혼자 이루어낸 것이 아니다. 모든 이해관계자의 노력과 관심, 그리고 기여가 녹아있기에 성장할 수 있는 것이다. 그렇다고 기업을 완성하고자 초석을 다진 주주와 경영진을 욕할 필요는 없다고 생각한다. 경영진은 회사 경영을 위해 많은 것을 포기해야 하기 때문이다.

기업은 규모가 작을 때는 개인의 소유지만, 규모가 커지면 모두의 공동체 소유가 된다. 최근 ESG를 바탕으로 이해관계자의 영향력은 점차 막강해지고 있으며, 기업은 주주만의 것이 아닌 이해관계자의 것이 되어가고 있다. 자본주의 사회에서 기업의 경영진들은 청기기/수탁자Steward이다.

서양은 예로부터 노블레스 오블리주Noblesse oblige의 정신이 있다. 높은 신분을 가진 귀족들에게 요구되는 도덕적 의무이다. 이는 사회에 대한 봉사와 기부, 사회를 위해 솔선수범하는 기득권층의 자세 등을 말한다. '사회적·경제적으로 높은 지위를 획득한 이들이 자선과 기부를 통해 사회적 책임을 이행해야 한다'는 개념으로 이어져 오고 있다. 이해관계자를 존중하지 못하면 사회적으로 매장당할 수 있다는 뜻으로 해석이 가능하다.

미국을 대표하는 수많은 자산가는 세습이라는 개념에 집착하지 않는다. 부모로부터 물려받은 재산은 득보다 실이 많다는 이유로 상속하지 않는 것이다. 워런 버핏, 빌 게이츠 등 자본주의를 대표하는 이들은 기부 선언Giving pledge 운동을 통해 노블레스 오블리주를 적극적으로 실천하고 있다.

대한민국은 서구권 국가에서 200~300년에 걸쳐 이룬 산업화를 단 50~60년 만에 이뤄냈다. 그리고 산업화, 신자유주의, 성장 지상주의를 통해 얻은 부의 이면에 많은 것들을 감추고 있다.

자녀에게 세습하는 가족경영에 대한 비판의 목소리가 커지고 있다. 물론 가족경영이 모두 나쁘다는 것은 아니다. 기업이 어려워지면 사주 가족은 자녀의 장래를 포함해 모든 것을 잃고, 또 전문 경영인은 명성과 체면을 잃는다. 그런데도 대한민국은 사주의 기본적 자질과 도덕적, 윤리적 부정 리스크가 매우 높은 나라이다. 겉으로는 구속력 있는 법률적 지배구조 체계를 갖추었으나, 정작 내부의 건강한 지배구조는 갖추지 못해 이해관계자들에게 존경받지 못하고 있다. 대표적으로 2020년, 온 국민이 COVID-19와 싸우던 와중 D항공의 가족 간 경영권 분쟁이 미디어에 노출된 이슈가 있었다. 역설적이게도, COVID-19의 직격탄을 가장 크게 맞은 것은 다름 아닌 항공업계였다. 대부분의 항공사가 높은 부채비율로 허덕이는 와중에도 그들에게 중요한 것은 경영권 분쟁이었다.

또한, 비슷한 시기에 코스닥에 상장된 H기업은 경영권 분쟁과 횡령 관련 이슈가 있었음에도 주주들에게 이를 공지하지 않고 조용히 덮으려고만 하였다. 이후 언론을 통해 사실이 알려지자 급하게 언론 방어와 법적 대응을 강구한 것이다.

이번에는 유전적 자질과 엄청난 노력으로 이뤄낸 가족을 얘기해보자. 기계체조 출신인 아빠(여홍철)와 엄마(김채은)를 보고 자란 딸(여서정)이 있다.

1996년 애틀랜타 올림픽 도마 은메달리스트인 여홍철과 1994년 히

로시마 게임 단체인 동메달리스트인 김채은 사이에 태어난 여서정은 어린 시절 국가대표팀 코치였던 엄마를 따라 태릉 선수촌에 자주 가게 되었고, 훈련하는 기계체조 선수들을 보면서 꿈을 키웠다고 한다. tvN 〈유 퀴즈 온 더 블록〉 프로그램에 출연한 여서정은 '잘해도 아빠덕'이라는 말이 많아 스트레스가 컸다며 나름의 고충을 토로했다. 이어 "엄마가 코치하는 것을 되게 좋아하셨는데, 저 때문에 나와야 하니 많이 울었다고 하셨다."는 말과 함께 엄마의 앞길을 막은 것 같은 느낌이라며 씁쓸해했다.

그러나 여서정의 체조를 향한 집념은 누구도 꺾을 수 없었고, 결국 2020년 도쿄 올림픽 도마 부분에서 동메달을 목에 걸었다. 대한민국 사상 첫 '부녀父女' 올림픽 메달리스트가 탄생한 것이다. 아빠와 엄마의 뛰어난 유전자를 물려받은 여서정은 열심히 노력하여 기계체조 선수가 됐고, 국가대표로 거듭나 메달을 땄다.

그러나 이와 달리 한국의 기업들은 대부분 세습 경영으로 이뤄지고 있다.

사실 자본주의를 대표하는 미국은 어느 나라보다도 주주 우선주의를 견지해왔다. 기업의 주인은 주주이고, 경영자는 주인을 위한 충실의무가 있는 대리인이다. '기업의 유일무이한 사회적 책임은 이윤을 창출하는 것'이라는 '프리드만 독트린Friedman Doctrine'에 함축되어있듯, 기업 가치는 주주 가치와 같고, 주주 가치는 미래 현금 흐름의 가치이다. 그렇기에 주주 우선주의는 고객, 조직원, 협력사 등 다른 이해관계자의 이익과 조화된다고 여겨왔다.

그러나 이를 전면적으로 반대하게 된 계기가 있었다. 2019년, 비즈니스 라운드 테이블$_{Business\ Round\ Table}$(이하 'BRT')에서 돌연 포용적 자본주의를 선언하였다. 미국을 대표하는 대기업 181곳의 최고 경영자$_{CEO}$들이 모여 "더는 주주 가치가 기업이 추구하는 모든 목적이어서는 안 된다."라고 선언한 것이다. 더불어 "기업의 존재 목적은 고객, 근로자, 거래기업, 지역 사회, 주주 등 모든 이해관계자의 이익 극대화이다. 이해관계자들에 대한 공정한 대우와 지속 가능한 이윤 창출을 새로운 기업 목적으로 해야 한다."라고 발표하였다. 우리나라로 치면 대한상공회의소쯤 되는 대기업 CEO들이 주주가 아닌 모두의 이해관계자가 우선이라고 천명한 것이다. 따라서 BRT 선언은 미국 기업지배 원칙의 전통에 반하는 한편, 극단적으로 표현하면 대리인$_{CEO}$이 담합해 주인(주주)에게 반기를 든 격이었다.

그러면서 다이먼(JP Morgan, BRT 회장)은 다음과 같은 말을 한다.

1. 우리는 모든 이해관계자를 위한 근본적 책무 이행을 공유한다.
2. 납품업체와 거래할 시 공정하고 윤리적으로 대우하고 지역공동체를 존중하며, 지속 가능한 비즈니스로 환경을 보호하겠다.
3. 종업원에게 공정하게 보상하고 다양성과 포용, 존엄과 존중을 추구할 것이다.
4. 주주에게 재무상태표의 단기 이익보다는 '장기적 이윤 창출'을 약속한다.
5. 단기적인 주주 가치 중시에서 벗어나 이해관계자들을 배려하는 경영철학으로 전환하는 것이 기업·국가 모두 장기적으로 번영

하고 성공하는 유일한 길이라고 말했다.

기업의 가치 제고를 위해 이해관계자 최우선 원칙을 따르는 것이다. 미국에서는 지속가능경영과 유사한 '기업 시민 정신$_{\text{Coporate citizenship}}$'이 인정되고 있었다. 정부가 주도한 것이 아닌, 민간 부문의 자발성에 기초하여 발전되어 왔으며, 점차 주주 위주의 기업 경영을 넘어 이해관계자를 위한 경영 형태로 발전한 것이다.

여기서 이해관계자 용어 개념을 잘 이해해야 한다. 이해관계자를 관리$_{\text{Stakeholder management}}$한다는 말은 옳지 않다. 이해관계자는 관리의 대상이 아니라, 동행의 대상이다. ESG의 출발은 이해$_{\text{利害}}$관계자를 이해$_{\text{理解}}$하는 것이다. 이해는 Understand(Under, 밑에서/Stand, 선다)로, 위가 아닌 밑에서 위를 바로 본다는 존중의 의미이다.

피터 드러커는 말했다. "가족이 기업을 우선시할 때 기업과 가족 모두 성공할 수 있다. 그러나 기업이 가족을 위해 경영될 때 회사와 가족은 모두 실패한다." 기업을 운영할 때는 이 말을 명심해야 한다. 건강하고 진정한 리더십 경영 활동 시, 뿌리가 단단하면 절대 흔들리지 않을 것이다. 그렇게 나아가다 보면, 컴플라이언스 르네상스 시대가 열릴 것이다.

IMF로 본 컴플라이언스 관점

01 경제적 식민국가, IMF 사태

어릴 적 겪었던 IMF가 아직도 생생히 기억난다. 생활 전반의 모든 관점이 IMF였고, 어느 방송이든 늘 화젯거리였다. 국민들을 벼랑 끝까지 몰고 갔던 시기였다. 1990년대 중후반 당시 경제 호황을 믿어 의심치 않았고, 정부에서도 우리 경제는 튼튼하다고 하였다. OECD에 가입하여 선진국으로 진입함과 동시에, 국민소득 2만 달러가 당장 일어날 수 있는 일처럼 느껴졌다. 바로 그때, 우리 대한민국은 기구명도 이상한 'IMF 사태'라는 최악의 경제위기를 받아들여야 했다.

1997년 12월 3일, 한국은 국제통화기금_{IMF}에 구제금융을 신청하고 혹독한 경제 정책을 받아들이기로 하였다. 정부의 무능과 '뱅크런'을 부른 IMF의 오판이 국민들을 벼랑 끝으로 몬 것이다. 국민들은 갑작스레 닥쳐온 외환위기에 절망하였고 충격을 받았다. 당시 어린 나이였던 필자 역시도 진로에 대해 심각히 고민하였다. 고등학교를 졸업하면 무조건 군대에 가야겠다는 생각뿐이었다. 아버지 말씀대로 기술만이 살길이기에 기술계 고등학교에 가야 한다고 생각했다. 어머니 또한 생활 전반에서 모든 것을 줄이시려고 노력하셨다. 졸업을 앞둔 선배들은 취업하지 못해 방황하였다.

건국 이래 처음으로 경제적 식민국가가 된 것이다. 대한민국은 IMF라는 국제금융기구 앞에 무릎 꿇었다. 대한민국 역사상 경제지표가 가장 최악이었고, 자살률은 제일 높았다. 1998년 당시 자살률이 50%나 상승하였고, GDP 성장률은 -6.7%를 기록했다. 대기업뿐만 아니라 모든 기업이 가장 많이 무너진 시기였다. IMF 금융 체제는 30대 재벌 기업 중 17곳이 퇴출당하였고, 은행의 경우 26곳 가운데 16곳이 퇴출당하며 한국 경제는 뿌리째 흔들렸다. 당시 IMF는 구제금융 협상 개시 선결 조건_{Conditions Precedent}으로 무리한 요구를 하였다.

1. 고금리 금융시장 전면 개방
2. 금융기관에 대한 외국인 투자 대폭 허용
3. 금융사 구조조정
4. 노동시장 유연화 등

이는 계약상 이행해야 할 의무가 있기 전, 또는 거래의 종결이 되기 전 반드시 충족되어야 하는 요구사항을 지정하는 강력한 규정이다. 오랜 시간이 지났지만, 생생히 기억한다. '무리한 요구다.', '강력하다.' 등 많은 논란이 있었다. 사실상 경제 주권을 포기할 정도로 강도 높은 조건이었다. 요구 조건이 이행되지 않으면 곧바로 자금 지원을 중단하는 게 원칙이었기 때문이다. 대한민국을 손바닥 위에 올려놓고 움직이

겠다는 것과 다름없었다.

당시 제15대 대통령 선거가 치러졌고, 여당이었던 한나라당은 IMF 외환위기와 국가 부도의 책임을 물고 야당인 김대중 전 대통령에게 패배하며 정권 교체까지 이뤄졌다. 이후 IMF 요구를 전면적으로 수용함으로써 국민에게 대대적인 여파가 미쳤다. 글로벌 금융위기와 국내 IMF 외환위기를 겪으며, 우리는 대·내외 경제의 중요함을 인식하였다. 그리고 피해 복구 과정에서의 고통을 아직도 겪고 있다.

당시 TV에서는 "나는(IM) F이다."라는 말까지 나오기도 하였다. 기업들은 임직원들에 대한 전면적 구조조정을 시행했고, 직원들은 대부분 비정규직으로 전환되었다. 필자 역시 대학교와 군대를 졸업한 뒤 비정규직으로 취업하였다. 또한, 한창 일을 해야 할 직장인들이 하루 아침에 해고 통보를 받고 거리로 내몰렸다. 곳곳에서 노숙자가 생겨났으며, 방황 끝에 극단적인 선택을 하는 이들의 사건도 뉴스에서 종종 보도되었다. 제일 타격이 컸던 중산층 가정들은 비탄에 빠졌다. 상위층은 그나마 모아놓은 재산이 있었기에 참고 견디면 위기가 기회로 바뀔 수도 있었다.

아파트, 공장, 부동산 등 실무 자산들이 저가로 시장에 나왔고, 돈 있는 사람들은 얼마든지 골라서 샀다. 잘 사는 사람은 더 잘살게 되고, 못사는 사람은 더욱 어려워졌다. 결국, 양극화의 시대로 진입하게 된 것이다.

금金 모으기 운동도 기억난다. 정부는 위기에 처한 대한민국을 구하자는 취지로 금 모으기 운동을 시작하였고, 모두의 염원 덕분에 대한민국은 하나가 되었다. 수십 년간 간직한 돌 반지, 결혼반지 등을 무상으로 기부한 일들이 화제가 되기도 했다. 항간에서는 금 모으기 운동은 사기 운동이었다고도 이야기한다.

그 어려운 시기에도 사기를 쳐서 이득을 본 이들이 있었다. 몇몇 종합 상사들이 유령업체를 이용해 부가가치세를 포탈한 것이었다. 국내의 금을 수출하여 부가가치세를 환급받고, 부가가치세를 납부해야 할 유령업체는 폐업 처리하였다. 종합 상사들은 약 2조 원가량의 부가가치세를 부정 환급받았다.

어쨌든, 당시 우리 국민은 전 세계가 놀랄 만한 기적을 다시 한 번 만들어 냈다. 그렇다면, 국가 부도와 같은 경제위기를 죄 없는 우리 국민이 받아들여야만 했던 이유를 생각해야 한다. 당시 우리 기업과 정부에는 컴플라이언스 관련 장치가 전혀 없었다. 우리 기업들은 다른 나라에서 무리하게 돈을 빌려 몸집만 키우기 바빴다. 그저 세계화를 목표로 두고, 경제 개발에만 집중하여 무리하게 사업 확장만 진행한 것이다. 그 덕에 투자는 늘릴 수 있었지만, 일본의 엔화 약세와 중국의 위안화 평가 절하로 수출은 부진했고, 한국 경상수지는 적자로 이어질 수밖에 없었다. 악순환은 계속되어 은행과 같은 금융기관들은 정확한 평가 없이 정부의 보장만으로 기업에 돈을 빌려주었고, 그 결과 채무는 감당할 수 없을 만큼 불어났다. 이렇듯 금융기관과 정부의 감시 체계는 전무했고, 기업들은 은행을 통해 갚지 못할 만큼의 거액을 빌리기도 했다.

이처럼 최악의 상황에서도 기업 총수들은 해외로 자금을 빼돌리거나 도주하였는데, 대표적인 인물이 바로 한보그룹을 부도로 이끈 기업인들이었다. 5조 7,000여억 원이라는 천문학적 금액을 대출하는 과정 중, 정관계와 금융권 사이에서는 끈끈한 유착과 부정, 부패, 비리가 난무했다. 이는 건국 이후 최대의 금융 부전 사건으로 기록되었다. 설상가상으로, 재판에 넘겨진 자들은 혐의를 부인하고 대형 로펌 뒤에 숨어 집행유예로 풀려났다. 이 같은 악순환 속에서 우리 국민들은 경제 위기를 견뎌내야만 했다.

1997년 한보철강을 시작으로 진로, 대농, 한신, 기아, 해태 등의 기업들이 줄줄이 도산했다. 이와 관련된 협력사들, 은행 역시 파산을 면치 못했다. 대규모의 실직자, 비정규직, 그리고 그들 가족의 생계가 막막해졌다.

또한, IMF 결과는 컨트롤타워 역할을 하는 경제 관료들의 무책임함을 보여주는 결과였다. 기업들로부터 받는 광고비로 운영되는 일부 언론은 돈과 권력 앞에 서서 사태를 방관하고 동조하기까지 하였다. 국내 시장은 방패 하나 없이 무방비로 개방되어 직격탄을 맞았다. 대부분의 기업들은 어떻게든 회사를 살려보고자 문어발처럼 진행해놓은 사업들을 정리하고, 직원들을 밖으로 내몰았다. 금융 시스템의 전반적인 문제였고, 정부의 무능한 대처가 낳은 결과였다. 당시 국가 경제를 주도하던 기업들이 줄도산하자, 은행들은 우왕좌왕하였다. 수탁자의 의무로서 금융기관은 예금자의 돈을 철저히 보호하여야 했지만, 기본적인 절차와 내부통제 기준조차 지켜지지 않았다.

관료들은 경제위기의 원인을 본인들의 무능함이 아닌, 국민의 과소비로 돌렸다. 그도 그럴 것이, 일부에서는 실제로 경제 호황기를 호사롭게 누렸다. 1990년대 X세대의 사회 문제에서 비롯된 신조어로, 주로 압구정동 등지에 형성하며 기존 세대에 충격을 안겨준 강남 부유층

자녀 집단, 일명 '오렌지족'이 탄생하기도 하였다. 국민의 탓으로 돌리는 것 외에도, 정보를 가장 빨리 취득한 관료들은 뒤에서 개인의 안위만 걱정하였다.

과거 한일합병조약 당시, 조선의 고급 관료 중 몇 명이나 진심으로 나라를 걱정하였을까? 식민지 당시에도 모든 것은 파괴되었고 그 잔재는 아직도 남아 있다. 그때도 고급 관료들은 탐욕적인 기회만 엿보고 있었다. 일제의 침략으로 한일합병조약에 따라 국권을 상실하고, 식민지배를 받았음에도 불구하고, 그 후손들은 현재도 풍요로운 삶을 살고 있다. IMF 때도 엘리트층에의 무능을 국민의 탓으로 돌리고 본인들은 이득만을 취한 것이다. 위기 속에서 기회를 맛본 자들은 현재도 잘살고 있으며, 향후 닥쳐올 위기 상황을 또 한 번 노리고 있을지도 모른다.

국민의 인식은 변하였다. 대기업과 은행, 그리고 나라도 망할 수 있다는 것을 알았다. 부동산이 가장 안전한 자산이 아니며, 은행이 내 돈을 지켜주지 않는다는 사실과 평생 한 직장에서 근무할 수 없는 현실을 깨달았다.

앞으로도 비슷한 위기는 또다시 찾아올 것이다. 현실을 직시하고, 미리 대응해야 한다. 그렇지 않으면 국민들이 힘겹게 쌓은 공든 탑이 단 한 번에 무너질 수 있다.

02 영화 〈국가 부도의 날$_{IMF}$〉의 관점으로 본 컴플라이언스

1997년의 외환위기를 소재로 한 영화 〈국가 부도의 날〉은 관객 수 376만 명을 기록하며 흥행을 거뒀다. 한국 영화 최초로 외환위기를 조명했다는 점에서 인기를 끌었다. 영화에 출연한 인물들처럼, 당시 위기 사태를 대처하는 자세는 제각각이었다. 한국은행 통화정책 팀장 한시현(김혜수)은 28일 전에 국가부도의 날을 예측하여 대응책을 마련하고, 정부 정책 관료들에게 보고하였다. 실제로는 정부가 외환위기를 인정하여 14일 만에 구제금융을 받았지만, 영화 속의 보고는 무시당했고, 결국 사태는 일어났다.

회상해 보면, 당시 경제부총리는 '대한민국 경제의 펀더멘탈$_{Fundamental}$은 튼튼하다.'라는 말만 반복했다. 펀더멘탈은 한 나라의 경제 상태를 표현하는 데 있어 가장 기초적인 자료가 되는 성장률, 물가상승률, 실업률, 경상수지 등의 주요 거시경제지표를 말하는데, 당시 상황이 최악으로 치닫고 있었음에도 펀더멘탈은 튼튼하다는 말만 앵무새처럼 반복한 것이다. 전문가들이 위험 신호를 알렸지만 무시되었다. 은행들도 전혀 의심하지 않았다. 무분별하게 돈을 유통했고, 금융당국 역시 제대로 감독하지 않았다.

영화에서도 현실처럼 기회를 노린 사람이 있었다. 금융 종사자 윤정학(유아인)은 모든 외국인 투자자가 철수할 조짐을 미리 파악한다. 여러 지표를 토대로 경제가 망할 수밖에 없는 상황을 예측하고 사표를 던진다. 이어 개인 투자자들을 모아 기회를 엿본다. "나는 절대 속지 않아!"라고 외치며, 마지막까지도 정부와 언론을 의심하고 의심한다. 그 결과, 그는 돈방석에 앉게 되었다.

마지막으로, 갑수(허준호)는 위기를 전혀 감지하지 못한 대다수의 국민을 대변하는 인물이다. 그는 중소기업을 운영하는 사장으로, 일확천금을 노리고 사업을 시작한 것이 아니었다. 그저 자식들에게 맛있는 것을 아낌없이 사주고 싶은 대한민국의 평범한 아버지였다. 갑수는 현금 대신 받은 어음이 휴지 쪼가리가 될 수도 있다는 것을 의심하지 않았다. 당시 대한민국은 고도성장을 해나가고 있었기에, 많은 국민이 갑수와 같은 생각을 했다. 정부와 은행, 그리고 대기업을 믿어 의심치 않았다. 그래서 의심 없이 어음을 받았다.

이처럼 당시 일부 기득권자와 이를 악용하는 이들도 있었다. 대한민국을 생각한다는 미명으로 뒤에서는 또 다른 기회를 노렸다.

사람人을 믿지 말고, 상황狀況을 믿었어야 한다. 그리고 의심했어야 한다.

세월호 사건을 생각해 보면 우리 아이들은 선내에서 움직이지 말라는 반복적 방송만 고스란히 믿었고, 국민들은 침몰하는 배에 탄 사람들이 안전하게 탈출 중이며, 정부가 잘 대응하고 있다고 믿었다. 그러나 구조 작업은 제대로 이뤄지지 않았고, 엉뚱한 교신으로 인한 초기 대응 시간 지연, 선장과 선원들의 무책임한 행동, 해경의 소극적 구조와 정부의 뒤늦은 대처가 최악의 인재人災를 발생시켰다.

이처럼 윤정학은 의심했고, 국민을 대변하는 갑수는 순진하게 믿었다. 결국, 국민들은 벼랑 끝으로 몰리게 된 것이다.

앞서 설명한 것처럼 금 모으기 운동으로 당시 우리 국민은 결혼반지, 돌 반지 등을 팔아 단시간에 2조 원이 넘는 외채를 갚았고, 세계를 깜짝 놀라게 하였다.

현재 대한민국의 기업들은 정부와 본인들의 노력이 아닌, 우리 국민 덕분에 다시 일어설 수 있었다. 그러나 대기업은 여전히 중소기업과 소상공인, 그리고 국민을 우습게 알며, 일부에서는 갑질과 횡포를 일삼고 있다. 20년 이상 지났지만, 대기업 중심으로 산업 구조도가 양극화되었으며 아직도 비정규직이 있고, 노동자에게는 명예롭지 않은 명예퇴직이 있다. 개천에서 용 나는 일이 불가능해진 흙수저 시대이다. 정부, 경제 관료들, 은행, 기업 등이 사전 예방적 컴플라이언스 의무사항을 다하였다면 이러한 결과는 일어나지 않았을 것이다.

IMF 사태로 돌아가 컴플라이언스 관점에서 각 장치를 생각해 보자.

정부가 동남아시아 국가들의 연쇄적 외환위기 속에 완충장치로서 외화를 꾸준히 늘려 왔다면 상황은 완전히 달랐을 것이다. 특히 재무적 리스크를 대응하고 통제했어야 했다. 정상적인 경제 활동을 위한 국가의 보유 외환을 유지 관리하는 책임을 다하지 않은 것이다. 그리고 이러한 리스크를 효과적으로 관리할 수 있는 리스크 관리 체계를 갖추었어야 했다. 달러가 빠져나갔을 당시, 제대로 된 장치가 없어 외환위기는 더욱 급속화되었다. 정경유착 관계에 위반자들의 행위에 눈감아주는 것 없이, 공개적인 단두대 같은 곳에 올려 원칙대로 강력히 처벌하여 본보기로 삼아야 했다.

은행은 정경유착으로 부정 대출이 일어나지 않도록 본 기능의 안전장치 역할과 기능, 그리고 책임을 충실히 이행했어야 했다. L공사 사태가 그 결과를 다시 한 번 보여줬다. 토지 담보 대출을 받아 농지 이곳저곳에 무분별한 투기를 하였고, 당시 정부는 정경유착을 바탕으로 은행 대출을 용인했다. 이 과정에서 뇌물 사건까지 겹치게 되었다. 재무적 통제장치가 제대로 작동되었다면 일어나지 않았을 일이다.

기업들은 건강한 지배구조를 가지고 문어발식 사업 확장이 아닌, 안정적인 사업을 하였다면 좋았을 것이다. 글로벌 기업이 되기 위해서는 정관계 로비 등의 부정부패는 애초부터 싹을 잘랐어야 했다. 또, 정부가 원했던 대기업 위주의 육성 정책이 아닌 중소기업과의 상생을 노력했어야 했다. 그들과 함께 우물 안 개구리끼리의 경쟁이 아닌, 전 세계 시장을 상대로 함께 손잡고 경쟁하였으면 좋았을 것이다. 아울러, 재벌총수 등 소수의 독단적 경영보다 이해관계자를 고려하는 방향으로 발전했어야 했다. 무리한 기업 경영에 대한 단죄의 통제와 조사 절차가 확립되었어야 했으며, 기업은 대출(부채)이 아닌 안정적인 현금 보유량을 늘렸어야 했다.

현재 COVID-19 사태나 세계 대공황 위기처럼, 현금을 쌓아둔 기업은 제품이 팔리지 않아도 2년 이상 버틸 수 있다. 참고로 애플은 아이폰을 한 대도 팔지 않아도 무려 492일을 버틸 수 있다고 한다. 페이스북은 엄청난 양의 현금을 보유하고 있어, 매출이 제로가 되어도 21일간 버틸 수 있다고 한다. 즉, 현금과 같은 유동성 자산을 많이 가진 기업은 위기가 터졌을 때 오랫동안 버틴 뒤, 위기가 끝나면 기회를 얻어 더 큰 성장을 할 수 있다. IMF 당시 살아남은 기업이 세계적인 대기업으로 성장할 수 있었던 이유도 그 때문이다.

결국, 정부는 IMF 사태를 계기로 기업들을 강력히 통제하게 되었다. 공정거래위원회와 금융감독위원회가 출범하는 등의 재벌 개혁이 시작되었지만, 앞서 설명한 바와 같이 대한민국은 아직도 건강한 지배구조를 갖추지 못하고 있다.

돌아보면 1990~2000년 사이에 총 4번의 금융위기 사건이 있었다. 당시 위기는 5~6년마다 나타났다. 1992년 투자신탁회사 환매 사태로 인한 펀드런과 1997년 IMF 외환위기, 2003년에는 신용불량자의 신용카드 대란 사태가, 2008년에는 투자은행 리먼 브러더스 파산으로 인해 '서브프라임 모기지 사태Subprime Mortgage Crisis'가 벌어졌다.

당시 글로벌 경제는 부동산 시장을 중심으로 꾸준한 상승을 보였다. 지금의 가계대출 위기와 마찬가지로, 사람들은 대출을 받아 무리하게 집을 사기 시작했고, 은행들도 쉽게 돈을 벌었다. 미국의 모기지론에서 촉발된 금융위기가 국제적인 금융위기로 번진 것이다. 그 여파로 대한민국은 IMF 사태 이후 10년 만에 다시 금융위기를 경험하게 되었다. 한 차례 외환위기를 경험했던 대한민국 정부는 선제 조치를 하였지만, 기업 간 격차를 해결하지 못하였다. 중소기업은 버티기 어려웠고, 대기업은 기회를 노려 또다시 경제의 양극화가 일어났다.

서브프라임 모기지 사태가 터지기 이전, 필자는 군대에서 제대하였다. 5년 가까이 군 복무를 하며, 20대 후반의 나이에 5천만 원이라는 큰돈을 모았다. 덕분에 필자는 여러 가지 꿈에 부풀어 있었다. 대학 또는 유학, 그리고 결혼을 고민했었던 시기였다. 그러던 중, 누군가 주식을 사서 대박이 나고 있다는 소식을 듣고 주식의 그래프를 확인한 뒤, 수중에 있던 모든 돈을 올인하였다. 그런데 얼마 뒤 '서브프라임 모기지 사태Subprime Mortgage Crisis'가 터져 주식이 곤두박질치고 말았다. 그러나 포기하지 않고, 돈을 빌려 가며 더 투자하였다. IMF를 겪으며 위기는 기회라는 생각을 가졌기 때문이었다. 하지만 바닥은 생각보다 깊었고 위기는 좀처럼 끝나지 않았다.

인간은 태어나서부터 수많은 선택을 해야 하며, 인생은 수많은 선택이 만들어 낸 결과물이다. 선택에 대한 책임은 모두 본인이 져야 한다. 그래서 리스크는 선택과 연관이 있으며, 선택사항은 보통 도덕적인 선택과 부도덕한 선택으로 나뉜다. 권선징악의 관점으로 보면, 도덕적인 선택을 하면 복으로 돌아오고, 부도덕한 선택 시에는 일이 꼬여 망하고는 한다.

필자도 위기 속에서 선택해야 했다. 정말 많은 고민을 하였다. 한강으로 가야 하는지, 은행으로 가야 하는지, 별별 생각이 다 들었다. 결론은 남은 600만 원을 가지고 아시아, 유럽 배낭여행을 떠났다. 주식으로 돈을 모두 날린 위기가 여행을 통해 다시 일어날 수 있는 기회가 되어 열심히 윤리·준법 강의와 심사를 진행 중이며, 결정적으로 이 책을 집필하고 있다.

성공을 목표로 하는 조직이건, 사람이건 위기(리스크)를 현실적으로 직시하고 대응하여야 한다. IMF와 같은 경제 위기는 향후에도 반복될 것이다. 충분한 정보와 컴플라이언스 같은 제도적 장치로, 큰 사고가 터지기 전에 리스크를 관리(통제)할 수 있어야 한다. 그럼에도 위기가 왔다면, 현명하고 차분하게 기회로 바꿔야 한다. COVID-19 위기가 끝나갈 무렵, 러시아의 우크라이나 침공으로 전 세계의 경제는 다시 휘청이고 있다. 미국은 물가 상승률이 8.5% 이상에 치닫고, 한국 또한 물가 상승, 공급망 부족, 이해관계자의 요구사항 증가, 무역갈등 등으로 여러 위기를 겪고 있다. 현명하지 못하면 〈국가부도의 날〉 속

갑수처럼 힘들게 쌓아올린 모든 것들이 한 번에 무너져 내린다. 그러기 전에 제도적 장치와 대비를 해야 기회를 엿볼 수 있다. 영화 〈국가부도의 날〉의 한시현 팀장이 경고하였듯, 사태가 일어나기 전 미리 리스크를 관리하고 전문가의 목소리에 귀 기울여야 한다. 한시현은 말한다. "위기는 반복된다."라고. 그렇기에 우리는 준비하고, 또 준비해야 한다.

03 반복되는 위기와 기회 – IMF와 '서브프라임 모기지 사태'

필자는 대기업과 은행, 그리고 나라는 절대 망하지 않는다고 생각했다. 그러나 IMF 사태 이후, 여러 사건을 겪음으로써 생각이 완전히 바뀌었다. 이번 장에서는 그중 하나인 서브프라임 모기지 사태를 설명하고자 한다.

2007년, 서브프라임 모기지 사태Subprime Mortgage Crisis로 시작된 미국발 금융위기는 미국 경제뿐만 아니라 전 세계의 금융시장을 위기로 몰아넣었다. 어느 나라보다 대외의존도가 높은 우리 경제 역시 예외가 아니었다. 특히 경제위기의 발생 과정과 파급경로, 그리고 전개 과정은 사뭇 다르지만, 환율 급등, 주가 폭락 등으로 이어진 금융위기의 파급효과는 IMF 외환위기와 상당히 닮아 있었다.

서브프라임 모기지 사태는 2000년대 초부터 시작되었다. 주택담보대출, 즉 모기지Mortgage 업체들이 부동산 호황기를 이용해 돈 갚을 능력이 부족한 사람들에게도 무리하게 대출해주기 시작한다. 결국, 2005년부터 부동산 경기가 주춤해지며 대출 연체가 늘어나자 모기지

업체는 가장 먼저 힘들어졌다. 특히 서브프라임 모기지Subprime mortage, 즉, 저신용 주택담보대출의 연체율이 상승하면서 주택담보부증권의 가격이 하락하게 된 것이다.

문제는, 금융시장은 주택과 관련된 다양한 파생상품들이 복잡하게 얽히고설켜 한 곳에서 문제가 터지면 채권 부실이 급속하게 번져나갈 수밖에 없는 구조라는 점이다. 즉, 주택담보부 증권의 가격이 떨어지고, 투자은행 등의 금융기관이 보유하고 있던 주택저당증권Mortgage-Backed Security(MBS), 부채담보부증권Collateralized Debt Obligation(CDO) 등의 주택 관련 파생상품에 대규모 손실이 발생하기 시작하면서 위기는 빠른 속도로 커져 나갔다. 두 번의 금융위기 모두 부족한 내적 방어 능력, 부실한 지배구조, 금융 부실화, 재벌 위주 기업 등이 원인이었다.

1997년의 IMF 사태는 정부와 정치권이 상업 영역에서 시작된 금융위기에 제대로 대응하지 못해 발생한 인재였다면, 2007년 미국의 서브 프라임 모기지 사태는 금융 강국 미국에서 개인에게 무리한 가계대출을 한 은행과 이를 용인한 정부가 만들어낸 합작품이다.

지금 한국이 가지고 있는 핵폭탄급 가계 대출 규모는 기록을 갱신하고 있다. 기본적인 경제규모 확대, 부동산 가격 상승 등으로 인해 가계신용 규모는 2007년의 미국 서브프라임 사태와 유사하다.

1997년 외환위기 뒤, 우리나라의 낙후된 기업지배구조 개혁은 해결이 시급한 과제로 대두되었다. 정부와 금융당국은 1999년부터 사외이사, 감사위원회, 준법감시인, 선진화된 리스크 관리제도 등을 도입하였다. IMF를 계기로, 각 부처는 컴플라이언스 금융 제도뿐만 아니라 상법, 자본시장법 등 거버넌스의 기본체계를 갖추려 노력하였다. 법무부는 상법 개정 작업을 기초로 건강한 지배구조를 만들기 위해 노력하였다.

공정거래위원회에서는 「공정거래 자율준수 프로그램」에 따라 자율준수관리자가 관리하는 CP~Compliance Program~ 제도를 만들었다. 그러나 아직도 금융 관련 법, 상법, 공정거래법 등에서 정한 컴플라이언스 제도는 정착하지 못하고 있다. 법률 개정은 크게 이뤄지지 않았고, 무엇보다 준법감시인~人~, 준법지원인~人~, 자율준수관리자~者~ 모두 컴플라이언스 기능~Function~에 초점이 맞춰진 것이 아닌, 사람(관리자)에게 맞춰져 있는 것이 문제이다. 법률과 기준 내용도 모두 사람을 중심으로 규정되어 있다. 실제로 기업을 방문하면, 로스쿨을 막 졸업하고 약간의 실무를 수행한 20대 변호사가 준법지원인 역할을 하고 있다.

오랜 기간의 경험과 노하우가 축적되어야 하는 컴플라이언스 제도가 정부와 기관의 주도로, 실무를 모르는 이론적 교수들과 정치인들 말만 믿고 시행되었다는 점이 문제인 것이다. 또한, 컴플라이언스를 필수적인 요소라기보다는 중복 규제로 인식하고 있고, 법률에서 정한 요건만 갖추려는 것도 마찬가지다. 재미있는 사실은, 대기업에서는 위와 관련된 인원을 단 한 명만 선임하거나 아예 선임하지 않고 있다는 점이다. 선임하지 않아도 법률적으로 크게 처벌하지는 않는다.

IMF를 계기로 준법감시인, 준법지원인 등의 전반적인 개혁이 이뤄졌지만, 횡령·배임, 회계 부정, 저축은행 파산 사태, 고객 정보 유출 사건 등이 벌어지면서 끝내 실패로 이어졌다. 따라서 국가를 향한 국민과 고객의 신뢰도도 떨어지고 있다. 선진국 반열에 올랐으면서도 사회 곳곳에서는 여전히 경제 양극화, 비정규직, 안전사고 등 총체적인 문제가 발생하고 있다. 글로벌 스탠다드를 통한 컴플라이언스 제도를 손볼 시기가 왔다.

현재 대내외 환경은 매우 빠르게 변화하고 있다. 우리 정부는 세계의 급격한 환경 변화에 따라 적극적으로 대응하여야 한다. 그러기 위해서는 최소한의 법률적 요건만 갖출 것이 아니라, 주도적으로 컴플라이언스 제도에 대한 개정 및 발전을 시킬 필요가 있다. 위기에 맞설 수 있는 제도 개혁을 통해 기회를 엿보아야 한다. 필요 없는 과감한 규제와 나쁜 관행을 철폐하고, 투명한 환경을 만들어 글로벌 기업이 될 수 있도록 도와야 한다. 지금 ESG 트렌드는 한국에만 불고 있는 바람이 아니라, 전 세계적인 관심사항이다. 선택과 집중 방식의 질적인 법률 제도를 만들어 우리 기업이 공격적 글로벌 시장을 확장하도록 지원해야 한다.

IMF 구제금융 프로그램의 일환으로 우리 정부는 컴플라이언스 제도를 시급하게 입법화했으며, 이를 우리나라 실정에 맞게 개편하는 것이 필요하다. 정부가 앞장서서 투명성 있게 정보를 공개하고, 행정적인 위험은 타 부처와 적극적으로 협업하여야 한다. COVID-19 상황처럼 정치인 목소리에 귀를 여는 것이 아니라, 전문가(의사)들의 목소리에 귀 기울여야 한다. 조기 경보체계를 구축하여 발생하는 단계를 구분하고 여러 조치를 사전에 설정하는 등, 리스크를 관리하여야 한다.

더불어 현재 경제를 주도하고 있는 미국과 중국, 그리고 우크라이나와 전쟁 중인 군사 2위 러시아의 속내를 간파하여야 한다. 과거와 미래의 연장선에 있는 국내외적 법률과 제도적 흐름의 리스크를 파악하고 대응할 수 있어야 한다.

미·중 무역 갈등은, 미국 괴짜 대통령 도널드 트럼프가 갑자기 일으킨 전쟁이 아니었다. 4차 산업혁명 패권을 쥐기 위한 미국과 중국의 힘겨루기였다. 21세기 군사, 경제, 금융, 산업 등 모든 면이 새로운 패러다임으로 전환될 때, 그 중심이 되어 세계 패권을 장악하려는 것이 본질이었다. 미·중 무역 갈등은 2018년부터 본격적으로 시작되었다. 중국 제품에 고율 관세를 부과할 수 있는 행정명령에 서명함으로써, 관세로 시작된 양국의 무역전쟁 규모는 커졌다.

특히 미국은 법과 제도를 이용하여 화웨이와 같은 기업들을 사냥하였고, 각국은 우호적인 나라들을 줄 세웠다. 미국은 기존 패권을 유지하려 하고, 중국과 러시아는 옛 영광$_{Glory}$을 회복하려 한다. 더불어 유럽연합은 내부 붕괴를 막고, 유럽의 지위와 영향력을 방어하려고 하는 등, 각자의 목적과 전략적 계산이 작동하고 있다.

ESG도 같은 맥락이다. 과거 자본주의 산업화를 이끈 미국과 유럽은 현재 ESG를 주도하고 있다. 경제개발 시 규칙$_{Rule}$은 지키면서 성장하자는 것이다. 실상 그들은 과거 굴뚝에서 연기를 내는 환경파괴, 아동노동, 인권유린 등의 사회악을 일으키는 주범이었다. 이 나라들은 ESG를 법률 등 제도화하고 다른 나라 기업들을 평가하고 또 대응하기 위한 컨설팅 등으로 막대한 수익을 벌고 있다.

제3의 외환위기 가능성은 현재도 계속 논의되고 있다고 한다. 매년 세계경제포럼의 글로벌 리스크 보고서에 따르면, 한국의 가계부채, 실업률, 취업자 수, 부동산 거품 등은 점점 높아지고 무역수지, OECD 경기 선행지수는 점차 하락하고 있다. 위기를 알리는 신호들이 감지되고 있는 것이다.

사실 한국의 진짜 위기는 IMF 같은 금융위기가 아닐 수도 있다. 일본처럼, 성장의 한계로 30년을 잃어버리는 날이 올 수도 있다. 그러므로 위기가 발생하기 전에 미리 관리하여야 하고, 발생 시 대응할 수 있는 리스크 관리 체계를 갖춰야 한다.

과거를 돌이켜보면, 일제식민지, 전쟁, IMF 등의 위기가 닥쳐왔을 때 사회 지도층이 위기를 이끌었던 적은 단 한 번도 없었다. 모두 우리 국민들이 이겨내고, 원상회복 시켰다. 이 같은 일들은 두 번 다시 발생해서는 안 된다. 마지막으로 사람人과 국가를 믿지 말고, 상황狀況을 믿으면서 의심의 끈을 놓지 말아야 한다.

3

컴플라이언스의 최근 동향

01 ESG 경영, 컴플라이언스로 해결하자

대한민국은 그 어떤 나라보다도 짧은 기간에 경제 도약을 성공한 나라임이 분명하다. 일제의 식민지배에서 전쟁 참화까지, 외국의 원조 물자 없이는 보릿고개조차 넘기 힘들었던 가난한 농업국가였지만, 무無에서 유有를 창조하듯 불가능을 가능으로 만들었다.

선진국 반열에 올랐음에도 오너 리스크, 갑질, 횡령·배임, 비리 등의 부정·부패 사건은 여전히 잇따라 보도되고 있다. 최근 경제 선진국인 미국과 유럽을 필두로 ESG 트렌드에 초점이 맞춰지고 있으며, 대한민국은 선택의 기로에 서 있다. 이에 이번 장에서는 태풍처럼 몰려오는 ESG 경영을 컴플라이언스 차원에서 해결해보고자 한다.

보통 국내에서는 민간 중심의 사기업에만 컴플라이언스 제도를 집중하는 경향이 있다. 그러나 컴플라이언스는 기업 집단 단위에만 적용되는 것이 아니라, 국가를 포함하여 모든 조직에 부합하는 제도이다. 법과 규정이라는 것은 영리·비영리 할 것 없이 모든 조직과 사람들이 지키고 따라야 할 공통 의무이기 때문이다.

조직은 컴플라이언스 제도를 통해 법과 규정을 사전 예방할 수 있다. 반대로 법과 규정을 위반했을 시에는 민형사상 제재, 벌금, 업무 정지 명령, 과태료 등의 벌칙으로부터 조직을 보호할 수 있다. 경영진으로서는 불안$_{不安}$한 것보다 불편$_{不便}$한 것이 나을 수 있기에, 불편하더라도 컴플라이언스 제도를 이용해 조직을 보호하고, 지속 가능한 경영을 하고 싶어 할 것이다. 보험을 들어 세이프 존$_{Safe Zone}$으로 들어오고 싶은 것이다.

그러나 기업이 보험을 들고자 할 때는 제도만 필요한 것이 아니다. 운영에 있어서는 제도뿐만 아니라 조직원들의 올바른 인식과 행동이 바탕이 되어야 한다. 그래야 컴플라이언스 문화가 작동할 수 있다. 그 결과 내부적으로는 강화되는 규제에 보다 효과적으로 대응하여 법률 위반 리스크를 낮출 수 있고, 대내외 신용도를 높일 수 있다. 외부적으로는 사회$_{Social}$의 좋은 평판과 외부 평가기관(CP, ESG, 공공기관 경영 평가 등)에 우수한 등급을 기대할 수 있어, 투자유입 가능성이 있다.

최근, ESG 경영은 기업경영의 핵심 키워드로 자리를 잡고 있다. 기업이 환경(E)을 돌아보며 보호하고, 사회적(S) 가치를 중요하게 여겨 투명하고 윤리적이고 건강한 지배구조(G) 개선을 실천해야 지속 가능한 성장이 된다는 의미를 담고 있다. 전 세계 정부, 국회, 글로벌 투자 기관, 신용 평가기관, 시민뿐만 아니라 이니셔티브$_{Initiative}$들도 앞다투어 ESG의 강력한 목소리를 내고 있다. 즉, 과거 주주들이 벌어들이는 것과 소비하는 금액에 관심 있었다면, 현재는 돈을 버는 방법에 대해 주목하고 있다. 빙산의 일각처럼, 보이는 관점이 아닌 보이지 않는 비재무적 관점이 중요해지고 있는 시점이다.

우리는 COVID-19와 같은, 눈에 보이지 않는 바이러스와의 전쟁 속에서 ESG의 중요성을 크게 깨닫고 있다. 그리고 전 세계는 한목소리로 ESG 동참을 강력히 요구하고 있다. 우리나라 대기업 총수들도 2022년을 맞이하여 다시 한 번 ESG 경영을 직·간접적으로 선포하였다.

기업은 기본적으로 이해관계자의 변화에 반응하는 존재들이다. 그들의 니즈를 맞추지 못하면 지속 가능한 경영이 어려워진다. 변화하는 사회의 의식을 적극적으로 수용하고, 그에 맞춰 움직여야 지속가능경영Sustainability Management을 할 수 있다.

ESG 경영의 중요성이 강조됨에 따라 컴플라이언스에 대한 목소리가 높아지고 있다. 환경(온실가스, 탄소중립 등), 사회(인권, 노동, 안전·보건 등), 지배구조(윤리, 기업행동, 이사회 등)에 관련된, 법과 같은 조직의 의무는 4차 산업혁명을 앞두고 더욱더 중요해지고 있다. 글로벌 투자자들도 ESG를 강력히 촉구하고 있으며, 정부와 UN, ISO 등 국제기구들은 적극적인 컴플라이언스 의무를 촉구하고 있다.

물론, 빠르게 변화하는 환경 속에는 시행착오들이 존재한다. 미리 대응하지 못하는 조직 입장에서는 위기를 맞을 수 있다. 이후 살아남은 조직은 컴플라이언스의 중요성을 깨닫고, 다시 태어나 튼튼한 지속가능경영을 할 수 있을 것이다. 경험하고 다쳐봤기에 중요성을 인식한 것이다. 지속가능경영은 조직(기업, 공공부문 등) 활동에 있어 경제적 성장과 환경보호 및 사회적 책임을 고려한다. 발생 가능한 여러 리스크를 사전에 제거하고, 새로운 기회에 대처하며, 이해관계자를 존중하여 사회 속에 동화되고 지속적인 성장을 지향하는 것이 경영의 새로운 추세이다.

4차 산업혁명과 디지털 뉴딜, 그리고 COVID-19로 인하여 조직의 모든 시스템은 디지털 전산화되고 있으며, 규제의 입법화는 점차 강화되고 있다. 대표적으로 중대재해처벌법과 같은 징벌적 손해배상 제도가 입법화되고, 컴플라이언스 체계 또한 복잡·다양화되고 있다. 이에 트렌드를 따라가는 기업들은 효과적인 체계를 갖추기 위해 신속하게 IT, 또는 AI 컴플라이언스 등으로 전환하고 있는 실정이다. 주어진 현실을 직시하여, 위기를 미리 대응하고 기회로 보고 있다. 앞서 언급했듯, COVID-19에 대한 위기를 기회로 맛본 산업은 그 가치를 알고 있는 것이다.

국가, 민간, 공공, 개인 할 것 없이 우리는 모두 COVID-19처럼 태풍이 쓸고 간 자리에 무엇이 남고, 얼마나 큰 피해가 있을지 상상해 봐야 한다. COVID-19로 인하여 많은 것들이 바뀌어 가고 있다. 이미 확인된 바와 같이 사상자와 실직자 등의 피해는 기록적이다. 양극화는 더욱 극명해졌고, 취약계층의 피해는 더욱 심각하다. IT 기업들은 기회를 봤고, 전통 제조 기업들은 리스크를 맞이하였다.

ESG처럼 환경$_{Environmental}$을 돌아보고, 사회$_{Social}$의 어려움과 함께하며 투명한 지배구조$_{Governance}$를 갖춰야 한다는 것이 사회의 최근 동향이다. 이제 전 세계는 기업이 위법을 저질렀을 시, 냉정하게 '화폐투표$_{Money\ vote}$'와 같은 처벌을 내릴 것이다. 또한, 윤리·준법을 추구하는 기업에는 긍정적 기회를 제공할 것이다.

자본주의와 사회주의 관점은 점차 변화하고 있다. COVID-19의 긴 터널이 끝나갈 때 즈음 러시아가 우크라이나를 침공한 것은 큰 실수였다. 그 탓에 세계 경제는 다시금 깊은 수렁에 빠지고 있다. 러시아는 강력한 경제 제재 속에서도 장기전을 선택하였고, 우리 정부, 국민, 기업은 그 위기를 간접적으로 체험하고 있다.

새로운 사회주의를 표방하는 러시아, 그 반대의 미국, 유럽, 그리고 다른 국가와 국민들은 이 사태를 숨죽여 지켜보고 있다. 새롭게 도입된 자본주의와 사회주의 질서가 제대로 작동하지 않는 탓에 모두 만족스럽지 않은 결과를 맺고 있다.

이 책에서 언급하는 조직(기업)이 할 일은 그리 많지 않다. 다만, 이러한 변화의 소용돌이가 칠수록 기업은 기본적인 책임Responsibility을 다하고자 노력해야 한다. 모두를 위한 미래를 먼저 생각하고, 선량한 선택을 해야 한다.

ESG를 주도하고 있는 래리핑크의 편지는 다음과 같다.

이해관계자 자본주의는 정치적인 논의나 사회적·이념적 논의가 아닌 장기적인 수익을 추구하기 위함이다. 블랙록이 지속가능성에 집중하는 이유는 환경주의자가 아닌 자본주의자이기 때문이다.

02 어디에 부정·부패 리스크가 있는가?

과거 기업들은 수단과 방법을 가리지 않고 영업만 잘하면 된다는 인식이 있었다. 하지만 국내외를 불문하고, 현재는 '윤리와 준법이 기업의 경쟁력'이라는 공감대가 확대되는 추세이다.

기업이 처음 사업을 시작할 때는 경제적인 성공이 중요했지만, 점차 거대화되면서 시작보다 성실함이 중요해지고 있다. 복잡하고 다변화되는 세상에서 기업들은 정신 줄을 꽉 잡아야 한다.

과거 임직원들은 회사에 충성도가 높아 '우리 회사'라는 용어를 자주 사용하였다. 그러나 대부분의 조직에서 중요한 역할을 담당하고 있는 MZ 세대는 평생직장을 의미 없는 개념으로 받아들인다. 이들은 절대적다수의 행복보다는 개인의 행복을 우선으로 생각한다. 즉, 회사보다는 본인의 미래에 충성한다. 과도한 업무 부담에도 목소리를 내지 않았던 과거 기성세대들과는 달리, 불의를 보면 참지 않고 즉시 행동한다.

MZ 세대가 경제 성장기에 태어나 부족함 없이 자란 세대임은 분명하다. 그러나 이들도 경제위기로 출발선부터 달랐던 불합리한 취업 경쟁, 금수저와 흙수저로 나뉘는 계급, 갑질, 그리고 꼰대 같은 기성세대와의 갈등을 겪으며 상식적인 준법과 윤리를 배웠다.

현재 조직 내부에서 일어나는 사건 대다수는 내부고발제도, 공익신고제도 등에 의해 밝혀지고 있다. 과거에는 조직의 비리나 부당행위 등을 참고 묵인하는 문화가 팽배하였다면, 최근에는 MZ 세대를 주축으로 적극적으로 밝히고 응징하는 경향이 강하다. 회사의 최고 자산은 바로 임직원들이며, 머지않아 MZ 세대들이 회사의 자산이 될 것이다.

회사가 직원들을 기계처럼 대하면, 직원들은 회사에 응징하듯 본보기를 보여주려고 할 것이다. 회사가 두려워하는 블라인드 앱과 언론 등의 외부 채널이 폭주할 수 있다.

이에 국내외적으로 조직이 어떠한 컴플라이언스 리스크를 준비하는지 알아보자.

먼저 해외 컴플라이언스 리스크를 간단히 설명하고자 한다. 글로벌 경쟁이 치열해지면서, 자국 기업 및 산업을 보호하기 위해 외국 기업들의 경영 업무를 감시하는 활동이 확대되고 있다. 자본주의를 대표하는 미국처럼, 대내외 이해관계자들에게 ESG를 공표하고 있다. 더불어 수많은 해외 법률들이 생겨나고 있고, 규제기관의 관리·감독·수사·조사는 강화되는 추세이다. 이에 대응하지 못하는 기업들은 막대한 벌금과 수사, 그리고 민·형사상 기소와 고소로 곤혹을 치를 수밖에 없다. 아울러 국내 컴플라이언스 리스크 온도는 점점 높아지고 있다.

최근 들어 ESG를 주축으로 다양한 분야에서 윤리·준법 경영 관련 규제는 엄격해지고, 이해관계자의 관심은 높아지는 상황이다. 법률상 형사 및 행정 제재 역시 마찬가지이다.

징벌적 손해배상제도라는 입법 제도화가 계속해서 추진되고 있다. 청탁금지법, 이해 충돌 방지법, 중대재해처벌법 시행 등 기업 준법에 대한 요구가 급증하고 있다. 더불어 우리나라 기업들의 지속가능경영 보고서에 따르면, 이해관계자의 영향과 비즈니스 영향 중 준법과 윤리 경영을 핵심 과제로 보고 있다. 사업장의 안전보건, 노동 관행과 인권, 기후 변화, 개인정보보다 준법과 윤리·준법경영이 우선순위인 것이다.

불과 얼마 전, 누구보다 컴플라이언스를 지켜야 할 사법부가 컴플라이언스를 정면으로 위반한 사건이 있었다. 바로 전 대법원장의 사법 농단이었다. 대법원장이 구속된 것은 71년 헌정사상 초유의 일이었다. 전·현직 판사 14명이 차례로 넘겨진 재판은 현재도 진행 중이다. 그는 재임기 중, 사법부의 왕처럼 제왕적으로 행동했다고 한다. 그러면서 취임사에서는 "재판 독립 없이는 법원이 결코 사명을 완수할 수 없음을 확신한다."라고 말하며 "법관이 법과 양심에 따라 재판하는 것에 있어 어떤 형식의 부당한 영향도 받지 않도록 모든 역량을 다 바칠 것"이라고 강조했다.

그러나 역설적이게도 이는 사법부의 시설관리, 법관 인사 등 제반적 행정 업무를 하는, 대법원 행정처에서 일어난 사법 농단 사건이었다. 동시에 사법행정 업무로 차출된 판사들이 사법 행정을 위한 권한(사법 행정권)을 남용해 일선 재판에 개입하고, 법관의 독립을 침해한 사건이었다.

당시 이탄희 전 판사(현 국회의원)가 판사들의 사법 개혁적 학술 대회를 저지하라는 업무 지시를 거부함으로써 판사 뒷조사 문건의 존재가 알려진 것이다. 세 차례의 법원 내부 진상조사를 거쳐 문건이 공개됐고, 드디어 검찰 수사에 들어갔다. 그들은 청와대나 국회의 민원을 들어주고, 경쟁 관계인 헌법재판소를 견제하고자 헌재 내부 정보를 수집하고 재판에 관여했으며, 법원 안팎의 비판 세력을 탄압하는 한편, 판사 비위 사건은 교묘히 축소하였다.

필자 역시 국민의 한 사람으로서 화가 났다. 사실 법이라는 것은 최후 믿음의 보루라고 생각했다. 사람이 기댈 수 있는 마지막 바로미터는 법이다. 법 앞에서는 누구나 평등하다는 믿음이 있었다. 그러나 그 믿음은 어김없이 힘과 권력을 가진 자들에게 넘어갔다. 사법 불신이 생긴 것이다. 문득 1988년 10월 8일, 서울 올림픽의 열기가 채 가시기도 전 지강헌을 포함한 네 명의 인질범이 한 주택에 침입하여 경찰과 대치했던 사건이 생각난다. 지강헌은 죽기 직전 이렇게 말했다.

"유전무죄有錢無罪, 무전유죄無錢有罪."
돈 있는 사람은 죄가 없고, 돈 없는 사람은 죄가 있다는 뜻이다.

지강헌은 560만 원을 훔친 죄로 징역과 보호감호를 받아 무려 17년간 수감 생활을 하여야 했다. 반면, 수백억 원에 달하는 횡령, 탈세, 뇌물수수를 범한 J씨(전임 대통령의 동생)는 겨우 7년의 징역형을 선고받은 것이다. J씨는 실제로 전임 대통령 정권 말에 징역 3년을 마치고 가석방된 뒤, 특별사면을 통해 복권되기까지 했다.

'유전무죄·무전유죄'라는 국민의 인식은 여전하다. 대기업 총수들은 대규모 호화 로펌을 통해 많은 시간과 막대한 비용을 들여, 기나긴 싸움 끝에 승리를 거머쥔다. 소위 3·5의 법칙으로, 징역 3년, 집행유예 5년을 받는 것이다. 현행법상 징역형이 3년 이하일 때만 집행유예를 선고할 수 있는 것을 고려하여, 재벌 등의 특권층에 3년 이하의 징역형을 선고하고, 이와 함께 집행을 유예해 석방하는 것이다. 현재 대한민국의 사법 신뢰도는 OECD 중 최하위권에 속한다고 한다. 경제규모 10위의 선진국이라는 점으로 볼 때, 매우 아쉬운 사건과 순위가 아닐 수 없다.

논어에 이러한 얘기가 나온다. '不患貧 不患均(불환빈 불환균).'
'백성들은 가난한 것을 근심하는 게 아니라 공평하지 못함을 걱정한다.'
'백성들은 가난한 것에 분노하는 게 아니고 고르지 못한 것에 분노한다.'

유럽 벨기에에 방문할 여행객에게 추천할 그림이 있다. 바로 16세기경에 활동한 네덜란드의 화가 제라드 다비드_{Gerard David}(1460~1523)의 〈캄비세스 왕의 재판_{The Judgement of Cambyses}〉이다. 이는 〈법원을 법정에 세우다〉로, 최근 사법부의 부패 때문에 함께 화제 되고 있다. 이 작품은 페르시아에서 일어났던 일을 그린 그림이다.

페르시아 제국 당시 '시삼네스'라는 재판관이 돈을 받고 판결을 내리는 뇌물 사건이 발생했다. 우선 뇌물의 사전적인 정의는 '불법적으로 신뢰를 저버리는 행동을 유도하는 것'으로, 혜택을 제안하거나, 약속하거나, 주거나, 받거나, 혹은 청탁하는 행위이다. 뇌물은 쌍방향의 성격이 강하다. 일방적인 것이 아니라, 양쪽 모두에 의해 발생하는 것이다. JTBC 〈앵커 브리핑〉에서 손석희가 선물과 뇌물을 구별하는 기준을 알려주기도 했다.

첫째, 받고 잠을 잘 자면 선물, 그렇지 못하면 뇌물.
둘째, 언론에 보도되어도 문제없으면 선물, 탈이 나면 뇌물.
셋째, 다른 직위에 있어도 받을 수 있으면 선물, 그렇지 않으면 뇌물.

청탁금지법 시행을 한 달 앞둔 시기, 세상은 조금씩 술렁였다. 전전
긍긍하는 사람들도 있었다. 민·관 구분할 것 없이 모두 혼란스러워했
으며, 기업들은 대응책을 마련하고 교육을 진행하였다.

'국제투명성기구'에서 조사한 바로는 2021년 기준 우리 사회의 4
명 중 1명꼴이 뇌물과 관련 있다고 한다. 거대한 돈이 오고 가는 것만
이 뇌물이 아니다. 한국인 정서상 공직자가 밥 한 끼만 얻어먹어도 뇌
물을 받은 것으로 낙인찍힐 수 있다. 가장 명확한 것 같으면서도 가장
모호한 범죄, 그것이 바로 뇌물이다.

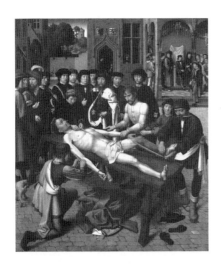

재판관의 피부를 벗겨내는 형
벌이 진행되고 있는 그림이다.

당시 페르시아 군주 캄비세스
왕 2세는 재판관의 껍데기를 벗
기라는 형벌을 내렸다. 이후 해
당 껍데기를 재판관 의자에 깔
도록 명령했고, 의자에 앉을 새
재판관에게 교훈을 주었다. 이
어 시삼네스의 아들 오타네스를
후임 판관으로 임명한 뒤, "어떤 의자에 앉아 판결하고 있는지 명심해
라!"라고 말했다.

기원전 2500년 전에는 도둑질이나 거짓말을 한 자의 손과 혀를 자
르고, 살인범은 산 채로 화형에 처하는 '눈에는 눈, 이에는 이' 식의 처

벌이 일반적이었을 것이다.

당시 페르시아는 전 세계에서 가장 큰 제국이었다. 해당 형벌을 내린 왕 캄비세스 2세는 이집트를 정복하고, 에티오피아와 카르타고에 이르는 거대한 제국을 거느린 페르시아 황제였다. 무소불위의 권력을 가진 그에게, 측근인 고위공직자의 부정부패를 눈감아주거나 덮어주는 건 그다지 어려운 일이 아니었을 것이다. 하지만 황제는 부정부패를 뿌리 뽑기 위하여 판사들과 정치인들에게 시삼네스 재판관의 피부가 벗겨진 일을 잊지 말 것을 강조했다. 부패한 재판관들이나 공직자들이 각성하여 비리나 범죄행위에 연관되는 것을 막는 동시에 정의를 구현하려는 의도였다.

1970년 11월 13일, 아름다운 청년 전태일은 서울 동대문 평화시장 앞에서 근로기준법 책을 품고 휘발유를 뿌리며 "근로기준법을 준수하라! 우리는 기계가 아니다! 일요일은 쉬게 하라! 노동자들을 혹사하지 마라!"라고 외쳤다. 그 이후 진실·화해를 위한 과거사 정리위원회에서 국가를 상대로 불법 노조 탄압에 대해 소송을 했다.

2015년 1월, 대법원 전원합의체가 '과거사 역주행'을 결정했다. 사법농단 시절 작성된 문건에서 대법원의 민주화보상법 전원합의체 판결이 '사법부의 대통령 국정운영 뒷받침 협력 사례'로 꼽힌 사실이 드러났다. 결국 "민주화보상법의 보상금에서는 '정신적 손해'에 대한 배상이 포함되지 않는다."라는 판결을 되돌려 놓는 것으로 결정을 내렸다. 그러나 국민들은 그 판결조차 몰랐다.

우리가 간과하지 말아야 할 분명한 사실은, 법 앞에서는 누구나 평등하다는 것이다. 우리는 법정에 권위를 부여하고, 그 판결에 수긍해야 한다. 때로는 억울할지라도 받아들여야 하는 것이 법이다.

사법 농단을 보며 많은 국민이 나와 같이 분노했을 것이다. 현재, 판사는 존경의 대상이 아닌 의심받는 존재가 되었다. 사법부의 신뢰가 떨어지고 판결 정보가 공개되다 보니, 불공정했다고 생각하는 재판의 해당 판사가 누구인지, 어떤 잘못된 논리로 판결을 내렸는지 비판하기 시작한 것이다.

독자들의 친구들과 TV 드라마를 비교해 보면 쉽게 이해할 수 있다. 물이 위에서 아래로 흐르듯, 모든 것은 중력에 의해 위에서 아래로 내려가게 되어있다. 그러나 이상하게도 돈錢과 권력權力은 아래에서 위로 역행한다.

필자의 친구들을 보면, 첫 번째 친구는 부유한 환경에서 금수저로 태어나 가업을 이어받았다. 부와 권력을 욕할 수는 없지만, 그 친구는 계단으로 오르는 나머지 친구들과 달리, 처음부터 엘리베이터를 타고 올라갔다. 부와 권력자들의 생애주기는 우리가 알다시피 비슷한 스토리를 가지고 있다. 뒤에서 받쳐주는 돈과 인맥을 통해 좋은 학교, 좋은 자리를 차지한다. 군대는 대부분 면제를 받았고, 사회에 나와서도 차별화된 대접을 받는다. 잘못을 저질러도 법률적 책임을 막아줄 수 있는 돈줄과 막강한 로펌 등이 있기에 반칙과 특권을 누린다.

가난한 환경에서 자란 두 번째 친구는 출세하기 위해 공부에만 매진하였다. 살 길은 공무원밖에 없다고 생각하며 끝까지 한우물만 판 것이다. 잠깐 쉬면서 여행이라도 다녀올 것을 충고했으나, 그럴 시간에 책 하나라도 더 봐야 한다고 했다. 톱날이 무뎌지고 도끼날이 빠졌는지는 안중에도 없었고, 결국 죽어라 공부한 끝에 고위공직자가 되었다. 농담처럼 '내가 할 수 있는 권한은 이만큼이다.'라고 자랑하며, '이 제는 보상받아야겠다.'라는 말을 덧붙인다.

마지막 친구는 돈, 권력, 공부 머리도 없는 친구이다. 다만 이 친구는 싸움을 잘했고 항상 친구들의 도시락을 빼앗아 먹었다. 그 탓에 물리적인 힘을 이용하려는 이들이 꼬이고는 했다. 그리 좋은 학교와 환경에서 자라지 못하고, 성인이 된 이후 각종 유흥 서비스업을 하며 다른 이의 불안전과 쾌락을 이용해 이득을 취했다.

삶의 방식은 사람마다 제각각이다. 위의 사례처럼 주변 친구들이 모두 같지는 않을 것이다. 다만, 어떠한 삶을 살든 본인의 인격체는 스스로의 선택과 주변 환경에 의해 형성된다는 것을 부인할 수 없다. 돈과 권력을 기본 바탕으로 삼아 사는 자와 그것을 얻고자 노력하는 자들 모두 위로 올라가 최상위층에 서려고 한다.

봉준호 감독의 영화 〈설국열차〉는 돈으로 만들어진 사회 계층을 열차 객실로 비유한다. 지구를 끊임없이 도는 열차 내부에 활성화된 빈익빈 부익부 현상을 현실적으로 그려냈다. 열차의 앞칸은 부유층이 차지하고, 마지막 칸에는 가난한 사람들이 몰려 바퀴벌레를 압축한 사료를 먹으며 지낸다. 열차는 앞칸으로 갈수록 좋은 옷과 음식이 넘쳐난다. 영화에서는 "이 세상은 어차피 불평등할 수밖에 없는 거야."라는 대사가 나온다. 이를 증명하듯, 권력자와 대표들은 꼭대기 층과 비행기의 퍼스트 클래스를 이용한다. 모두 아래층을 밟고 올라가기 위한 계급투쟁을 한다.

직장인의 애환을 담은 드라마 〈미생〉에서는 "순간의 선택이 모여 삶과 인생이 된다."라는 말이 나온다. 선택의 순간들을 모아두면 그게

삶이고, 곧 인생이 된다는 것이다. 우리가 하루에 하는 수십 번의 선택이 삶의 질을 결정짓는 것이다.

드라마에서는 또 다음과 같은 대사가 나온다. "당신은 언제부터 순간을 잃게 된 겁니까? 순간을 놓치게 되면 전체를 잃고 패배하게 됩니다." 여기서 알 수 있듯, 맹목적인 꼭대기 층과 앞자리만을 노린 채 과정과 노력 없이 삶을 살아간다면, 부정과 부패가 일어나 법 위반이 발생할 수 있다. 또 누군가는 도덕적, 윤리적 문제와 관련하여 사회로부터 지탄받게 된다.

더 무서운 것은, 나를 도와주고 응원해주는 사람들에게 배신당할 수 있다는 사실이다. 사랑하는 가족이 나 하나 때문에 힘들고 아파할 수도 있다. 순간의 잘못된 선택으로 힘들게 쌓아 올린 것들을 모두 잃게 된다. 컴플라이언스 리스크는 직장 생활을 하건, 사업을 하건, 어디에서나 나를 노리고 있다. 지키는 것은 그리 어려운 일이 아니다. 기본 원칙과 상식대로만 살아간다면 문제 될 것은 없다.

03 컴플라이언스 준수 책임을 강조하는 법원 판결

산업이 발전하고 조직의 역할과 권한이 거대해짐에 따라, 기업 및 정부와 같은 권력에 의해 발생한 금전적, 비폭력적인 화이트칼라 범죄White-collar crime가 발생하고 있다. 화이트칼라 범죄는 1939년, 사회학자 에드윈 서덜랜드Edwin Sutherland의 말에서 비롯되어 '직업 과정에서 존경과 높은 사회적 지위를 가진 사람에 의해 저질러진 범죄'로 정의되었다. 전형적인 화이트칼라 범죄로는 임금절도, 사기, 뇌물, 폰지 사기, 내부자 거래, 횡령, 사이버 범죄, 저작권 침해, 돈세탁, 신분도용, 위조 등이 있다.

최근, 컴플라이언스 관련 소송이 늘어나고 있다. 그도 그럴 것이, 사업의 범위가 다각화되고 법은 끊임없이 변화하고 있기 때문이다. 수사·규제기관의 관리, 감독, 수사 기능 역시 고도화되고 있다. 이에 사전 예방책으로써 입증할 수 있는 선관주의 의무$_{\text{Dute of care}}$와 상당한 주의감독$_{\text{Due diligence, Adequate procedures}}$의 컴플라이언스 판결이 일어나고 있다.

이에 많은 기업들이 준법 솔루션$_{\text{Compliane}}$을 도입하고 있으며, 컴플라이언스를 보완하는 기존 법률의 개정과 새롭고 강력한 징벌적 손해배상 제도를 강화하는 추세이다. 기업의 효과적이고 실질적인 준법 경영은 화이트 칼라 범죄를 자발적으로 억제하고 예방할 수 있다. 정부와 기업은 준법 솔루션에 반박하지 않지만, 많은 학자들과 전문가 사이에서는 효과적인 컴플라이언스(준법성)에 대한 의견이 분분하다.

특히 한국은 불문법을 사용하는 미국과 달리 규정 중심의 성문법 체계를 따르고 있다. 상위법에 우선 원칙을 두고 있으며, 행정의 일관된 집행이 가능하다. 성문법의 단점은 다수의 의견을 제대로 이해하지 못한다는 것과 판결문이 적다는 점이다. 불문법이건, 성문법이건 상관없이 중요한 것은 우리에게 잘 맞아야 하고 혼선이 없어야 한다.

앞서 설명했듯, 한국은 서구권에 비해 제대로 된 컴플라이언스(준법) 솔루션이 활성화되지 못하였고, 판례 역시 많지 않다. 기업 범죄 발생 시 기업이 컴플라이언스 미준수(예: 법 위반)를 일으켰다면, 범죄를 다루는 행정당국, 검찰, 법원에서는 다양한 법률적 시각을 고려한다. 누군가는 책임을 져야 할 것이며, 기업들은 대응해야 할 것이다. 이때 고려의 요소 중 하나로 컴플라이언스가 등장한다.

아래는 기업과 기관마다 다른 법원의 판결과 사례들을 정리한 것이다.

S사

2010년 이후로 컴플라이언스 준수 책임을 강조하는 법원의 판결은 계속되고 있다. 그 포문을 연 것은 국내법이 아니라 미국의 FCPA이다. FCPA는 미국 해외부패방지법$_{\text{Foreign Corrupt Practices Act}}$(이하 'FCPA')으로, 1977년에 제정되어 2020년에 이르기까지 총 두 번의 개정이 있었다. 미국 법무부$_{\text{DOJ}}$와 미국 증권거래위원회$_{\text{SEC}}$에서는 뇌물 방지조항 위반, 고의적 회계부정, 허위 공시 등의 혐의를 자국 기업뿐만 아니라 해외 기업에도 적용 시켰다. 이처럼 FCPA는 미국 증권거래소 상장 기업 같은 해외 기업들까지도 포함하고 있어, 대상이 광범위하다.

기업의 부패행위를 효과적으로 방지하기 위해, 각국에서는 강력한 처벌조항을 포함한 뇌물수수 관련 입법화를 시행 중이다. 이 중 국내 기업에 연관성이 큰 법으로는 미국 해외부패방지법$_{\text{FCPA}}$과 영국 뇌물수수법$_{\text{UK Bribery Act}}$, 프랑스 사팽II법을 꼽을 수 있다.

어찌 되었건 미 법무부의 혐의 인정으로, FBI는 S사를 뇌물 혐의로 검찰에 송치하였다. FCPA 제정 이후 대한민국의 첫 번째 대상 기업이 된 것이다. S사는 범행 자백 조건으로 기소유예를 선고받는 리니언시$_{\text{Leniency}}$[2]를 선택하였으며, 벌금 $75 Million(약 889억 원)을 미국과 브

---

2 기업이 불공정한 담합 행위를 한 사실을 자진 신고하면 과징금을 면제하거나 감면하여 주는 제도. 기업 간 공정 경쟁 행위를 권장하기 위하여 도입되었으며, 미국이나 유럽 등 선진국에서 일반적으로 시행되고 있다. ⇒규범 표기는 미확정이다.

라질 정부에 납부할 것을 명령 받았다.

과거 미국기업의 한국 자회사가 FCPA를 위반한 사례는 종종 있었지만, 한국 대기업이 미국 법무부에 뇌물 공여 혐의를 인정하고, 거액의 벌금으로 합의한 사례는 해당 사건이 처음이었다.

한국과 달리 미국의 재판은 합의제이다. 무엇보다 여기서 중요한 점은, 합의 시 회사 내에 효과적인 컴플라이언스 프로그램을 마련해 미 법무부에 12개월 단위로 보고하겠다는 의무를 부과받았다는 것이다.

효과적인 기업 컴플라이언스(준법) 및 윤리 프로그램 등은 미 법무부와 증권거래위원회가 조사 착수, 혹은 기소 여부를 결정할 때의 고려 요소로 작용하고 있다.

B그룹

「특정경제범죄 가중처벌법」 위반 혐의를 받은 B그룹의 재판이 이뤄졌다. B그룹 회장은 거액의 횡령과 배임 등 혐의로 기소되었다. 계열사 돈으로 차명주식 240만 주를 취득하고 270억 원을 횡령하여 재판에 넘겨진 것이다. 당시 회장은 차명주식을 회사에 양도했다고 속이고 집행유예로 석방됐으나, 이를 다시 본인 명의로 전환해 증여세 납부에 사용한 혐의를 받았다. 또, 임대주택 분양 전환 과정에서 분양가를 부풀려 부당 이득을 취한 혐의도 있다. 기타 총 12개 혐의를 적용해 구속기소가 되었는데, 항소심에서 준법감시실을 만든 점에 착안하여 1심에서 선고한 징역 5년을 2년 6개월로 감경하였다.

S사 재판에 앞서 일각에서는 봐주기 식이라거나, 예고편이라는 논란이 많았다. 주문에는 '다만 최고 경영진이 그들의 사적 이익을 추구

하기 위해 계열사들을 상대로 횡령, 배임을 저지르는 것을 방지하기 위해 준법감시실을 신설하는 등, 준법경영을 위해 노력하고 있는 것은 유리한 정상'이라고 설명하여, 징역 기간의 감경이 확정된 것이다.

윤리·준법감시 제도가 범죄행위의 방패가 될 수는 없다는 것은 분명하다. 미국에서 발전한 컴플라이언스 제도나 정착 과정을 봤을 때, 연방 양형 가이드라인United States Sentencing Commission Guidelines Manual(USSG) 8장은 범죄행위 당시 조직의 윤리·준법을 요구하고 있으며, 본질은 개인이 아닌 조직을 대상으로 하고 있다.

그렇다고 기업 집단의 컴플라이언스 실효성 자체를 전면 부인하는 것도 옳지 않다. 이유야 어찌 되었건, 돌이킬 수 없는 판결은 이미 내려졌다. 그러므로 우리는 이 기업의 윤리·준법 행보에 주목하여 미래를 내다봐야 하지 않을까.

S사

역시 양형 지침을 활용하였다. 2019년 10월 25일, 전 세계가 지켜보는 가운데 B그룹과 같은 판결을 한 ○○○부장 판사는 모두가 놀랄 만한 이례적인 주문을 하였다. 사건의 파기환송심 첫 재판에서 재판장이 피고인에게 몇 가지 당부를 전한 것이다.

다름 아닌 'B사 내부에 기업 총수도 무서워할 정도의 실효적 준법감시제도 작동 요청'이었다. B사에 효과적인 내부 준법 감시제도를 구축하라는 것이었다. 시민단체, 법조계, 학계 등은 미국의 연방 양형기준 8장은 개인이 아닌 기업 범죄에 적용되고, 범행 당시 준법 감시제도가 운용되는 경우 양형에 반영하는 것이지, 사후에 도입된 것은 양형에 반영하지 않는다는 지적이 있었다.

재판부의 치료적 사법 차원에서 이 주문은 수많은 기업에 중요한 화두를 던졌다. S사는 이미 내부통제와 준법감시 체계를 충분히 구축하고 잘 해내고 있다. 그러나 입증이 가능한, 효과적인 시스템으로 존경받는 기업이 되기를 바라는 것이다. 이는 당시 세간의 관심이 집중되는 중요한 사건이었으며, 이어질 법원의 판단을 주목하고 있었다. 글로벌 기업으로 한 발 더 성장하기 위해서는 효과적인 컴플라이언스 체계가 체득되어야 하기 때문이다. 윤리 · 준법 경영은 어느 한 기업만의 문제가 아니라, 모든 이해관계자가 바라보고 있다는 의미이다.

○○○ 전 제1기 △△준법감시위원회 위원장은, 활동 마무리 시기에 대기업 컴플라이언스의 현황과 개선방안 토론회를 하였다. 「대기업 컴플라이언스(준법경영) 현황과 개선방안」이 주제였던 토론회에서는 아래와 같은 말들이 나왔다.

"아무도 걸어본 적이 없는 길이었다. 실패나 실수를 두려워했다면 나서지 못했을 것이다."

"여러 갈래 비판과 의혹의 목소리가 컸고, 곱지 않은 눈길이 많았지만, 아무것도 하지 않는 것보다 낫다고 생각했다."

"단순 면피용이 아닌 기업철학과 가치로 추구돼야 한다."

"그리고 먼저 '왜'에서 시작해야 한다."

"'왜 경영인가'에 대한 신념과 대의가 명확해야 한다."

"신념과 대의가 명확해야 하고 철학과 가치로 추구돼야 한다. 준법

경영은 수단이 아니라 목적이다."

"궁극에는 준법 경영 문화를 확산해 저변을 다지고 지속성을 확보해야 한다."

"무엇보다 개별 회사든 그룹이든 최고 CEO의 확고한 의지가 견인해야 한다."

"이를 구현할 조직이나 제도를 제대로 구축해야 하며 누가 하든 준법 리스크를 세부적으로 유형화하고 유형별 맞춤형 대책이 필요하다."

"각각의 대책은 컴플라이언스(준법) 예방·대응·회복이라는 세 단계를 망라하는 순환 방식이어야 한다."

관련 업무를 하는 사람으로서 매우 공감이 갔다. 컴플라이언스를 실천하기 위해서는 최고 경영진의 확고한 의지가 있어야 하며, 견제 장치인 이사회가 제 역할을 해야 한다. 또, 구체적인 제도화가 되어야 시스템을 유지 및 발전할 수 있다. 기계가 아닌 사람과 시스템에 초점을 맞추고, 경영진 면피용이 아닌 기업 철학과 가치가 추구되어야 효과적인 컴플라이언스 경영 시스템을 갖출 수 있다.

D사

놀랄 만한 것은, 위와 같이 판결한 판사였다. 4대강 사업 입찰 담합 관련 감시 의무 위반 혐의였다. 서울고법 민사 18부는 사외이사 등, 모든 이사에게 준법 감시 의무를 인정하였다. 그리고 주주들과 이사 등, 10명을 상대로 한 소송에서 승소한 것이다.

서울고법은 "상법 제393조에 따르면, 주식회사의 이사는 이사회의 일원으로서 이사회에 상정된 의안에 대해 찬부의 의사표시를 하는 데 그치지 않고, 담당 업무는 물론 대표이사를 비롯한 다른 업무담당이사의 업무집행을 전반적으로 감시할 의무가 있다."며, "대표이사나 다른 업무담당이사의 업무집행이 위법하다고 의심할 만한 사유가 있음에도 고의, 또는 과실로 감시의무를 위반, 이를 방치했을 때에는 그로 인해 회사가 입은 손해를 배상할 책임이 있다."고 밝혔다.

이어 "이사들이 개별 공사에 관한 입찰업무에 관여하거나 보고받은 사실이 없어 입찰담합에 관해 알지 못했고, 알 수도 없었으며, 이를 의심할 만한 사정 또한 전혀 없었다고 하더라도, 이사들은 입찰담합 등 임직원의 위법행위에 관해 합리적인 정보와 보고시스템, 내부통제 시스템을 구축하고, 그것이 제대로 작동하도록 배려할 의무를 이행하지 않음으로써 이사의 감시의무를 위반했다."고 판시했다.

공정위는 2012년, S사가 4대강 사업 입찰 담합행위를 했다며 총 446억 원의 과징금을 부과하였다. 2014년, 경제개혁연대와 S사가 주주 12명은 담합행위와 관련해 해당 대표와 이사들을 상대로 손해배상소송을 낼 것을 요구했지만, 아무런 조치가 없자 주주대표소송을 냈다. 대표에게는 3억 9,500만 원을, 나머지 이사들은 4,650~1억 2,000만 원을 지급하라는 원고 일부 승소 판결이 내려졌다. 일각에서는 여러 논쟁이 오고 간다. 많은 전문가는 내부통제 시스템을 구축, 또는 강화하여 관련 리스크를 사전 예방하는 것이 중요하다고 주장하였다.

대법원 민사 2부는 원고 일부 승소 판결을 확정했다. 이는 기업이 준법 경영 시스템 구축을 촉구한 것이다. 재판부는 "이사의 감시의무

의 구체적인 내용은 회사의 규모나 조직, 업종, 법령의 규제, 영업상
황 및 재무상태에 따라 크게 다를 수 있다."면서도, "고도로 분업화되
고 전문화된 대규모 회사에서 대표이사나 일부 이사들만 내부 사무분
장에 따라 각자의 전문 분야를 전담해 처리하는 것이 불가피한 경우에
도 모든 이사는 적어도 회사의 목적이나 규모, 영업의 성격 및 법령의
규제 등에 비춰 높은 법적 위험이 예상되는 업무와 관련해서라도 제반
법규를 체계적으로 파악해 준수 여부를 관리하고, 위반 사실을 발견한
경우 즉시 신고, 또는 보고해 시정조치를 강구할 수 있는 형태의 내부
통제시스템을 구축하고 감시의무를 이행해야 한다."고 밝혔다.

이어 "회사의 업무집행을 담당하지 않는 사외이사 등은 내부통제시
스템이 전혀 구축되어있지 않은데도 구축을 촉구하는 등의 노력을 하
지 않거나, 구축돼 있더라도 제대로 운영되지 않는 점을 외면하고 방
치하는 경우 감시의무 위반으로 인정될 수 있다."고 판시했다.

L공사

2021년 3월, 참여연대와 민주사회를 위한 변호사모임에 의해 L공
사 직원들이 3기 신도시 등 자사의 사업계획과 연관 있는 지역에 집단
으로 부동산 투기를 한 의혹이 폭로되었다. 이후 추가 폭로 및 조사결
과에 의해 관련 공직자들의 전방위적인 투기 논란으로까지 확산되어,
정치권의 핵심 이슈로 떠올랐다. 고구마 줄기 캐듯 곳곳에서 쏟아져
나온 것이다.

단지 이 기관만의 일은 아니었을 것이다. 밝혀지지 않은 국회의원,
단체장, 공무원, 업자 등이 더 많을 것이다. 어제오늘의 일도 아니다.

시간이 지나며 우리의 기억 속에서 잊혔을 뿐이다.

이 사건을 계기로 부동산 불법 투기에 대한 처벌이 강화되었고, 이해충돌방지법 등의 법률도 개정되었다. 그리고 기재부의 공공기관 경영평가에서 가장 많이 바뀐 점이 있다. 윤리 · 준법경영 지표를 3점에서 5점으로 확대한 것이다. 중대한 사회적 책무 위반, 또는 위법행위가 발생하면 0점 처리되는 것이다.

아울러 2021년 12월 13일의 기획재정부 보도자료를 보면, 윤리 · 준법경영 부분에 특별 조치가 있었던 것을 알 수 있다. 공공기관 윤리 · 준법경영 표준모델을 확정하고, 핵심 위법 맞춤형 통제방안 등으로 공공기관 윤리문화 강화를 추진한 것이다. 공공기관의 윤리 · 준법경영 문화조성을 위해 연구를 용역하고 사례를 분석했으며, 공공기관 의견 수렴 등을 통해 「공공기관 윤리 · 준법경영 표준모델」을 확정하였다. 이 모델 안에는 윤리의식 확립, 관리체계 구축, 윤리위험 파악, 윤리위험 통제 활동, 내 · 외부 신고제도, 윤리 · 준법경영 모니터링이 6대 핵심 요소로 구성되어 있다. 기관별 윤리 · 준법경영 시행방안을 수립하고, 윤리 · 준법경영 실적보고서를 작성하여 경영평가 연계를 통해 윤리문화 안착에 도모하겠다는 것이다.

이 사태를 계기로, 국민권익위에서는 공공기관의 청렴도 및 부패방지 시책평가 외에도 K-CP(윤리 · 준법경영 프로그램)를 추진하고 있다. 필자가 분명히 말하고 싶은 점은 공정위 CP, 경영평가, 시책평가, UN SDGs, 내부통제, 준법통제, K-ESG, CSR, 동반성장 등 유사한 윤리 · 준법경영 제도는 이미 넘쳐난다. 컨설팅 시장과 강사들 좋은 일만 시킬 뿐, 정작 실무자들은 반복되는 윤리 · 준법경영을 탁상행정으로 하고 있다는 것을 잊지 말아야 한다.

기타

이외에도 각종 사외이사의 준법감시 책임을 인정하는 대법원 판결, 공정거래위원회 담합과 관련하여 대표이사의 준법 책임을 인정하는 대법원 재판이 지금도 이어지고 있다. 글을 쓰고 있는 현재도 2,215억 원이라는 대대적 횡령 사건은 두 번째 공판에서도 공소사실을 모두 인정하였고, C사의 200억 원대 횡령 사건 등도 진행 중이다.

그 피해는 모두 상장폐지로 인한 동학개미와 관련된 이해관계자들에게 고스란히 돌아온다. 아울러 반부패와 관련한 해외 규제도 더욱 강화되고 있다는 점을 유의해야 한다.

최근, 미국 증권거래위원회$_{SEC}$는 해외부패방지법$_{FCPA}$ 위반 혐의를 인정하고 우리나라의 대형통신업체에 과징금 630만 달러(한화 약 75억 원)를 부과하였고, 해당 업체는 이를 신속히 수용하였다. 과거 유사 사례들과 비교했을 때, 이는 무마될 수 있는 사건이었다. 그러나 이제는 다르다. 해당 업체의 주주총회에서는 이미 격론되었고, 언론에도 보도되었다. 업체의 노조는 기관투자자들을 상대로 경영진의 해외부패방지법 위반 혐의에 대하여 주주권을 행사할 것을 강력히 요구하였고, 해당 안건 중에는 주요 경영진 해임의 건도 포함되어 있었다. 이처럼 점점 강력해지는 해외 규제와 리스크를 고려한다면, 우리 기업들은 ESG 경영, 특히 윤리·준법 차원에서 해외사업방식을 신속히 점검하고 적극 개선해 나가야 한다. 앞서 설명한 것과 같이 조직의 부정을 차단할 수 있는 효과적인 사전 시스템을 만들고, 입증해야 할 것이다.

행정·규제·사법당국 등에 인정될 만한 효과적인 컴플라이언스를 보여줄 수 있어야 한다. 그리고 당국은 개별법규에서 산재한 기업범죄의 법규(양벌규정 및 양형가이드라인) 관련 사항들을, 하나의 기업 컴플라이언스로 통합된 기준에 따라 체계적으로 정립할 필요가 있다.

기업들은 호미로 막을 수 있는 것을 가래로 막으면 안 된다. 늦으면 가래로도 못 막는다는 사실을 명심해야 한다.

04 미래 혁신성장 동력 - 제약바이오산업의 빛과 그림자

제약바이오산업은 다른 산업에 비해 특이한 산업 구조 형태를 보이고 있다. 최초 생산자에서 최종 소비자에게 이르기까지, 수많은 사람과 단체가 중간에 있다. 그중 가장 큰 결정 권한을 가진 이들이 바로 전문 의료인(의사 등)이다. 우리나라는 다른 나라에 비해 의사가 절대적으로 부족한 상황이다.

최근 의료계는 간호법 제정을 결사반대하고 있다. 의료계는 환자의 안전을 내세워 반대하고 있고, 간호사는 업무 과중에 대한 처우 개선을 요구하고 있다. 부족한 의료 인력을 간호사로 채워 의무기록 작성, 처방 등의 업무를 맡겨야 한다는 것이다.

2000년 의약분업 이후 반복되는 의료계의 역사이다. 신종 코로나바이러스 유행이 정점인 상황에서도, 의료계는 권력을 이용하여 현장을 떠났지만 간호사들은 끝까지 환자 곁을 지켰다.

한국의 의사들은 당시 정부와 밀실 협의를 했고 그 기득권을 충분히 누렸다. 이제는 개선될 필요가 있다. 환자를 안전하게 돌볼 수 있는 법이 제정되어야 한다. 이는 제약산업과 의료계의 관점에서 살펴볼 필요가 있다.

　제약산업의 특징은 각종 규제와 인허가 사항이 있다는 것이다. 대부분의 제약이 복제약$_{\text{Generic drug}}$이며 품목 심사와 가격 결정, 연구, 생산, 판매 등의 과정에 있어 정부가 개입된다. 유통과 영업에서는 매출 대부분을 차지하는 전문 의약품$_{\text{ETC}}$[3]의 처방 권한은 절대적으로 전문 의사에게 있으며, 일반 의약품$_{\text{OTC}}$[4]은 약사의 권매로 결정된다. 그러다 보니 동일 성분의 약을 처방하는 의사는 A제약과 B제약 처방 시 결정의 딜레마를 겪게 된다. 대표적으로 리베이트성 처방이다. 제약사는 치열한 경쟁 속에서 전문 의약품과 같은 강력한 매출을 일으켜야 하기 때문이다.

　또한, 제약산업은 다양한 이슈가 있다. 이해관계자들의 꾸준한 리베이트 근절을 요구하고 있으며, 과다 출혈 경쟁이 점차 심각해지고, 법과 규정은 강화되고 있다. 무엇보다 국민권익위원회의 공익신고 건수 중 대다수는 제약·바이오 산업에서 발생한 리베이트 제공 이슈이다. 처방을 유도하고 실제와 다르게 기재하며 불허가 약품을 제조하는 것으로도 모자라, 제조 일자를 변조하여 판매하는 것 등이다.

3　ETC(Ethical drug)는 전문 의약품으로, 의사의 처방에 따라 사용하는 의약품이다. 그래서 일반적으로 전문 의약품을 구입할 때에는 처방전이 필요하다. 보통 일반 의약품에 비해 부작용 우려가 있고, 습관성, 의존성, 내성이 생길 수 있거나 약물 간의 상호작용으로 인해 약물의 효과가 급상승 또는 급감할 수 있는 의약품을 전문 의약품으로 규정한다.

4　OTC(Over the counter)는 일반 의약품으로, 전문 의약품과 달리 의사의 처방 없이 판매, 구입할 수 있는 의약품이다. 처방전 없이 약국에서 구입할 수 있는 두통약, 감기약, 진통제 등이 일반 의약품에 해당한다.

제약·바이오 산업은 인간의 생명과 보건 사업이기에 국민 생명과 밀접한 관련이 있다. 그 영향이 사람의 몸에 직접적 영향을 미치기 때문이다. 부정, 부패의 용납이 절대 불가한 산업이다. 그러므로 제약·바이오 산업은 강화되는 규제 속에서 반드시 살아남아야 한다. 투명하고 지속 가능한 성장을 해야 하기에, 사전적 예방 시스템인 컴플라이언스 시스템이 다른 산업에 비해 필수적이다.

1980년, 공정거래법상 부당한 고객 유인행위 금지 조항과 더불어 1994년 자체 공정경쟁규약을 통해 투명한 제약·바이오 산업을 만들기 위해 노력했다. 2006년, 보건 의료분야에 투명사회 협약을 맺었고, 2007년에는 제약사 CP를 적극적으로 도입했으며, 2009년에는 리베이트 약값 연동제도를 도입했다.

2011년, 리베이트 투아웃제로 건강 보험법에 리베이트 적발 품목 급여정지를 신설하였다. 위반 시에는 보험급여가 정지되고 과징금이 인상된다. 2014년에는 리베이트 쌍벌제로, 약사법 내에 경제적 이익 제공, 수수 금지 조항을 신설하였다. 제공자와 수수자 모두 처벌하겠다는 뜻으로 행정처분과 형사 처벌을 강화하였다. 2017년도에는 제약·바이오 협회 이사진의 결의에 따라 ISO 37001:2016을 전면적으로 도입하기로 결의하였고, 2018년에는 경제적 지출보고서 의무화K-Sunshine Act를 시행하였다.

이 지출보고서는 약사, 한의사, 의료인, 의료기관 개설자, 또는 의료기관 종사자에게 제공한 경제적 이익 등의 내역을 작성하고, 그 근거자료와 함께 5년간 보관하도록 하는 제도이며, 보건복지부 장관에게 열람 권한이 있다. 작성·보관의 주체는 약사법상 의약품 공급자 및 의료기기법상 의료기기 제조 · 수입 · 판매 · 임대업자이다. 지출보고서를 작성하지 않으면 불법 리베이트로 오해받을 수 있어, 모든 제약사가 작성, 보관하고 있다. 더불어 의료인 등은 요청사항에 적극적으로 협조하여 투명한 환경을 만들고 있으나, 아직도 빠져나갈 구멍은 많다. 자체 정화 노력이 필요하다.

반면 이 산업에도 기회는 분명히 있다. 사람의 수명은 점차 길어진다. 고령화 사회에서 작은 알약 하나가 엄청난 부를 가져다줄 수 있고, 향후 국가의 부와 미래 질병을 예방할 수 있다. 몸과 마음의 질적으로 풍요로운 삶을 추구하는 현재, 웰빙Well-being이 중요해지고 사람들은 건강을 최우선으로 생각한다. 새롭게 취임한 정부는 대통령 선거 공약에서 제약 · 바이오산업의 지원을 약속했다. 그렇다고 과거 정부가 지원하지 않았다는 것은 결코 아니다. 과거 정부도 재원 지출은 상당했다. 최근 COVID-19를 계기로 제약 · 바이오 산업의 중요성을 더욱 크게 인식했고, 그 시장 규모는 점차 확대되고 있다. 약 생산 · 유통 · 판매는 투입 대비 효과가 큰 고부 가치 산업으로, 꾸준한 성장세를 이어갈 것이다. 결국, 사후적 해결보다 더 중요한 것은 사전적 해결이다. 또한, 기업 운영에 있어 윤리 · 준법 시스템이 건전한 브레이크 역할을 하기를 바란다.

05 해외 컴플라이언스 동향

글로벌 경쟁이 치열해지면서, 자국 기업 및 산업을 보호하기 위해 외국 기업들의 경영활동을 감시하는 것이 확대되는 추세이다. 미국과 중국 간의 보호무역으로 그 결과는 특히 심각하다. 수많은 해외 법률들이 추가로 생겨나고, 규제기관의 관리 · 감독 · 수사 · 조사는 점차 강화되며 신용등급을 결정하는 무디스, 피치, 스탠더드앤드푸어스 등은 평가의 투자 시 비재무적 요소를 고려하는 추세이다. ESG를 근거로 투자자의 의사 결정 시 비재무적 성과를 보고 투자하겠다는 것과 마찬가지이다. 과거 재무적 성과는 감사보고서와 같은 회계 정보로 눈으로 쉽게 확인할 수 있었다. 그러나 보이지 않는 수많은 비재무적 빙산의 일각은 확인할 수 없다.

ESG 경영 성과는 한눈에 드러나지 않는다. 과거에는 '재무적으로 얼마나 많이 벌고 쓰였느냐'를 평가했다면, 이제는 '비재무적으로 돈을 어떻게 벌었느냐'를 평가하고 있다.

컴플라이언스 제도 중 제재 감경을 인정하고 있는 대표적인 국가인 미국의 컴플라이언스 제도를 설명하고자 한다. 미국은 컴플라이언스의 모국으로, 형사소추 및 형사제재에서 컴플라이언스 프로그램이 확고한 규칙에 따라 고려되고 있다. 대표적인 법률이 1977년에 제정된 해외부패방지법$_{FCPA}$이다.

연혁	1977년 제정 워터게이트, 록히드 사건 등 계기로 미국 내 기업의 해외에서의 부패 관련 행위를 규제하고 처벌하기 위해 제정	
제재 행위	뇌물제공행위, 회계 부정, 허위 공시, 미공개 주요 정보 미용 및 내부자 거래 등	
적용 주체	미국 법무부(DOJ)	미국 증권거래위원회(SEC)
적용 내용	뇌물방지조항 위반 등	뇌물방지조항 위반 고의적 회계부정, 허위 공시 등

뇌물공여자	1. 미국 　– 미국 기업, 시민권자, 국적자, 　　거주외국인 　– 미국 법에 따라 설립된 법인, 　　조합, 협회, 합병회사 등 3. 외국 기업 　– 발행인과 미국 기업이 아니 　　더라도 뇌물제공행위(대리인, 　　메일, 우편 등 이용)가 미국에 　　서 이뤄진 때 　– 주 사업장이 미국에 있는 해 　　외 기업 　– 미국 증권거래소 상장 기업	1. 미국 증권거래소 상장 기업
뇌물수수자	외국 공무원, 외국 정당 등 　– 금전 등 제공이 외국 공무원, 외국 정당에 전달될 수 있을 것이 　　라 알 수도 있는 제3자도 포함	
금지행위	외국 공무원에게 거래의 획득 및 유지를 목적으로 뇌물을 제공, 제 공의 의사표시, 일정한 가치가 있는 모든 것의 제공, 약속 등	
처벌	1. 형사처벌 　– 법인의 경우 벌금 최대 200 　　만 달러 　– 개인 지사의 경우 벌금 최대 　　10만 달러 + 최대 징역 5년 2. 민사처벌 　– 법인과 개인 모두 최대 벌금 　　1만 달러 + 불법 이득 환수	1. 민사처벌 　– 법인과 개인 모두 최대 벌금 　　1만 달러 + 불법 이득 환수
기타조치	1. FCPA를 위반한 법인과 개인은 연방정부와의 사업이 금지됨 2. 증권거래 중단 및 금지도 가능	

　이 FCPA법의 영향으로 대한민국도 199년 1월 4일 국제상거래에 있어서 외국공무원에 대한 뇌물방지법을 제정하였다.

　FCPA는 윤리 및 컴플라이언스 프로그램에 관한 내용을 담고 있으며, 그 범위가 굉장히 넓고 처벌도 강력하다. 뇌물제공행위와 회계 부정으로 규제행위를 정하고 있으며, 제재 주체인 미국 법무부$_{DOJ}$와 미국 증권거래위원회$_{SEC}$에서 강력한 벌금을 매기고 있다. 특히 DOJ는 세계최초의 독점규제법인 셔먼법의 집행권한을 보유한 기관으로, 우리나라 법무부와 검찰청처럼 막강한 기능을 모두 가지고 있다. 형사 처벌의 경우 법인은 최대 200만 달러, 개인 지시는 최대 10만 달러의 벌금과 최대 징역 5년이라는 처벌까지 내리고 있다.

민사처벌로는 법인과 개인 모두 최대 벌금 1만 달러와 불법 이득 환수를 처벌하고 있다. 일부에서는 '해외 부패기업 사냥법'이라고 불리고 있으며, 벌금액이 상당하다. 미국 조차도 FPCA를 미국 정부에 돈을 벌어다 주는 캐시카우$_{Cash cow}$ 내지 현금인출기$_{ATM}$라고 비꼬기도 하였다.

이 법은 평소 기업이 얼마나 효과적인 컴플라이언스 프로그램$_{Effective Corporate Compliance Program}$(이하 'ECCP')을 운영하였는지에 따라 기소 여부와 양형이 결정된다. 단순히 컴플라이언스 절차를 마련하고 운영하는 것으로 끝나는 것이 아니라, 효과적인 컴플라이언스에 대한 관건으로 보는 것이다. 앞서 설명한 당근과 채찍$_{Carrot and stick}$ 접근 방법이다. 이는 '벌금액 경감'이라는 효과적인$_{Effective}$ 방식으로 컴플라이언스 구축 및 운영에 동기를 부여하게 만든다.

형사 및 민사적 제재에 있어 효과적인 컴플라이언스 프로그램 운영을 고려하는 두 가지 지침이 있다. 법관이 양형 결정(형사 및 민사책임)에 참작하기 위한 '연방 양형 지침'(미연방 양형위원회)과 검사가 기업의 기소 여부 등을 결정할 때 고려하기 위한 법무부 지침$_{Justice Manual}$이다.

첫 번째로 1991년에 제정된 연방 양형 지침$_{Federal Sentencing Guideline}$ 제

8장(조직의 양형)은 기업에 대한 상세한 양형 내용을 담고 있다. 제8장 Part B는 효과적인 컴플라이언스 및 윤리 프로그램을 제시하고 있기에 참고 가능하다. 여기에는 7가지 요건을 규정하고 있다. ① 기업 범죄행위$_{\text{Criminal misconduct}}$의 예방 및 적발을 위한 기준과 절차의 수립, ② 조직 운영책임자의 합리적인 감독, 컴플라이언스 책임자 임명, 운영 책임·권한의 위임, ③ 컴플라이언스 위반자의 주요 직위 배제, ④ 효과적인 교육 프로그램 수행 및 정보 제공을 통한 소통, ⑤ 적절한 성과보수와 범죄행위자에 대한 제재, ⑥ 적절한 성과보수와 범죄행위자에 대한 제재, ⑦ 범죄행위에 대한 적절한 대응과 재발 방지 조치 등이다. 효과적인 컴플라이언스 및 윤리 프로그램 보유 여부에 따라 벌금액의 산정과 보호관찰 시, 고려할 점이 달라진다. 미국 연방 양형 가이드라인의 효과적인 컴플라이언스 프로그램 최소 요건[5]을 참고하면 쉽게 이해할 수 있다.

아울러 최근 FCPA 동향은 뇌물 사건에 대한 집행, 자금세탁혐의, 부패계획 조정에 대한 강력한 처벌을 예고하고 있으며, 이는 법인뿐만 아니라 개인에게도 해당되는 이야기다. 즉, 총수에게도 화살을 겨누고 있는 것이다. 이어, 규정을 지키고 있는지 확인하기 위해 독립적인 모니터링을 자유자재로 할 수 있다고 공표하였다.

---

5 참고: 노동래(금융투자 회사 컴플라이언스 프로그램의 운영 현황 및 개선방안에 관한 연구, 윤리·준법경영연구 제15권 제2호(통권 제22호))

구성 요소	주요 내용
① 기준과 절차	• 범죄 행위를 예방 및 탐지하기 위한 기준과 절차를 갖춰야 함.
② 리더십과 조직	• 감독 기구가 프로그램의 내용 및 운영에 대해 알고, 프로그램의 시행과 효과성에 관해 합리적으로 감독해야 함 • 고위직 인사가 컴플라이언스 및 윤리 프로그램을 담당해야 함 • 프로그램 담당자는 감독 기구에 정기적으로 보고해야 함
③ 비리 전력자 배제 노력	• 불법적인 행동이나 효과적인 컴플라이언스 및 윤리 프로그램과 부합하지 않는 행동에 관여한 사실을 알았거나 알 수 있었던 사람이 중요한 권한을 지니는 지위에 임명되지 않도록 합리적인 노력을 기울여야 함.
④ 교육과 의사소통	• 조직 구성원 각자에게 적용될 기준과 절차 등을 정기적, 실제적 방식으로 소통하기 위한 합리적 노력을 기울여야 함 • 교육 대상은 감독 기구 구성원, 고위직 인사, 직원, 대리인 모두를 망라해야 함
⑤ 모니터링과 효과성 평가	• 범죄 행위에 대한 모니터링과 감사 등을 통해 컴플라이언스 및 윤리 프로그램이 준수되게 함. • 프로그램의 효과성에 대해 정기적으로 평가함. • 익명 보고 시스템을 설치하고 이에 대해 알려 줌.
⑥ 유인과 징계 조치를 통한 일관성 있는 집행	• 컴플라이언스 및 윤리 프로그램에 일치하게 업무를 수행할 유인 제공 • 범죄 행위 관여 또는 예방, 탐지하기 위한 적절한 조치 취하지 않을 경우의 징계 조치
⑦ 범죄행위에 대한 대응과 시정조치	• 범죄 행위가 탐지된 경우, 적절히 대응하고, 프로그램 수정 등 유사 범죄 재발 방지를 위한 적절한 조치를 시행함

위 요건들은 최근 글로벌 스탠다드로 제정된 ISO 37301:2021에 부합하며, 광범위하고 효율적으로 작동할 수 있는 실무적 방법론을 제시하고 있다. 자세한 사항은 저자의 두 번째 책 『ESG 경영의 근간, 컴플

라이언스 솔루션.ZIP』을 참고하기 바란다.

두 번째, 미국 연방 법무부DOJ 형사국Criminal Division은 다양한 가이드를 통하여 검찰이 기소 매뉴얼 상 효과적인 회사의 컴플라이언스 프로그램ECCP의 평가 지침을 제시하고 있다. 즉, 기소 설명서상 ECCP를 기업 범죄행위 관련 기소유예 절차 및 형사제재에서 인센티브 요소로 활용하는 것이다. 이는 체크리스트에 버금가는 상세한 내용을 담고 있어 기업에서 활용하기 용이하다.

2020년에 개정된 기소유예 합의제도 조건의 3가지 관점은[6] 본 책의 마지막 장에 부록으로 첨부하였으니 참고하기 바란다.

이 시점에서는 뒤에서 소개될 ISO 37301:2021과 미국 법무부DOJ 검찰의 기소 설명서상 ECCP를 눈여겨볼 필요가 있다. 미국 법무부DOJ에서는 컴플라이언스 경영 시스템을 설계하는 과정에서 ISO 37301:2021을 규제·사법기관의 제재 부과 시, 벤치마킹으로 활용 가능함을 서문에서도 밝혔다. 즉, ISO 37301:2021은 미국 법무부의 ECCP 벤치마크 반영 가능성을 제시한 것이다. 단순히 인증을 받고 유지하는 것에 그치지 않고, '조직의 문화로 자리 잡은 효과적인 컴플라이언스 경영 시스템이 되어야 한다'는 것이다.

다음으로는 시기별로 윤리·준법경영의 역사를 설명하고자 한다. 물론 1972년, 로마클럽Club of Rome에서 지속가능경영이라는 단어가 처

---

6 〈별첨〉 2020년 개정된 기소유예 합의제도 조건의 3가지 관점

음으로 언급된 후, 기업은 생존과 번영을 하기 위해 경제적 성과뿐만 아니라 윤리 · 준법경영도 중요하다는 것을 알게 되었다. 너무 포괄적인 관계로, 다시 미국 윤리 시스템에 대해 설명하자면 정치 윤리법(1978), 내부고발자 보호법(1998)이 제정된 미국이 윤리 · 준법 경영을 주도하고 있다. 이후 1997년은 OECD 뇌물방지협약으로 외국 공무원에 대한 뇌물 제공행위를 불법화한 부패 라운드이다. 2003년에는 UN 반부패협약이 있었다. 각국의 부패 방지 활동을 촉구하는 협약으로 유명하다. 유럽연합 또한 가세하여 뇌물방지협약을 체결하고, 독일 메르켈 총리가 협치를 추구하며 앞장섰다. 2010년에는 영국 또한 뒤지지 않고 영국 뇌물법_{UK Bribery Act}을 제정하였다. 2016년, 드디어 대한민국도 부정 청탁 및 금품수수 및 제공을 막기 위한 청탁금지법이 제정되었다.

당시 업무 관계상 호주에 방문했던 필자는 대한민국의 위상을 알리고자 관계자에게 청탁금지법 시행에 따른 자랑스러움을 표현하였다. 이에 돌아온 관계자의 답변을 아직도 잊을 수 없다. '대한민국은 선진국으로 알고 있다! 그럼에도 불구하고 청탁금지법과 같은 부패(뇌물) 방지 관련 법이 이제야 시행된다니 믿을 수가 없다. 우리는 이미 수십 년 전 법을 제정하여 과도기를 거치고 정착하였다.'라는 말에 마치 망치로 머리를 얻어맞는 느낌이 들었다. 그리고는 부끄러웠다. 맞는 말이었으므로 딱히 반문할 수도 없었다. 이미 늦은 것이 사실이었고, 당시 이해 충돌 방지 부분은 법률에서 빠져 있었다.

이렇듯 우리는 많은 준법과 윤리 인식의 변화를 겪고 있다. 국민권익위원회 부패인식도 조사 결과, 기업인을 제외한 조사대상에서 '우리

공직 사회는 부패하다'라는 인식이 청탁금지법 시행 이후 전반적으로 개선된 것으로 나타났다. 하지만 호주 관계자의 말처럼, 더 많은 시행 착오가 남았다.

2016년, IOS에서도 드디어 ISO 37001:2016(부패방지 경영 시스템)을 시작으로 ISO 37301:2021(준법 경영 시스템)이 제정되었다. 자세한 내용은 저자의 두 번째 저서 『ESG 경영의 근간, 컴플라이언스 솔루션.ZIP』에서 상세히 해부해 보고 설명하도록 하겠다.

06 국내 컴플라이언스 동향

국내에서는 다양한 분야에서 윤리 · 준법 경영 관련 규제가 엄격해지고, 형사 및 행정 제재 역시 마찬가지이다. 청탁금지법, 이해충돌방지법, 중대재해처벌법, 고위 공직자 범죄 수사처 시행 등, 조직 준법에 대한 요구가 급증하고 있다. 규제 및 사법기관에서는 강력한 컴플라이언스 의무사항 준수 요구가 있는 것이고, 그에 따른 판결들이 내려지고 있다.

많은 대기업이 매년 발간되는 지속가능경영보고서 중대성 평가에서 그 결과를 반영하고 있다. 매트릭스$_{Matrix}$ 상 좌측 이해관계자의 영향과 하단의 비즈니스 영향 등, 모든 면에서 '윤리 · 준법경영'이 최우선의 과제이다. 기업지배구조, 기후 변화 대응 전략, 개인정보보호, 노동 관행 및 인권 등, 모든 면에서 극단적으로 중요하게 여겨지고 있다. 국민연금 또한 스튜어드십 코드를 도입하여 적극적 비재무적 공시를 의무화하였고, 금융위원회에서는 2030년까지 모든 코스피 상장사들에 ESG 경영 결과와 같은 비재무적 공시를 의무화하는 추세다.

과거에는 수단과 방법을 가리지 않고 경제적 이익만 도모하면 된다는 인식이 많았었다. 그러나 현대는 윤리·준법이 기업의 경쟁력이라는 공감대가 확산하는 추세이다. 특히, 최근 화두가 되는 ESG 경영 기름이 기업 경영에 불을 지피고 있다. 이해관계자(소비자, 투자자 등)의 니즈가 강력하고, 무엇보다 소비와 기업 실무를 이끌고 있는 MZ 세대는 화폐투표와 같은 방식으로 행위를 표출하고 있다. 이들 이해관계자는 기업 지배구조 개선을 계속해서 요구하고 있으며, 비재무적 관리를 강화하고 있다. 국내 컴플라이언스 동향은 본 책의 앞과 뒤에서 충분히 다루었기에 이만 마무리하고, 전반적인 내용을 살펴보도록 하겠다.

07 소비자들의 정치적 소비(화폐투표)

과거 전통 사회에서 소비자의 의사결정과 정치적 견해는 독립적으로 형성되고 적용되어왔다. 그러나 시간이 지남에 따라 소비자들은 자신들의 소비가 긍정적인 개인적 효과(예: 개인적 욕구충족, 이익추구 등)와 더불어 사회적, 생태학적으로 부정적인 결과(예: 인종차별, 환경오염, 노동착취 등)를 낳는다는 사실을 인식하게 되었다. 이에 많은 소비자들이 의식적이고 윤리적인 소비를 해야 한다는 의무감을 느끼며 자신의 구매력을 행사하는 소비 결정을 통해 기업의 사회적 책임 개선을 자극하고 있다. '화폐투표$_{Money\ vote}$를 통한 소비자 참여'라고도 불리는, 이른바 정치적 소비$_{Political\ consumption}$를 하는 것이다.

대표적으로 1990년대 초반의 '반착취공장' 라벨링제도인 '화이트라벨' 캠페인, 인종차별에 대항한 몽고메리 버스 보이콧과 1970~80년대의 남아프리카 인종차별에 대항한 세계적인 보이콧 등은 일종의 정치적 소비라 볼 수 있다. 최근에는 저개발국가에서 빈곤한 농업 근로자들이 열악한 환경에서 노동한 사례와 나이키의 아동 착취 사건이 있었다.

2019년, 한국에 대한 일본의 보복성 수출 규제에 맞선 국내 소비자들의 'NO JAPAN'이라는 일본계 기업 불매 운동이 있었다. 이외에도 가습기에 포함된 살균제로 인해 소비자들이 사망하거나 중상을 입은 사건에 의한 해당 기업 불매운동과 O기업 불매운동이 대표적이다.

이처럼 소비자가 보다 나은 시장과 사회를 실현하기 위한 소비를 한다는 점이 부각되면서, 특정 상품과 구매 과정의 정치적 특성이 점점 강조되고 있다. 즉, 착한 기업은 칭찬하는 반면 못된 기업에는 실질적인 타격을 주고 있다.

정치적 소비에 대한 인식은 기업에 대한 막강한 영향력을 바탕으로 기업 이미지가 점차 중요해지고 있다는 것이다.

정치적 소비는 '소비자가 부당한 제도나 시장실행을 변화시킬 목적으로 생산자와 제품을 선택하는 것'이다. 현대의 정치적 소비는 '정치적, 윤리적, 환경적 이유를 바탕으로 구매(바이콧) 및 불매(보이콧)의 의사결정을 하는 소비'라고 폭넓게 정의되고 있으며, 윤리적 소비, 대안적 쾌락주의, 지속가능소비 외에 최근에는 '돈쭐내기'와 같은 다양한 용어들과 함께 사용되어왔다.

형편이 어려워 가게 밖을 서성이는 형제에게 공짜 치킨을 대접한 치킨집 사장의 선행이 언론을 통해 화제 되었다. 이에 누리꾼들이 해당

가게에 방문하며 돈쭐내기에 나선 것이다. 선한 영향력을 행사한 기업에게 착한 소비로 보답하겠다는 것이다. 최근 소비 트렌드를 이끄는 MZ 세대의 소비 기준은 가격과 품질뿐만 아니라 가치가 되었다. ESG와 마찬가지로 환경(E)에 민감하고, 사회적 책임(S)을 다하며, 투명한 지배구조(G)를 가진 기업을 선호하는 것이다. 디지털 기능에 익숙한 MZ 세대는 하나의 문화를 만들고, 재미로 이끈다. 언론과 정치권 역시 이에 호응하고 있다.

제도적 정치참여보다 일상적인 소비가 정부, 또는 기업의 공적 정책에 영향력을 행사하고 있다. 최근 들어 전 세계적으로 더 큰 관심을 받고 있으나, 아직까지는 기술적이고 인구통계분석 연구에 제한되는 경향이 있다. 변수들의 검증 또한 단편적으로 이루어지고 있어 정치적 소비의 체계적인 연구는 제한적인 것이 사실이다.

소비자들은 가격, 맛, 품질 등의 전통적 선택기준을 넘어 착한기업에 호응한다.

그러므로 기업은 캐롤의 CSR 모델 4단계인, 자선적 책임Philanthropic을 요구하는 트렌드를 잊지 말아야 한다. 이해관계자, 특히 소비자(국민)의 윤리 · 준법에 대한 눈높이는 과거에 비해 매우 높아졌다. 그들은 온도계 온도가 상승하는 것처럼 점점 더 윤리 · 준법에 대한 인식과 변화를 강력히 요구 및 기대하고 있다.

08 컴플라이언스의 Enabler 'IT 컴플라이언스'

2022년 초, 내부통제의 크고 작은 배임·횡령 사건이 잇따라 일어났다. 역대 최대 규모인 횡령 사건이 벌어진 O회사는 2,215억 원의 피해 금액이 발생하였고, 불과 16일 만에 K기업은 130억 원의 배임이 일어났으며, A기업은 대리급 직원이 6년간 재무제표를 조작해 245억 원을 횡령한 혐의로 재판에 넘겨졌다. 이후 A기업은 259억 원의 횡령이 발생했고, 3월에는 대구 모 통신 회사 직원이 허위 매출을 통한 횡령을 일으켜 도마 위에 올랐다.

최근 W은행에서까지 614억 원의 횡령이 발생하였지만, 은행은 새까맣게 몰랐다. 사건 전말을 간단히 살펴보면, 해당 횡령 직원은 사건이 밝혀지기 이전까지도 교묘히 근무하고 있었다. 보통은 해외 도피를 하였음에도 그 내부 상황을 지켜보고 대응하려 한 것이다.

그 피해는 선량한 시민과 주주, 그리고 소비자뿐만 아니라 국민들에게 고스란히 이어진다.

분명 제도적으로 내부통제시스템이 있음에도 불구하고 배임·횡령 사건이 잇따르고 있다. 아울러, 엉터리 감사 시스템이 자주 반복된다. 정치권과 금융권에서는 '소 잃고 외양간을 고치기' 식으로 땜질 처방을 하고 있다.

대부분의 회사들은 외부감사인에 관한 법률에 따라 회계정보의 오류, 위변조를 막고자 내부회계관리제도를 의무적으로 갖추고 회계법인을 통하여 평가를 받아야 한다. 그리고 회계처리 기준에 따라 재무제표를 신뢰성 있게 작성·공시하여야 한다. 위의 횡령사건이 일어난 회사는 외부감사를 받았고, '적정' 의견까지 받은 상태였음에도 크고 작은 사건이 잇따른 것이다. 전체적으로 여러 가지 문제점이 있었지만, 가장 큰 문제점은 IT 기반의 내부통제(컴플라이언스) 시스템이 제대로 작동하지 않았다는 것이다.

IT 컴플라이언스란 각종 법과 규정 등의 의무사항을 지킬 수 있도록 기업의 IT 인프라를 구축하고 재정비하는 것을 의미한다. 보통의 대기업은 해당 법규나 제도가 발효되는 시점까지 관련 시스템의 구축, 데이터 보관체계 등을 의무적으로 갖추고 있어야 한다. IT 컴플라이언스 시스템은 실시간 통합 모니터링, 실시간 자금 이체, 수납 등을 확인한다. 그리고 알람을 작동시켜 조기경보체제를 마련할 수 있다. 관련 승인 등, 기록을 확인하여 추적이 가능하다.

이처럼 IT 컴플라이언스가 강조되는 이유는 COVID-19의 사태 속에서 재택근무, 비대면 교류 등이 활발해짐에 따라 기업들이 대부분의 경영 활동을 정보처리시스템에 의존하고 있기 때문이다. 기업 경영 활동을 효과적으로 관리하기 위해서는 경영 활동을 지원하는 정보처리시스템, 데이터 등에 대한 규제를 필수 요소로 수반하는 것이 당연하다.

현재 각 정부나 기구의 컴플라이언스 관련 법안들을 살펴보면, 거의 공통적으로 기업 및 업무의 라이프사이클에 따라 생성된 모든 기록의 보유와 파기에 대한 체계적인 관리를 요구하고 있다. 이는 규제의 종류에 따라 생성 및 보관해야 할 관련 문서 보관 연한이 상이하다는 것을 의미하는 것으로, 정보시스템 기반이 아니고서는 처리가 어렵다고 할 수 있다.

이처럼 규제와 컴플라이언스가 단순히 과거처럼 규정과 업무 관행으로만 설정되는 것이 아니라, 정보시스템의 구축 및 운용까지도 포함하게 되면서 기업들의 규제 준수를 위한 인적, 물적 비용은 지속해서 증가하는 추세를 보이고 있다.

최근, 규제 당국은 업무 관련 이메일과 메신저를 3년간 의무적으로 보관토록 하고 있고, 보건복지부는 의료법으로 환자명부(5년), 진료기록부(10년) 등 의무기록을 일정 기간 이상 보관해야 하는 의무가 있다. 또한, 금융기관의 재해복구시스템 구축이 의무사항으로 규정되면서 각 금융기관은 최근까지 시스템 구축을 서둘러 왔다.

마찬가지로, 2005년 말부터 회계 투명성을 제고하기 위한 일련의 회계 개혁 관련 법안이 잇따라 시행됨으로써 기업들은 이에 부합하기 위한 IT 기반의 신 회계시스템 구축에 본격적으로 나섰다. 국제 규약으로 존재하고 있는 바젤Ⅱ의 경우 대표적인 IT 컴플라이언스를 요구하고 있다.

2007년 1월부터 바젤Ⅱ협약이 본격 발효됨에 따라, 국내 금융기관들의 리스크 관리 인프라 구축이 불가피해졌다. 은행권에서는 이와 관련하여 최근 데이터웨어하우스$_{DW}$, 리스크 관리 애플리케이션, 대용량 서버 등의 구축에 이르는 대규모의 IT 프로젝트를 수행하기도 했다. 특히, 미국 주식시장에 상장한 국내 기업들의 경우 미국의 회계 투명성과 관련된 규제법령인 사베인즈-옥슬리 준수시스템을 별도로 구축하였다.

개별 규제법령 등에 대한 대응 차원에서뿐만 아니라, 기업들은 국내외 기업규제 관련 사항들에 대한 온라인 통합 정보 네트워크 구축에 나서는 곳도 있다. 기업들이 각종 규제정보를 통합적으로 수집하고, 각종 규제 저촉 여부를 확인하기 위함이다. 이 같은 통합정보시스템은 관련 기관 간에는 전자문서보관소 등과의 정보연계를 위한 표준 인터페이스의 설계도 필요하다.

◆ **IT 거버넌스**

IT 컴플라이언스의 효과적 준수를 위해서는 IT 기술과 시스템을 이용하여 기업 외부에서 등장한 규제를 모두 수용하고 관리, 감시, 유지하는 역할을 할 수 있는 IT 거버넌스_{IT Governance}의 확립이 매우 중요하다. IT 거버넌스라 함은, IT가 조직의 전략과 목표를 유지하고 확장할 수 있게 하는 구조와 프로세스를 의미한다. IT 거버넌스는 경쟁 환경, 각종 법률 규제, 개인정보보호 정책 등, 각종 기업의 당면 과제 및 위험을 식별하고 그에 따른 비즈니스 전략과 IT 전략 수립을 전제로 하고 있다.

기업은 이를 통해 투명성 제고와 조직의 건전성 확보를 도모함과 동시에, 각종 리스크를 재정립하고 보완함으로써 비즈니스 연속성과 안정적 경영을 담보한다. 이처럼 건실한 IT 거버넌스가 전제되고 잘 관리된 IT 인프라는, 다양한 법적 요구사항을 효과적으로 준수하기 위한 최선의 준비 요건이 된다고 할 수 있다.

◆ **비즈니스 연속성 확보 및 위험관리를 위한 BCP**

BCP_{Business Continuity Planning}도 비즈니스 연속성 확보 및 위험관리 차원에서 IT Compliance와 맥락을 같이하는 개념으로, 미국의 경우 BCP는 이미 10여 년 전부터 일반화되어왔다. 그러나 현재 한국의 경우 극소수의 기업만이 BCP 체계를 갖추고 있는 것이 현실이며, 많은 기업은 BCP의 일부 개념에 불과한 IT 차원의 재난 복구 시스템 구축 수준에 머물고 있다. 향후 실질적인 재난 복구는 물론, 운영 효과 측면에서 제대로 된 BCP가 구현되기 위해서는 IT 거버넌스에 입각한 종합적인 IT Compliance 구축이 필요할 것으로 보인다. BCP의 요소인 운영 리스크와 관련하여 미국과 유럽의 주요 은행들은 공동 대응 협의체인 ORX_{Operational Risk Data Exchange}를 이미 출범시킨 바 있고, Sarbanes Oxley, Basel II 등과 관련하여 종합적인 BC_{Business Continuity}/DR_{Disaster Recovery} 체계도 구축해 나가고 있다

이러한 IT 컴플라이언스를 통해 조직은 최소한의 안전장치를 마련하여 리스크를 엄격하게 줄일 수 있다. 사람의 실수나 의도적인 컴플라이언스 부정도 보완 가능하다. 사람보다 시스템을 믿을 수 있는 것이다. IT 시스템을 기반으로 컴플라이언스 정보 프로세스를 투명하게 표준화할 수 있다. 앞서 설명한 회계부정과 같은 횡령·배임을 최소화할 수 있기를 바란다.

4

컴플라이언스의 성장과 발전

01 대표 반부패 기관, 국민권익위원회의 성장

현재 윤리의 제도를 다루는 국제적인 조직은 국제투명성기구_{Trans-parency International}(이하 'TI')이다. 우리나라의 대표기구는 국민권익위원회이다. 반부패에 대한 우리나라의 제도는 아래 국민권익위원회 자료에서 보는 바와 같이 오랜 기간 많은 변천을 걸쳤다.

해당 기간	반부패 조직	반부패 제도
제1공화국 (이승만 행정부: 1948~1960)	심계원, 감찰위원회, 사정위원회	
제2공화국 (장면 행정부: 1960~1961)		부정선거 관련자 처벌법 제정
제3·4공화국 (박정희 행정부: 1961~1979)	감사원	부정축재처리법 제정, 서정쇄신 운동

해당 기간	반부패 조직	반부패 제도
제5공화국 (전두환 행정부: 1980~1988)	사회정화위원회	공무원윤리헌장, 공직자윤리법 제정 및 운영
제6공화국 1기 (노태우 행정부: 1988~1993)		공직자재산등록제도 운용
제6공화국 2기 (김영삼 행정부: 1993~1998)	부패방지대책위원회	금융실명제, 부동산실명제, 공직선거법 제정 및 운영
제6공화국 3기 (김대중 행정부: 1998~2003)	반부패특별위원회, 부패방지위원회	부패방지법과 자금세탁방지법 제정, 공무원 행동강령 신설
제6공화국 4기 (노무현 행정부: 2003~2008)	국가청렴위원회	주식백지신탁제, 부패영향평가제, 반부패 관계기관협의회
제6공화국 5기 (이명박 행정부: 2008~2013)	국민권익위원회(국가청렴위원회 등 통합) 설치	부패방지법, 공직자윤리법 개정, 공익신고자 보호법
제6공화국 6기 (박근혜 행정부: 2013~2017)		청탁금지법 시행
제6공화국 7기 (문재인 행정부: 2017~현재)		공정사회 반부패정책협의회 구성·운영, 공익신고자 보호 강화, 공공재정환수법 시행

　　국민권익위원회는 부패방지 및 국민권익위원회의 설치와 운영에 관한 법률 제11조(국민권익위원회의 설치)에 따라 국민의 고충, 민원의 처리와 이에 관련된 불합리한 행정제도를 개선하고, 부패의 발생을 예방하며 부패행위의 효율적인 규제를 돕는 국무총리 소속 기관이다. 위원

회는 「정부조직법」 제2조에 따른 중앙행정기관으로, 그 권한에 속하는 사무를 독립적으로 수행하는 기관이다.

참여정부 당시의 국민 고충 처리위원회(구 국민 고충 처리위원회의 설치 및 운영에 관한 법률), 국가청렴위원회(구 부패 방지법), 국무총리 행정심판위원회(구 행정심판법(2008. 2. 29. 법률 제8871호로 개정되기 전의 것))를 통합하여 설립된 국무총리 소속의 중앙행정기관이다. 설립일은 2008년 2월 28일로, 역사가 길지는 않다.

국민권익위원회는 중앙행정심판위원회를 두고 있으며, 국민신문고의 소관청이기도 하다. 따라서 국민신문고 시스템의 전반적인 운영도 권익위에서 담당하고 있다. 기본적으로 행정심판은 사법절차에 따르며, 처분의 위법 여부가 타당한지에 대해서도 다툴 수 있기에 매우 유용하다. 또한, 행정심판은 의무이행심판과 처분명령 재결이 있어 행정소송보다 권익구제에 유효한 수단이다.

국민권익위원회는 정부 기관과 공공기관에 제재를 가할 수 있는 기관으로, 조직 내 부조리가 발생하거나 그에 관한 내부고발 등이 있는 경우 개입할 수 있다. 그러나 피감기관으로서는 권익위의 처분에 불만이 있어도 조치가 법으로 정해지지 않으면 불복이 불가능(이를 기관소송 법정주의라 한다)하며, 권익위가 헌법기관이 아니므로 헌법재판소를 통한 구제(권한쟁의심판)도 불가능하다.

위원회는 중앙행정기관, 지방자치단체, 교육청, 공직 유관단체를 포함하여 총 600여 개의 기관을 대상으로 매년 공공기관 청렴도를 측정하고 있다. 이 조사는 법률적으로 부패방지 및 국민권익위원회의 설치와 운영에 관한 법률 제12조 및 제27조의2, 제27조의3에 근거하고 있다. 10점이 만점으로, 점수가 높을수록 청렴도가 높다는 것을 의미한다. 자세한 사항은 매년 발표되는 측정 결과를 참조하면 된다. 위원장은 장관급 정무직 공무원으로, 정권의 실세가 맡는 경우가 많다. 위원은 위원장 포함 총 15명이다.

행정부마다 반부패 조직을 신설하고, 청렴과 부패방지를 국정과제로 적극적으로 실천하였다. 그러나 사건·사고는 끊이지 않았고, 오히려 반부패 조직과 제도를 악용하는 사례들도 더러 있었다.

최근 문재인 행정부는 이전 박근혜 행정부의 부패를 반면교사 삼아 적극 반부패 개혁으로 청렴 대한민국을 실현하겠다며 앞장섰다. 헌법 위에 선 권력이 되지 않겠다는 것이었다. 국정과제에 명시하여 강력한 개혁 의지를 표명하고, 5개년 반부패 종합계획과 반부패 정책협의회를 구성하여, 국가 차원에서 직접 반부패 정책을 관리했다.

이번 정부는 일류 대학에서 법을 전공한 검찰총장 출신의 윤석열 행정부이다. 그는 선거 유세에서 부정부패 없는 대한민국, 공정한 대한민국을 여러 번 강조하였고, 결국 승리하였다. 공정과 상식의 헌법 정신에 입각한 대한민국을 만들겠다고 하였으므로, 국민권익위원회와 준법을 강조하는 그의 활동을 기대해 본다.

02 컴플라이언스 표준_{Standard}의 역사

표준화_{Standardization}라는 것은 '실제적이거나 잠재적인 문제들에 대하여 주어진 범위 내에서 최적 수준을 성취할 목적으로 공통적이고 반복적인 사용을 위한 규정을 만드는 활동'이라고 정의되어 있다.(KS A

ISO/IEC Guide 2) 즉, 표준화는 통일 및 단순화하여 기준에 따르도록 하는 것이다.

컴플라이언스의 역사가 짧은 만큼, 컴플라이언스 표준의 역사는 그리 길지 않다. 시작은 1998년, 호주 경쟁소비자위원회의 요청으로 호주와 뉴질랜드에서 AS/AZ 3806이라는 컴플라이언스 표준이 개발되었다. 향후 2006년, 호주 표준위원회$_{QR-014}$에서 여러 단체(호주의 경쟁소비자위원회, 컴플라이언스 연구소, 산업협회, 증권투자위원회, 국세청, 소비자연맹, 법률위원회, 소비자협회, 감사원, 시드니대학교)가 새로운 버전을 발행하였다. 이 표준은 공기업과 민간기업 내 효과적인 자율준수(컴플라이언스) 프로그램을 개발, 이행하고 유지를 위한 12가지 원칙들을 제시하고 있다. 이 원칙들은 기업들이 법률과 규정, 그리고 지침을 정해 컴플라이언스 업무를 하는 데 부족한 것이 무엇인지를 특정하고, 개선을 도우며, 지속적인 개정을 위한 프로세스를 개발하는 데 목적을 두고 있다. 주로 법률과 규정, 규약 등 본연의 컴플라이언스 의무를 종합적으로 다루고 있다.

제1 부문(범위와 총칙)

  1.1 범위

  1.2 목표

  1.3 정의

제2 부문(컴플라이언스 원칙)

  2.1 확약

  2.2 실천

이 책에는 서술하지 않았지만, 앞으로 소개될 ISO 37301:2021(준법경영 시스템) 내에 세부 내용이 전부 포함되어 있다.

아울러, 지금의 공정거래위원회에서 등급을 매기고 공표하는 공정 공정거래 자율준수 프로그램(이하 'CP 등급평가')은, 이전 AS/AZ 3806

모델을 근거로 여러 연구용역을 수행한 끝에 CP 등급평가를 시행하고 있다. 그리고 현재, CP 등급평가의 7대 요소에서 8대 요소로 ISO 37301:2021과 같이 10항의 지속적 '개선'이 추가되어 효과적 평가와 개선조치가 마련되었다. 자세한 내용은 PART 2의 컴플라이언스 기능과 실제에서 다루도록 하겠다.

현재 호주의 Compliance Program인 AS/AZ 3806은 조직이 공정거래 관련 법규를 준수하기 위하여 자체적으로 제정·운영하는 내부 준법 시스템으로, ISO 37301:2021의 이전 버전으로 봐도 무방하다. 국제적으로는 국제표준화기구$_{ISO}$에서 2010년 ISO 26000:2010을 제정하여 기업의 사회적 책임에 관한 국제표준에 대한 가이드라인을 제정하였다. ISO 26000:2010은 사회적 책임을 이행하고, 커뮤니케이션을 제고하는 방법과 지침을 제공하고 있다.

2001년부터 2010년까지, 9년이라는 긴 기간 동안 여러 전문가, 국제적 공조와의 참여하에 어느 조직이든 사회적 책임을 이행하고 참조하여, 미래의 지속 가능성을 확보할 수 있도록 국제 표준을 제정한 것이다. 실제로 프로세스의 각 단계는 상호 이해를 증진하고 99개국, 40개 국제기구, 450명의 전문가의 참여를 확보하기 위해 실무그룹의 지도부와 ISO 임원에 의해 검토되었다. ISO 26000:2010은 기본 7개 원칙(책임성, 투명성, 윤리적 행동, 이해관계자의 이익 존중, 법규 준수, 국제 행동 규범 존중, 인권 존중)이 있어, 원칙을 가지고 사회적 책임에 대한 방법론을 상세히 포괄적으로 설명하고 있다.

사회적 위험과 영향을 파악하고, 이를 관리하기 위해 포함된 핵심 7가지 주제는 매우 상세히 설명되어 있다. 환경, 인권, 노동, 공정한 업무수행, 소비자 이슈, 지역 사회 참여, 지배구조에 대한 포괄적인 사회적 책임$_{Social\ Responsibility}$ 내의 7가지 원칙, 핵심주제 모두 컴플라이언스 접근 방법이 일부 포함되었다.

이 원칙과 핵심주제 등 ISO 26000:2010을 준수함으로써 기업이 받을 수 있는 혜택은 다음과 같다.

- 기존 법률이나 컴플라이언스를 준수하고, 향후 법률이나 규제를 파악하는 등 체계적인 접근법을 통해 법률 및 규제 요건에 대한 준수 체계 개선할 수 있다.
- 기업의 사회적 책임을 국제 규범 및 표준에 따라 이행하고 있음을 효과적으로 입증할 수 있다.
- 각국 정부와 국제기구는 ISO 26000:2010 준수 여부를 중요한 자격 기준으로 간주하고 있어서 정부 입찰 참여 시 경쟁업체 대비 경쟁력 확보할 수 있다.
- 주요 인력, 고객, 클라이언트, 사용자를 유지하고 새롭게 확보할 수 있는 능력이다.
- 직원의 사기, 헌신, 생산성 확보할 수 있다.
- 투자자, NGO, 기타 활동가, 정부가 기업을 바라보는 관점 개선이 가능하다.
- 지속 가능성 관련 위험에 대한 경영진의 인식 제고가 가능하다.
- 기업의 비즈니스 관행에 CSR 반영할 수 있다.
- 인식 제고, 지식 향상, 비즈니스 의사결정 개선할 수 있다.
- 자원의 효율적 사용, 비용 감소에 관한 비즈니스 의사결정 개선이 가

능하다.

- 경쟁사 벤치마킹을 통한 CSR 관행 향상된다.
- 상표 인지도/명성 제고, 소비자 만족도 향상으로 인한 소비자 선호도 증가, 지역 사회 및 환경 운동가들과의 관계 개선, 공정거래 기업으로서의 이미지 구축 등 다양한 혜택을 받을 수 있다.

그러나 ISO 26000:2010은 가이드라인의 지침서이므로, 외부 제3자 인증이 가능한 규격이 아니다. 가끔 고객을 기망하여 지침서 형태의 표준을 제3자가 인증하는 기관이 있다. 국제인정기구협의체인 IAF Resolution에서는 요구사항$_{Requirement}$을 포함하는 문서/표준에 대해서만 인정된 인증을 할 수 있다고 하였다. ISO 31000:2018(리스크 관리), ISO 26000:2010(사회적 책임)과 같이 지침 표준에 대한 인증의 유효성에 대해 지속적으로 논란이 제기되는 만큼, 인증을 받으려는 기관과 인증을 하는 기관에서는 신중할 필요가 있다.

다음으로 영국에서는 BS 10500:2011을 통해 기업이 준수하여야 할 구체적인 부패 행위에 대한 가이드라인을 제정하였다. 영국은 UN 반부패협약과 OECD 뇌물방지협약의 비준국을 이끈 나라로, ISO 37001:2016의 의장국이기도 하다. BS 10500:2011은 당시 영국의 많은 이해관계자의 참여와 관심, 논란을 통해 어렵게 제정되었다. 런던시 경찰청, 영국 사업회의소, 영국 산업연맹, 기업혁신기술부, 기업이사협회 등이 제정에 참여하여 체계적이고 핵심적인 내용을 모두 다루고 있다.

BS 10500:2011은 전 세계 어느 곳에서도 활용할 수 있도록 제정된 영국 표준(국제적으로 인정된 모범 사례들을 포함)이다. 다만, BS 10500:2010이 모든 국가의 뇌물제공 관련 법률이나 반부패 관련 국제법의 내용을 충족하지는 않는다. 그러나 영국 뇌물방지법과 이행지침의 '적절한 절차$_{Adequate\ Procedure}$'는 특별한 주의를 기울여 제정되었다. 그러므로 어떤 기업이나 조직이 BS 10500:2010의 모든 요구사항을 준수하는 수준으로 뇌물방지경영시스템을 적절하게 실행할 경우, 이는 뇌물방지법에서 언급한 뇌물 예방 절차가 실행되고 있다는 명확한 근거로서 의의가 있다.

1977년에 제정된 미국의 FCPA(해외부패방지법)처럼, 영국 역시 2010년 4월 8일, 현존하는 가장 강력한 뇌물방지법인 '영국 Bribery Act'을 여왕의 재가를 받아 제정하였다. 이 법은 세계에서 가장 가혹한 부패 방지법이라고 하여, 일부는 전 세계시장에서 영국 기업들이 불리해질 우려가 있다고 하였다. 이 법에 규정된 범죄 대상과 처벌은 영국뿐만 아니라 해외에서도 정부 관료에 대한 뇌물 사건 발생 시, 대표자와 법인에 10년 이하의 징역 또는 무제한 벌금, 재산몰수 등을 하도록 하는 양벌규정을 명시하고 있다. 이 법의 제7조에서는 해당 조직이 뇌물 방지를 예방하기 위해 마련한 적절한 절차$_{Adequate\ procedures}$를 시행하고 있다는 사실을 입증하는 경우, 관련 개인과 법인은 면책될 수 있다는 조항도 포함하고 있다. BS 10500:2011은 영국 뇌물방지법에 대응하기 위한 중요한 동인으로 작동하였다.

BS 10500:2011을 통하여 조직은 효과적으로 뇌물을 방지할 수 있는 경영 시스템을 갖추고 실행함으로써 관련된 국가의 법규를 준수하고 윤리적인 조직 운영의 모범 관행을 따를 수 있도록 하기 위함이다.

조직은 올바른 뇌물방지 정책과 절차와 통제 활동을 실행함으로써 조직과 연관된 뇌물 리스크를 관리할 수 있다.

영국은 같은 시기 2011년 뇌물방지법 이행지침The Bribery Act 2010 Guideline을 제시하여, 영리조직들이 따라야 할 6가지 원칙을 세웠다. 조직 전반에 뇌물방지를 위한 실행체계를 갖추기 위하여 제1원칙(위험도에 비례하는 절차), 제2원칙(최고 경영진의 결단 및 실천), 제3원칙(리스크 평가), 제4원칙(선관주의 의무, Due diligence), 제5원칙(의사소통, 교육 훈련 포함), 제6원칙(감독과 심사)을 세웠다. 모두 앞으로 소개될 ISO 37001:2016 내에 포함되어 있다.

영국의 뇌물방지법과 BS 10500:2011의 관계를 보면 많은 영국뿐만 아니라 전 세계 비즈니스 기업들이 사업 파트너 선정 시 동인으로 작용할 수 있다. 뒤에서도 설명하겠지만, 영국의 뇌물방지법은 범위도 넓으며 막강하다. 이에 많은 글로벌 기업들이 뇌물 예방에 있어 실행력을 담보할 수 있는 경영 시스템에 대한 요구가 있었던 것도 사실이다. 특히, 해당 법률에서 제시하고 있는 '적절한 절차Adequate procedures'에 관한 요건들을 보다 체계적으로 반영하여, 기업 및 관련 조직들이 실행할 수 있는 모범지침으로 거듭났고, 경영 시스템 표준에 대한 요구가 증대됐다.

BS 10500:2011은 인증 가능한 표준으로서, 인증을 통해 대내·외적으로 윤리적인 기업으로서 공인을 받는 이해관계자 관리의 측면도 함께 존재한다. 인증을 통해 조직의 경영자가 자사의 뇌물방지 절차 및 활동을 확신할 수 있으며, 고객이나 투자자, 시민사회 등 다양한 외부 이해관계자에게 자사의 윤리·준법경영에 대한 의지와 노력을 높은 신뢰를 전달할 수 있다.

이후 2014.12 ISO 19600:2014에 대한 컴플라이언스 경영 시스템 가이드라인이 개발되었다. 윤리와 준법경영을 폭넓게 포함하며, 컴플라이언스 경영의 프레임워크를 제공한 가이드라인이었다. 하지만 ISO 19600:2014의 제1장 Forword의 하단은 'This document cancels and replaces ISO 19600:2014:2014-10'으로 폐지되었다. 앞서 설명한 것과 같이 가이드 라인 ISO 19600:2014는 정식으로 제3자가 인증할 수 있는 규격이 아닌 지침서 형태이다.

다음으로 2016년, 부패방지를 대체할 수 있는 국제표준규격이 가이드라인 형태가 아닌 요구사항 형태의 인증이 가능한 ISO 37001:2016이 제정되어 부패(뇌물)방지 경영 시스템이 탄생하였다. 그 이후 수많은 논의 끝에 드디어 제3자 인증이 가능한 2021.4 ISO 37301:2021이 개발되었다. 국제 거래 시 사업 파트너들의 컴플라이언스 경영평가 척도로 활용할 수 있고, 규제 당국과 각국國 법원에서 기업의 법 위반 제재 시 참작 사유로 고려될 수 있는 표준이 드디어 탄생한 것이다. 자세한 사항은 저자의 다음 도서 『ESG 경영의 근간, 컴플라이언스 솔루션.ZIP』과 PART 2의 컴플라이언스 기능과 실제에서 참고해 보기 바란다.

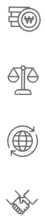

Part 2

ESG 경영을 위한
컴플라이언스 기능과 실제

1

컴플라이언스 평가와 기준 소개

01 CP와 ISO 37301:2021 제도의 비교

IMF 이후 컴플라이언스 정책 도입에 반대하는 이는 많지 않았다. 공정거래위원회에서는 여러 연구를 거쳐 2006년 호주와 미국 등의 선진국 CP_{Compliacne Program}를 도입하게 되었다. CP는 좋은 취지의 제도임이 분명하며, 공정거래위원회의 입법 취지와 일맥상통한다. 사실 공정거래법의 본 목적은 제재가 아닌 예방 차원이 강하다. 즉, 처벌만이 모든 능사가 아니라는 것이다.

정부가 모든 법률 행위를 나서서 막을 수는 없기에, 행정적·사법적 등 여러 가지 자원이 소모될 수밖에 없다. 자원은 한정적인데 기업은 하루에도 수천 개 이상 생겨나고 있다. 즉, 정부 입장에서는 CP와 같은 자발적인 내부 준법 경영 시스템을 장려하는 것이 효율적일 수 있다. 조직의 경쟁적 이기심_{Self-interest}이 작동하여, 이를 지키지 않는 경쟁 기업은 소비자와 같은 다양한 이해관계자들로부터 외면받고 시장에서 퇴출당한다. 앞서 설명한 정치적 소비인 화폐투표_{Money vote}와도 같다. 20세기 오스트리아학파 경제학자인 미제$_{Ludwig\ von\ Mises}$는 '소비자가 왕이다.'라고 표현하였다.

정부는 법과 규제로 기업을 통제하기만 하면 안 된다. 가격통제와 진입 장벽 같은, 경쟁적 시장을 저해하는 요인을 제거하는 데 집중해야 한다. 영국의 경제학자이자 도덕 철학자인 애덤 스미스$_{Adam\ Smith}$가 국부론에서 주장한 보이지 않는 손$_{Invisible\ hands}$「제1권, 11장 중」의 내용은 다음과 같다.

"자본가가 제안하는 새로운 상업적 법률 및 규제들에 대해서는 항상 큰 경계심을 가지고 주목해야 하며, 그것들을 매우 진지하고 주의 깊게 오랫동안 신중하게 검토한 뒤에 채택해야 한다. 왜냐하면, 그들은 그들의 이익이 결코 정확히 공공의 이익과 일치하지 않는 계급이다. 그리고 사회를 기만하고 심지어 억압하는 것이 그들의 이익이 되려 노력한다. 수많은 기회 덕분에 사회를 기만하고 억압한 적이 있는 계급으로부터 나온 제안이기 때문이다."

입법자들은 약 240년 전의 경제학자의 말에 귀를 기울일 필요가 있다. 선거철에는 수많은 공약들이 쏟아지지만, 실제로 이행되는지는 알 수 없다.

L공사의 부동산 투기 사태가 벌어졌음에도, 공공기관 윤리 경영은 공허한 외침만 하고 있다. 많은 정책적 제안이 나오고, 연구용역 같은 제도 개선이 이뤄지고 있다. 각 부처의 주도권 주기와 땜질 방식의 접근은 공공기관의 윤리경영 개선에 전혀 도움되지 않는다. 이를 증명하듯, 부동산 투기 이후에도 공공기관의 윤리적 인식은 높아지기는커녕 음주운전, 성폭행, 성희롱, 금품수수, 법인카드 오남용 등의 비위 행

위는 오히려 늘어났다. 코로나 19 장기화에 따른 공공기관 경영 악화 등, 사태가 엄중했음에도 일탈이 늘어난 셈이다.

경성규범과 연성규범의 조화가 필요하다. 기업들이 CP와 같은 준법 경영 시스템과 상생할 수 있도록 인센티브를 주고, 제재보다는 사전 예방에 초점을 맞춰주는 정부의 역할이 중요하다.

CP 등급평가는 CP를 도입한 지 1년 이상 경과한 기업 중, 한국공정 거래조정원에 평가를 신청한 기업을 대상으로 CP 운영실적 등을 평가 하여 기업별로 등급을 부여하는 공정거래위원회의 제도이다. 기업들 이 공정거래 관련 법규를 준수하기 위하여 자체적으로 제정 및 운영하 는 교육, 감독 등의 내부준법 시스템이기도 하다. 등급과 순위가 중요 한 우리나라 정서상 등급평가를 추진하는 실무자들에게는 매우 중요 할 수밖에 없다.

다만 본연의 취지인 효과적인 CP 운영을 하기보다, 단지 등급을 높 이고자 하는 방향은 인식 개선이 절실히 필요하다. 등급평가는 한국공 정거래조정원이 공정거래위원회로부터 업무 위탁을 받아 평가를 주관 하고 있다. 실제 평가는 공정거래 관련 분야, 또는 CP 관련 경험과 지 식을 가진 평가위원회(15인 이상 20인 이하)의 전문가 집단으로 구성하 여 평가를 시행한다. 평가 절차와 비용은 660만 원(부가세 포함)이 원칙 이며, 기업 규모 및 연속신청 여부 등에 따라 감면될 수 있다.

절차는 신청서 접수 및 실적보고서를 제출하면 서류평가와 현장평 가를 거쳐 최종 등급이 부여된다. 대기업 및 공공기관은 총 7개의 평 가항목에서 22개의 평가지표로 나뉘고, 다시 66개의 세부 측정지표로 쪼개진다. 중견기업 및 중소기업의 신청 건수는 아직 현저히 적으나,

이들의 평가 기준은 7개의 평가항목에서 17개의 평가지표로 나뉘고, 다시 54개의 세부 측정지표로 나뉘어 대기업과 공공기관보다는 적다.

8개의 등급(AAA, AA, A, BBB, BB, B, C, D)으로 평가하여 A등급 이상 기업에 대하여 차등적 인센티브를 부여한다. 이러한 유인책은 여러 국회의 국정감사를 거치면서 기업 봐주기와 면피용이라는 지적 아래 사라졌다.

현재 인센티브에는 '사후적 유인'으로서 공표명령 감경과 '사전적 유인'으로서 직권조사 면제가 있다. CP 등급평가가 A등급 이상인 기업이라도 CP 업무담당자가 공정거래 관련 법규위반행위에 개입한 사실이 드러난 경우나, CP 도입 이전에 공정거래 관련 법규위반행위가 발생한 경우 등의 제외 사유에 해당하면 인센티브 혜택을 받을 수 없다.

〈CP 등급평가 인센티브 내용〉

인센티브	직권조사 면제	공표명령 감면	기타
구분	등급평가 A 등급 이상	등급평가 A 등급 이상	등급 평가증 수여
등급별 세부	A 등급: 1년 AA 등급: 1년 6월 AAA 등급: 2년	AAA 등급: 면제 AA 또는 A등급: 공표 크기 및 매체 수 1단계 하향, 공표 기간 단축	위원장 표창 (2년 연속 AA 등급 이상)

위에서 보는 바와 같이 CP 등급평가가 좋은 제도인 것은 분명하다. 다만 지속적 운영과 실용성 측면에서는 아쉬운 점이 분명히 있다. 다행히도 기존의 CP 7대 요소에서 8대 요소로 지속적 개선이 추가된 것은 다행이다. 7대 요소 당시 대표이사 의지 표명, CP 지표관리, 편람

제작 등에 대한 연속성과 효과성이 부족하였다. 아울러, 실무자 또한 CP 업무에 거의 매진하고 실적과 보고서 디자인 등 외부 컨설팅에서 수많은 행정 업무가 따른다. 그리고 CP의 유인책이 없어지면서 많은 기업이 CP 등급평가를 신청하기보다는 자체 CP 운영을 하는 추세이다. 이를 증명하듯, CP 등급평가 신청 기업은 2017년(18개사), 2018년(11개사), 2019년(5개사), 2020년(7개사), 2021년(10개사)으로 점차 감소 추세이다.

CP 등급평가 제도가 도입된 2006년 이후, 통계상 최우수$_{AAA}$ 등급을 받은 기업은 제약기업 단 한 곳뿐이었다.

등급평가를 신청한 기업 가운데 A등급 이상을 받은 '우수기업'의 비율은 2006년 38.3%에서 2012년에는 69.2%까지 증가했으나, CP도입 기업 증가보다 평가 신청 기업의 숫자는 도입 원년인 2006년 60개에서 2012년 39개까지 감소하는 추세를 보인다. 현재는 매년 평균 10개 기업 내외가 등급평가 신청에 머물고 있다.

초기, 국회에서는 과징금 감경 등의 인센티브 혜택만을 노리고 CP를 도입한 기업들의 지적이 끊이지 않았다. 그 결과 CP 등급평가제도와 차등적 인센티브 제도가 도입되었지만, 과징금 감경 인센티브는 결국 2014년에 폐지되고 말았다.

공정거래위원회도 인정하는 바와 같이, 법적 근거를 확보하지 못한 것이 결국 공정거래 CP 제도의 안정적 운영과 확산에 제약 요인으로 돌아온 것은 부인할 수 없는 문제임이 틀림없다. 실제 많은 기업에서 문의해온 사항은 CP의 유인책에 관련한 내용이었고, 효과적인 CP 구축에 대한 질문은 상대적으로 드물었다. 과정보다 결과에 집중하는 경향이 컸다.

공정거래위원회는 개선방안으로서 공정거래법에 법적 근거를 마련하여 CP를 실질적이고, 효과적으로 운영하는 기업에 과징금 감경 등의 인센티브를 다시 부여하는 방안을 검토 중이라고 한다.

다음은 CP와 여러 법체계에서 정한 컴플라이언스 프로그램의 제도를 아래 표를 빌려 설명하고자 한다.

〈적용법규에 따른 컴플라이언스 책임자의 명칭〉

근거법규 및 규정	명칭	업무범위 기준	업무 범위	법적 지위 (성격)	보고기관
금융사 지배구조법 (강제규정)	준법감시인	내부통제 기준	내부통제 관련 업무(총괄)	사내이사 또는 업무 집행책임자	감사위원회
상법 (강제규정)	준법지원인	준법통제 기준	법적 위험관리 관련 업무	이사 겸직 명시 없음	이사회
공정거래 법규 (자율규정)	자율준수관리자	자율준수 규범	공정거래 CP 관련 업무	규정 없음	이사회
ISO 37301 (자율규정)	Compliacne Function	컴플라이언스 영역	법, 규정, 규약 등 의무사항	규정 없음	지배기구

〈컴플라이언스 리스크 구분에 따른 컴플라이언스 책임자의 업무 범위〉[7]

리스크/구분	준법감시인 (금융사 지배구조법)	준법지원인 (상법)	자율준수관리자 (공정거래법규)	컴플라이언스 기능 (ISO 37301)
법률 리스크	○	○	×	×
감독 규제 리스크	○	×	○	×

리스크/구분	준법감시인 (금융사 지배구조법)	준법지원인 (상법)	자율준수관리자 (공정거래법규)	컴플라이언스 기능 (ISO 37301)
평판 리스크	O	△	×	×
운영 리스크	△	×	×	×

공통점으로는 CP와 ISO 37301:2021 제도 모두 강제성이 아닌 자율성에 기반을 두고 있다. 신청하는 것은 기업이 자율적으로 정하는 것이다. 더불어 두 제도 모두 경영진의 확고한 의자가 매우 중요하다. 모든 제도가 동일하겠지만, 경영진의 확고한 의지(리더십)가 없는 프로그램이나 시스템은 효율적이지 않고 돈과 시간이 부족하여 직원들을 괴롭힌다. 공허한 외침뿐이 될 수밖에 없다. 특히 CP와 ISO 37301:2021은 지배기구, CEO, 경영진, 임직원에 대한 역할과 책임, 그리고 권한을 매우 중요하게 보고 있다. 다른 경영 시스템과 대조적으로, 컴플라이언스 위반은 인적자원 관리를 실패한 사람에 의해 일어난다. 사람들은 의도적으로, 혹은 몰라서 법을 위반하곤 한다. 그러므로 사람을 관리해야 한다. 이미 일어난 사건을 막을 수는 없어도, 예방은 할 수 있는 것이 컴플라이언스 경영 시스템이다.

아울러 컴플라이언스에 대한 기준과 절차들이 마련되어 있어야 한다. 즉, 문서와 기록(실적)이 중요하다. 평가 방식에서도 서류평가(1단

---

7   참고: 이천현, 황지태, 박학모(한국형사 · 법무정책연구원), 조창훈, 김상수(기업 준법윤리 · 준법경영 인증제도(Compliance program) 도입 및 운영 방안 연구, 2021.11, 경제 · 인문사회연구회)

계 심사), 사무소평가(2단계 심사) 등, 형태가 동일하며 과정 중간 경영 진과의 면담은 필수 사항이다. 정확한 검증을 위해 평가(심사) 이후 그에 투입되지 않은 인원이 다시 한 번 검토(검증)하는 절차가 반드시 있어야 한다. 이는 전담 조직 또한 준법, 법무, 감사, 윤리 등 부서가 맡는다. CP 등급평가는 2년, ISO는 3년 동안 유지 가능하다.

두 제도 모두 기업 범죄에 대한 양벌과 양형 같은 법 위반 행위에 대해 합리적인 형사법 집행이 이뤄질 수 있는 가능성을 제시하고 있다. 법규 준수에 대한 노력의 결과물 입증이 가능하다. 그로 인해 착한 기업만이 지속 가능하다는 인식을 줄 수 있다.

차이점으로는, CP는 공정거래위원회에서 평가하고 등급을 부여한다는 것이다. 등급평가 시 높은 등급을 받으면 국내 공정거래위원회에서 직권조사 면제와 공표 명령 하향 조정이 가능하다. 과거 과징금 경감은 「과징금부과 세부기준 등에 관한 고시」(공정거래위원회고시 제2010-9호, 2010.10.20. 일부 개정·시행)에 의하면, 공정거래 자율준수프로그램 등급평가에 따라 아래 표와 같이 과징금을 감경하도록 규정하고 있었다. 그러나 공정거래위원회고시 제2014-2호(2014.2.20. 일부 개정, 2014.8.21. 시행)로 폐지되어 현재는 존재하지 않는다.

「과징금부과 세부기준 등에 관한 고시」
(공정거래위원회고시 제2010-9호)

3. 임의적 조정과징금의 산정(행위자요소 등에 의한 가중감경)

가.~나. (생략)

다. 감경 사유 및 비율

(1)~(8) 생략

(9) 공정거래 자율준수 프로그램의 모범적 설계운용에 의한 감경

(가) 위반사업자가 「공정거래 자율준수프로그램 운영 및 유인 부여 등에 관한 규정」 IV.에 의한 CP 등급평가에서 A이상의 등급을 받은 경우에는 아래의 비율과 같이 과징금을 1회에 한하여 감경할 수 있다.

① A : 100분의 10 이내

② AA : 100분의 15 이내

③ AAA : 100분의 20 이내

(나) 위 **가.**의 규정에도 불구하고 위반행위가 「공정거래 자율준수프로그램 운영 및 유인 부여 등에 관한 규정」 V.1.다. 및 V.2.나.의 적용제외 사유에 해당되는 경우에는 이를 적용하지 아니한다.

내용상으로 본다면 CP는 주로 조직 내 공정거래관련법을 다룬다. 등급평가를 신청하는 기업은 적어도 1년 이상의 CP 운영 실적이 있어야 한다. 평가 시 대기업과 중소기업의 구분을 두고 있기에 효율적인 결과를 기대할 수 있다.

반면 ISO 37301:2021은 제3자 기관에서 글로벌 스탠다드 인증을 받을 수 있고, 국제적으로 통용이 가능하다. 이점으로는 국내·외 사법당국으로부터 상당한 주의 감독 의무와 윤리적인 조직의 평판,

ESG 같은 비재무적 관점의 신뢰에 대한 결과를 입증할 수 있다.

미국처럼, 조직원 범죄 행위에 있어 양벌규정 때문에 발생하는 경영자의 형사책임을 최고 95%까지 감면받을 수 있는 입증 자료가 될 것이다. 미국의 여러 판결에서 보는 바와 같이, 형사뿐만 아니라 민사에도 적용할 수 있는 근거가 된다.

ISO 37301:2021 내용상 조직과 조직의 모든 이해관계자에 대한 전반적 컴플라이언스 의무 영역을 다루고 있다는 점을 가장 큰 장점으로 볼 수 있다. 또한, 리더십을 적극 권장하고 있다. 지배기구, 최고 경영자, 경영진, 임직원의 역할과 책임, 권한을 명확히 나누고 있으며, 조직의 컴플라이언스 문화를 장려하고 있다.

이처럼 역할, 책임, 권한이 각각 다르다. CP는 Top Down 형식으로 경영진, 준법 관련 부서에서 영업 및 마케팅 부서에 대한 관리를 다뤘다. 반면 ISO 37301:2021은 Top Down과 Bottom up 형식을 동시에 관리하는 활동$_{Active}$을 다룬다. 매년 심사를 받으면서 이사회, CEO, 경영진뿐만 아니라 모든 임직원, 그리고 그와 관련된 이해관계자들에게 역할, 책임, 권한이 배정된다. 그리고 심사 대상에 각 현업 부서가 반드시 포함된다. 즉 주관부서는 시스템을 운영하고 독려하여 경영진과 이사진 그리고 이해관계자에게 결과를 공표해야 한다.

최근 대법원의 판결은 ISO 37301:2021에서 요구하는 리더십(제5장)과 동일하다. 서울고법과 대법원 민사2부 사건(2021다279347)은 '대표이사뿐만 아니라 사내외 등기 이사들도 준법감시 의무가 있으므로, 이를 게을리하면 주주들에게 배상책임을 진다.'고 명시되어있다. 대법원은 사외이사 등에게 '위법행위를 의심할 만한 사정 및 그러한 사정의 외면이 있다면 감시의무 위반의 책임이 인정된다.'는 점을 밝힌 것이다. 그 만큼 컴플라이언스는 그 어떤 무엇보다 리더십이 매우 중요하다.

〈CP 등급평가와 ISO 37301:2021의 비교〉

CP 등급평가	ISO 37301:2021
1. CP 기준과 절차 마련 및 시행 소속 조직원들이 업무와 관련된 공정거래 관련 법규 준수사항을 명확히 인지하고 이를 실천할 수 있도록 필요한 기준과 절차를 마련하고 시행하여야 한다.	**4장 조직상황** 4.1 조직 및 사업환경 이해 4.2 이해관계자의 니즈와 기대 이해 4.3 적용 범위 결정 / 4.4 CMS 4.5 컴플라이언스 의무 4.6 컴플라이언스 리스크 평가
2. 최고경영자의 자율준수 의지 및 지원 최고경영자는 공정거래 관련 법규 자율준수 의지와 방침을 공개적으로 표명하고 CP 운영을 적극적으로 지원하여야 한다. **3. CP의 운영을 담당하는 자율준수관리자 임명** 이사회 등 최고 의사결정기구는 조직 내 자율준수관리자를 임명하고, 자율준수관리자에게 효과적인 CP 운영에 대한 책임을 부여하여야 한다.	**5장 리더십** 5.1 리더십과 의지 표명(지배기구, CEO, 문화, 거버넌스) 5.2 컴플라이언스 방침 5.3 역할, 책임 및 권한(책임자, 관리자, 인원들)
4. 자율준수편람의 제작·활용 자율준수편람은 자율준수관리자의 책임 아래 작성된 것으로 공정거래 관련 법규 및 CP 기준과 절차 등을 포함한다. 편람은 모든 조직원이 쉽게 접근하여 활용할 수 있는 문서 혹은 전자파일 등의 형태로 제작되어야 한다.	**7장 지원** 7.1 자원 7.2 역량 7.3 인식 7.4 의사소통 7.5 문서화된 정보
5. 지속적이고 체계적인 자율준수 교육 실시 CP 기준과 절차 및 공정거래 관련 법규 준수 사항 등에 대하여 최고경영자 및 구매·판매부서 등 공정거래관련 위반 가능성이 큰 분야의 조직원을 대상으로 효과적인 교육을 정기적으로 실시하여야 한다.	

CP 등급평가	ISO 37301:2021
6. 내부감시체계 구축 위법행위의 예방 또는 조기 발견을 위해 합리적으로 계획된 감시 및 감사 시스템을 구축하여 운용하여야 한다. 감시 및 감사 결과는 주기적으로(최소 연 2회 이상) 이사회 등 최고 의사결정기구에 보고되어야 한다.	**8장 운용** 8.1 운용기획 및 관리 8.2 통제와 절차의 확립 8.3 우려 제기 8.4 조사 프로세스
7. 공정거래 관련 법규 위반 조직원에 대한 제재 공정거래 관련 법규 위반책임이 있는 조직원에 대하여 그 위반 정도에 상응하는 제재조치를 규정한 사규를 마련·운용하여야 한다. 또한, 조직원의 법 위반 행위 발견 시 적극적으로 대응하고 추후 유사한 행위가 재발하지 않도록 예방하여야 한다.	**9장 성과평가** 9.1 모니터링, 측정, 분석 및 평가(피드백, 지표, 보고, 기록) 9.2 내부심사 9.3 경영 검토
8. 효과성 평가와 개선조치 CP가 효과적으로 지속하여 운영될 수 있도록 정기적으로 CP 기준, 절차, 운용 등에 대한 점검, 평가 등을 실시하여 그에 따라 개선조치를 취하여야 한다.	**10장 개선** 10.1 부적합 및 시정조치 10.2 지속적 개선 부속서

02 공공기관의 윤리 · 준법경영 평가 비교

	국민권익위원회	기획재정부	공정거래위원회
구분	부패방지 시책평가 (반부패 의지, 정책, 통제 시스템)	공공기관 경영평가 (사회적 가치: 윤리 · 준법경영 등)	공정거래 자율준수 프로그램 (CP 실행체계 구축, 촉진, 운용 등)

	국민권익위원회	기획재정부	공정거래위원회
목적	공공기관의 자발적인 반부패 노력을 평가·지원함으로써 공공부문의 청렴 수준 제고를 실현하기 위해 매년 실시	공기업·준정부기관의 자율·책임경영체계 확립을 위해, 매년 경영 노력과 성과를 공정하고 객관적으로 평가	CP 운영 사업자를 대상으로 일정한 기준에 따라 평가하여 등급을 부여함으로써 우수한 사업자에게 차별적 인센티브 제공을 통해 충실한 CP 운영을 유도
근거	「부패방지 및 국민권익위원회의 설치와 운영에 관한 법률」	「공공기관의 운영에 관한 법률」	공정거래 자율준수프로그램 운영 및 유인 부여 등에 관한 규정(고시)
대상	총 270개 기관(중앙행정기관, 광역자치단체, 가치자치단체, 시도교육청, 국공립대학, 공공의료, 공직 유관단체)	공기업(36개), 준정부기관(95개)	CP 도입 기업
평가체계	−A(계획: 반부패계획) −B(실행: 청렴 생태계 조성, 부패통제, 실효성 확보) −C(성과·확산: 청렴 행정·청렴 경영성과·확산) −D(감점: 부패방지제도 운용)	−평가범주: 경영관리, 주요사업 −경영관리 중 사회적 가치 구현: 윤리·준법경영 5점 −윤리·준법경영: 경영 활동 시 경제적·법적 책임과 더불어 사회적 통념으로 기대되는 윤리적 책임을 준수하려는 노력과 성과를 평가	공정거래 관련 법규 준수하기 위해서 자체적으로 제정·운영하는 교육, 감독 등 내부 준법시스템(1차: 서류, 2차: 현장) 일부 인센티브 −공표 명령 면제, 포상 실시, 공정거래 직권조사 면제

　이외에도 기재부에서는 공공기관 윤리·준법경영 표준모델을 발표하였다. 공기업과 준정부기관에 핵심적인 위험 맞춤형 통제방안으로, 공공기관 윤리문화 강화를 추진해 나가겠다는 것이다.

　L기업 직원의 부동산 사적 투기 사태를 계기로, 국민의 높은 기대에 맞추어 윤리·준법경영을 적극적으로 실천하겠다는 것이다. 이 표

준 모델은 1. 전문기관 연구용역, 2. 국내외 모범 사례분석, 3. 공공기관 인터뷰, 4. 공공기관에 대한 체계적 의견수렴(20개 공기업·준정부기관) 등의 과정을 거쳐 작성되었다고 한다.

표준모델은 잠재적 윤리위험의 사전적·체계적 파악, 위험요인별 사전예방적 통제장치 마련, 현재화된 위험에 대한 신속 대응 등 6대 핵심 요소로 구성되어 있다. 모든 조직원은 최고 경영진의 의사를 반영한 구체적인 윤리강령을 숙지해야 한다. 또한, 윤리·준법경영을 전담하는 관리체계를 구축하고, 적절한 권한과 책임, 예산 등을 부여해야 한다. 이 밖에도 위험에 대한 신속한 대응을 위해 익명성이 보장된 신고 채널을 갖추도록 하고, 자체 모니터링과 평가를 통해 윤리·준법경영 시스템을 끊임없이 개선해야 한다.

기업은 표준모델을 바탕으로 2022년 6월, 기관별 윤리·준법경영 시행방안을 수립하고, 2023년 초에 윤리·준법경영 실적보고서를 만들어야 한다. 더불어 권익위에서는 공공, 경제, 직능, 시민사회, 언론·학계 등 6대 부문의 대표자 37인으로 구성된 청렴 사회 민관협의회를 만들었다. 이는 반부패 정책, 국민 의견수렴 및 정책의 수립·점검·평가, 청렴 사회협약 체결 및 청렴 실천 운동 추진 등의 사항에 대해 협의하는 기능을 갖추었다. 공기업과 기업이 자율적으로 윤리·준법 경영을 실천할 수 있도록 지침 성격인 '윤리·준법 경영 프로그램$_{K-CP}$'을 개발하고, 깐깐한 심사를 거쳐 우수한 공기업 및 사기업 등에 '인증'을 부여해 윤리·준법 경영 실천유인을 제고할 계획을 세우고 있다.

참고 | **윤리경영 표준모델 체계도**

목표	공공기관 지속 가능 윤리경영 문화조성

	6대 핵심요소	**10대 추진원칙**
표준 모델	윤리의식 확립	① **윤리의식 확립**: 최고경영진 주도 윤리경영시스템 구축
	관리체계 구축	② **관리체계 구축**: 적절한 권한위임과 감독책임 강화
	윤리위험 파악	③ **윤리위험 식별**: 위험요인을 식별하고 위험도를 계량화 ④ **환경변화 대응**: 외부변화에 민감, 리더십 변화에 안정
	윤리위험 통제활동	⑤ **통제활동 수립**: 윤리위험별로 적절한 대응방안 설계 ⑥ **통제절차 선택**: 통제활동 선택과 주기적 유효성 평가
	내·외부 신고제도	⑦ **내부 의사소통**: 비밀이 보장된 내부고발제도 정비 ⑧ **외부 의사소통**: 외부관계자에 의사소통채널 개방
	윤리경영 모니터링	⑨ **윤리경영 모니터링**: 객관적이고 독립적인 모니터링 ⑩ **윤리경영 개선활동**: 적시에 윤리경영상 문제점 개선

지원 체계	공공기관	공공기관	주무부처/기재부	감사원 등
	윤리경영 시스템 운영/개선	⇨ 윤리경영 실적보고서 작성/제출	⇨ 보고서 검토, 외부지적 등 고려 합동감사 실시	⇨ 감사의뢰 수사의뢰

이에 현재 기업 준법 윤리·준법경영 인증제도_{Compliance program} 도입 및 운영 방안 연구에 대한 결과물이 마련되었다. 그리하여 시급성과 시의성을 고려할 때 공기업을 대상으로 먼저 도입하고, 향후 인증을 원하는 민간기업도 자유롭게 참여할 수 있도록 기업의 심사 부담을 고려한 제도 마련을 당부하기도 하였다.

2021년 말을 시작으로, 전문가 심사과정을 거쳐 선정된 한국전력공사, 한국지역난방공사, 한국토지주택공사, 한국도로공사, 한국수자원공사 등 6개 공기업이 시범 운영하고 있다. 이 책을 쓰는 현재, 인증 결과는 발표되지 않았으나 향후 행정기관의 행보가 기대된다.

윤리·준법경영 관련 제도의 도입뿐 아니라 법령준수 및 부패행위·비리 등의 실효성 있는 예방·탐지·대응·개선이 가능하도록 전담 조직 및 절차를 마련하고, 리스크 식별 및 관리 등을 추진하는 경영방식이다. 국민권익위원회는 6개 시범 운영기관과 업무협약을 체결해 윤리·준법경영 확산을 위한 적극적인 협력체계를 구축하고, 의견 수렴 및 실태조사, 인증 예비심사 등을 실시하고 있다.

사실 이와 비슷한 윤리·준법경영 추진 프로젝트는 각종 연구용역과 실행체계 등으로 이미 많았다. 다양한 전문가를 모아놓고 꾸준한 협의체 실행을 약속했지만, 정권이 바뀌면 흐지부지되는 경우가 더러 있었다.

우리는 사고가 일어나면 재발을 방지하려는 차원에서 대응 방안을 마련하고 전문가를 찾는다. 사실 전문가는 외부에 있는 것이 아니라 내부에 있다. 내부 사정을 제일 잘 아는 것은 내부 감사 역할을 하는 이들이다. 그런데도 L공사 사태를 계기로, 이번 역시 각 부처가 앞다투어 윤리·준법경영을 강화하겠다는 것에는 찬성한다. 하지만 탁상행정으로 부처의 실적과 충성경쟁만 한다면, 실무를 준비하는 윤리·준법경영 담당자는 집중해야 할 윤리·준법경영이 아닌, 행정적 업무에만 집중하게 된다. '빈대 잡으려고 초가삼간 태울 수 있다'는 것이다. 초가집이 아닌 빈대를 잡아야 한다. 멀쩡한 제도들을 하나로 뭉쳐 잘 살려내야 한다.

그러기 위해서는 크게 3가지로 사업을 추진해야 할 것이다. 첫 번째로, 하나의 관리 체계를 만들어야 한다. 전문성 있는 하나의 부처에서 통합 솔루션을 운영, 제공, 평가하며 기업마다 전담 인력을 임명하고 관리·양성·지원을 할 필요가 있다. 그들의 독립성을 도울 수 있는 내·외부 전문가의 협의체를 만들어, 지속 가능한 위원회와 사무국을 형성하는 것이다. 이를 확산하기 위하여 이해관계자에게 공표하고, 각 현업 부서별 1인의 윤리·준법경영 리더를 관리·확산·지원해야 한다.

두 번째로, 사람은 다중의 자아가 있기에 사람이 관리할 수 있는 시스템으로 시작하는 것이 맞다. 한 번에 모든 것을 바꾸기는 힘들기에, 성숙기를 기다리면서 몸에 맞는 윤리·준법경영 옷을 입어야 한다.

정책, 방침, 헌장, 강령 등은 통일화되어야 한다. 이러한 것들은 지금의 현실을 개혁하고 미래 실천적 동인을 내포하고 있는 것이다. 이 사회 등에서 승인받고 만들어서 단순히 벽에 걸어놓고 홈페이지에 올려놓는 것에 그쳐서는 안된다. 까만 글씨가 살아 움직일 수 있도록 모든 임직원들에게 교육되고 마음속에 새겨 조직 고유의 윤리·준법 문화를 만들어야 한다.

그리곤 시스템을 하나로 만들어서 관리·운영하고, 사람이 바뀌더라도 시스템은 살아남을 수 있도록 지속적인 업그레이드를 해야 한다.

조직(기업)의 상황은 고정되어 있지 않고 내외부의 요인에 의해 지속적으로 변화된다.

마지막으로 의식 확립과 통제 활동이 잘 이루어지는 환경 구조를 만들어야 한다. 공통과 비공통의 의무식별 및 리스크 평가를 하고 목표를 세워야 한다. 직급과 기능에 맞는 맞춤 교육이 지속하여야 한다. 윤리·준법 문화가 될 수 있도록, 모두가 노력하는 경영 환경을 만들어야 한다.

만약 위반 행위자가 발생하면 은폐·축소하지 말고, 신속히 처리하여 관계기관에 신고해야 한다. 무엇보다 중요한 것은 이 모든 것들이 이해관계자에게 투명하게 공개되어야 한다. 이를 꾸준히 추진한다면 청렴·투명의 문화 확산으로 신뢰받는 기업이 될 것이다. 리스크는 예방하고 감소시킬 수 있을 것이고, 사업 경쟁력은 확보되며, 업무 생산성은 늘어나고, 경영 환경 변화에 대응할 수 있다. 더불어 기업 이미지는 향상되고 가치가 극대화될 것이다.

마지막으로 컴플라이언스와 관련된 평가와 기준에서 빼놓을 수 없는 것이 부패와 관련된 부패인식지수$_{\text{Corruption Perceptions Index}}$(이하 'CPI')를 소개하고자 한다. 독일 베를린에 소재한 국제투명성기구$_{\text{TI}}$는 매년 180개국(매년 변동)을 대상으로 연 1회 국가별 부패인식지수를 공개한다. 공공·정치 부문에 존재하는 것으로 인식되는 부패의 정도를 측정하는 지표로, 반부패에 관심을 불러일으키는 유용한 도구로 평가받는다. 조사는 기업인 대상 설문 조사 결과와 애널리스트 평가 결과를 종합 집계하여 진행된다. 대한민국은 2021년 기준 32위의 순위를 받았으며, 역대 최고 점수인 62점을 받았다.

국민권익위원회와 '김병연, 부패와 경제 성장의 상관관계 연구' 조사에 따르면 이 CPI 지수의 10점 상승효과는 여러 가지 영향을 미친다고 한다. 경제성장률이 0.52~0.53% 증가하며, 소득은 GDP 약 8조 5,785억 원이 증가하고 1인당 GDP 5만 달러 시기를 줄일 수 있다고 한다. 더불어 일자리는 매년 2만 7천 개에서 중·장기적으로 5만 개씩 추가 창출되고, 정부 세입은 단기적으로 매년 4천억 원이 중·장기적으로 늘어나 32조 원의 세입 추가 증가가 예상된다고 밝혔다. 하지만 피부에 와 닿지 않는 수치이다.

위 숫자보다도 더 쉽게 설명하자면 CPI가 10점 상승하면, 우리 대한민국도 북유럽처럼 투명하고 깨끗하며 복지 좋은 나라가 될 것이다. 스크린 도어와 같은 작업 현장에서 혼자 작업하던 사람이 재하도급을 받아 사망하고, 어두컴컴하고 힘든 화력발전소의 기계에 신체가 절단되거나, 소방관처럼 다른 이의 생명을 구하다가 다치는 일 또한 일어나지 않을 것이다.

이처럼 부정과 부패가 없어지고, 경제계에서 반대하는 중대재해처벌법 등 기업 옥죄기의 징벌적 손해배상 같은 제도들보다, 조직 몸에 맞는 자발적인 컴플라이언스를 갖추는 것이 더 중요하게 여겨질 것이다. 또한, 어려운 법률을 잘 모르는 사회 약자층이 사망하는 사고들이 없어질 것이다. 이처럼 실적 측면에서 행정적 윤리·준법경영과 관련된 인증과 평가 결과만 높여서는 안 된다는 것이다. 컴플라이언스의 본질을 깨닫고 접근해야만 성공적이고 효과적인 컴플라이언스가 될 것이다.

03 상당한 주의 의무 또는 관리 감독 의무

다음으로는 앞서 소개한 최근 법원의 판결과 같이 상당한 주의 의무, 또는 관리 감독 의무를 소개하고자 한다. 선관주의 의무는 점차 강화되고 있다. 양벌규정은 법인, 또는 개인에게도 조문의 벌금을 과한다는 것이다. 다만, 그 위반 행위를 방지하기 위하여 해당 업무에 관하여 상당한 주의와 감독을 게을리하지 아니한 경우에는 그렇지 않는다는 것이다.

앞서 설명한 바와 같이 영국의 뇌물방지법, 미국의 FCPA, 표준준법통제 기준, 공정거래위원회 CP 등급평가 등 많은 부분에서 '상당한 주의 감독'과 관련된 예방책으로써 적절한 절차_{Adequate procedures}의 결과물들을 요구하고 있다. 그 입증의 대표적인 방법이 효과적인 컴플라이언스 경영 시스템의 구축 및 이행이다. 대표적으로 양벌규정은 약 500여 개의 개별 법률에 존재하며, 판례에서 보는 바와 같이 법원의 지속적인 판결 사례가 나오고 있다. 그도 그럴 것이, 현재의 판사들은 대부분 국내법뿐만 아니라 미국 컴플라이언스 제도를 배웠으며, 지금도 배우고 있다. 모호함이 있고 정량적이지 않은, 상당한 주의 감독에 대한 평가는 지속적인 논란이 될 것이다. 그러나 분명한 것은, 컴플라이언스 과도기를 거친 후 미국처럼 자리를 잡게 될 것이고 그에 맞춰 준비하는 기업과 준비하지 않은 기업의 결과는 다를 것이다.

상당한 주의, 관리 감독 의무를 게을리하였는지에 관한 여부는 여러 가지를 종합하여 판단해야 한다. 위반 행위와 관련된 모든 사정, 즉 법률의 입법 취지, 처벌조항 위반으로 예상되는 법익 침해의 정도, 그 위반 행위에 관하여 양벌규정을 마련한 취지는 물론, 위반 행위의 구체적인 모습, 그로 인해 야기된 실제 피해 결과와 피해의 정도, 법인의 영업 규모 및 행위자에 대한 감독 가능성, 또는 구체적인 지위 감독 관계, 법인이 위법행위 방지를 위하여 실제 행한 조치 등을 종합하여 고려해야 한다. (인용: 대부분의 대법원 판례)

특히, 우리나라의 경우 '상당한 주의와 감독'의 정체가 매우 주관적이고 모호하다. 이론과 경험적 연구에서도 미국의 기업 범죄에 대한 예방 효과가 확인되고 있음에도 불구하고, 아직 국내법규(양벌규정)에서 제시하고 있는 '상당한 주의와 감독'의 구체적인 컴플라이언스 관련 기준, 지침이 없다는 점이다.

상당한 주의와 감독에 대해 입증하고, 항변에 대한 입증의 책임은 조직에 있기에 컴플라이언스 기록관리가 중요하다. 그래서 이 판단 시 고려할 요소는 법인의 규모, 행위자에 대한 감독 가능성 또는 구체적 지휘 관계, 법인의 위반 방지를 위해 실제 행한 조치 등을 종합적으로 고려하고 있다.

더불어 일부 미국 연방 양형 가이드라인을 인용한 아래에 체크해 봐야 한다.

1. 조직 내 컴플라이언스&윤리 경영 시스템을 갖추고 있는가?
2. 리더십을 작동시켜 컴플라이언스에 대한 적절한 투자를 하고 있는가?
3. 컴플라이언스&윤리 교육을 철저히 했는가?
4. 법령위반 여부를 계속해서 예상(리스크 관리) 및 감시(모니터링)하

였는가?

5. 법령위반 행위가 적발됐을 때 재발 방지를 위한 조치를 했는가?

6. 당해 사건에서 발생한 법령 행위에 대해 실제로 법인이 취한 조치는 무엇인가?

7. 외부 독립된 제3자 검증절차를 거치고 있는가?

이사회를 비롯한 경영진의 진정성 있는 리더십을 통한 상당한 주의 감독에 대한 의무가 중요하다. 즉, 자원(예산, 인력, 시간, 노력 등)을 충분히 고려하여 경영진이 참여하는 컴플라이언스 경영 시스템을 구축하여야 한다는 것이다. 타법에서도 중대재해처벌법, 근로기준법상과 같이 행위자를 벌하는 것 외에 사업주에게도 벌금형을 부과하고, 안전보건 법령 준수 의무 책임을 묻는 판결이 내려지고 있다.

04 미국 컴플라이언스 판결

이제 미국의 경우를 참고해 보자. 미국 해외부패방지법FCPA은 영국 Bribery Act과 마찬가지로, 강력한 해외부패방지법이다. 미국의 국내법이지만 외국 기업도 처벌 대상에서 벗어날 수 없다. 외국 업체 중 미국 증권시장 상장사, 미국 업체와 합작 또는 컨소시엄 참여 업체, 미국 은행 계좌를 이용한 뇌물수수 업체 등이 FCPA 처벌 대상으로, 적발 시 수익금의 2배 이상 과징금을 물 수 있다.

1970년대 초에 터진 워터게이트 스캔들Watergate Scandal이 이 법의 근간을 마련했다. 미국 공화당의 닉슨 대통령이 베트남 전쟁의 확대에 반대를 표명한 야당 민주당을 압박하고 저지하기 위해 공권력을 불법적으로 동원한 사건이었다.

1970년대 중반에는 미국의 군수업체(록히드)가 각국의 유력 정치인들에게 거액의 뇌물을 건넸다. 미국 중부의 공적자금을 지원받던 록히드사가 일본, 네덜란드, 독일, 이탈리아 등지에서 정부 고위 인사들을 매수했던 사건이다. 위 두 사건 수사 과정에서 400여 개의 미국 기업들이 외국 정부 관료, 정치인, 정당에 3억 달러(한화 약 3,600억 원) 이상의 뇌물을 뿌렸다는 사실과 다나카 가쿠에이 전 일본 총리의 구속까지 일으킨, 이른바 록히드 뇌물 사건Lockheed bribery scandals(1976년)이 비슷한 시기에 알려지며 미국 여론은 들끓었다.

'도덕 외교'를 표방하던 카터 행정부는 기업인들의 반발에도 불구하고 1977년 FCPAThe Foreign Corruption Practices Act 법안을 명분을 밀고 나가 법을 관철시켰다. 이후 미국 양형위원회가 미연방 기업 범죄 양형 지침The Federal Sentencing Guideline for organizations을 공표하였다. 그리고 1997년, 연방 양형기준에 컴플라이언스 프로그램CP이 기업 법률 위반 행위를 한 경우, 법원이 제재 수준을 감경할 수 있다는 근거를 신설하였다. (연방양형기준 §8B2.1)

이 시기, CP 운용을 경영진의 회사법상 의무로 인정한 Delaware 주 법원의 Caremarks 사건이 있었다. 국제 '반부패 라운드'도 여기서 비롯됐다. '미국 기업의 발목만 묶였다.'라는 불만에, 미국 정부는 다른 나라들을 압박해 1997년, 경제협력개발기구OECD의 반부패협약 체결을 유도해 부패 문제를 국제적 이슈로 만들었다.

지멘스가 가장 대표적인 벌금을 받은 사례였다. 이 법으로 미국은 막대한 벌금을 거둬들이고 있다. 특정 산업부문을 겨냥하여 ATM기처럼 다른 나라 기업들을 사냥하고 있는 것이다. 우리나라 기업들도 예외는 아니다. 대표적으로 2019년, 한국의 첫 기업으로써 S기업은 간접적 뇌물 사건과 연루되었다. 한국 기업이 미국 법무부에 뇌물 공여 혐의를 인정하고 벌금을 납부하는 첫 사례가 되었다. 고부가가치 사업을 따내기 위해 브라질 국영 기업 간부에게 뇌물을 제공한 것이다. 이 기업은 미국과 브라질 정부에게도 벌금을 납부해야 한다. 아울러 준법 프로그램$_{CP}$의 시행 성과가 입증되어 CP 노력으로 약 20%가 감경된 약 75 Million 달러의 벌금을 냈다. 즉, 컴플라이언스 노력으로 20%가 감경된 것이다. 그리고 합의 조건으로 매년 효과적인 컴플라이언스에 대한 이행 여부를 보고해야 한다.

05 미국 컴플라이언스 제도 도입: 공정거래위원회 동의의결 제도

국내 컴플라이언스 법적 제도에는 경성규범 차원의 상법, 금융사 지배구조법이 대표적이다. 공정거래위원회에서 운영하는 공정거래 자율준수 프로그램$_{CP}$ 이외에도 동의의결 제도가 있다. 동의의결 제도는 공정위가 제재를 내리기 전, 불공정행위를 한 사업자가 자진하여 원상 회복 또는 피해구제 방안을 제시하는 절차이다. 공정위가 이해관계자 등의 의견수렴을 거쳐 타당성을 인정하면, 위법 여부에 대해 결론을 내리지 않고 사건을 신속히 종결하는 제도이다. 일종의 합의제도처럼 사건을 신속하게 처리하고, 법률상 복잡한 절차를 밟지 않고 합의하는 것이다.

동의의결 제도는 미국(1915)에서 유리한 제도로 이명박 정부였던 2011년 12월, 한미 FTA 이행 방안의 하나로 도입된 제도이다. 우리나라에서는 2011년 12월, 독점규제 및 공정거래에 관한 법률상 동의의결 제도가 최초로 도입되었으며 이후 2014년 1월, 표시·광고의 공정황에 관한 법률상 동의의결 제도가 도입되었다.

동의의결 제도가 효율적으로 운영되는 경우, 행위중지명령, 과징금 등으로 대표되는 기존의 일방적 시정조치에서 벗어나 사업자의 자진 시정방안을 통해 법 위반혐의 사건을 신속하게 해소함으로써, 경쟁 당국(공정거래위원회), 사업자, 소비자를 비롯한 피해당사자 모두에게 긍정적 효과를 부여할 수 있다.

사실 독일식 대륙법 체계를 도입한 우리나라 입장에서는 영미식 분쟁 해결 시스템은 맞지 않는다. 죄를 지었으면 그에 걸맞은 제재를 받는 게 당연한 이치이다. 피고인이 유죄를 인정하거나, 타인에 대해 증언을 하는 대가로 검찰 측이 형이 낮춰주는 플리바게닝_Plea bargaining제도가 없는 것도 이런 이유에서다. 그러나 영·미식 분쟁 해결 방식은 국가의 개입보다 피해자와 간 가해자 간 합의가 오히려 효과적이라는 인식이 자리잡혀 있다. 불법이 발생하면 죄를 지은 자를 구속하는 것도 중요하지만, 한편으로는 죄가 발생한 원인을 없애는 것도 중요하다는 판단도 강하다.

앞서 소개한 S기업 재판에서 논란이 된 '준법감시제도'도 이와 유사하다. 재판부는 국정농단 같은 사건을 방지하기 위해 실효적인 기업 내부 준법감시제도 도입을 주문했다. 큰 틀에서 '치료적 사법'의 일환인 것이다. 치료적 사법이란, 법원이 개별 사건의 처벌을 위한 유·무죄 판단에 그치지 않고 재범 방지 등을 위한 회복적 역할도 맡아야 한다는 담론이다.

공정위의 동의의결 제도가 '기업 봐주기' 논란에서 벗어나려면 공정위가 동의 의결 이행 여부를 철저하게 감시해야 한다. 공정위는 2011년, 동의의결 제도가 도입된 이후 많은 기업의 지배적 지위 남용행위, 거래상 지위 남용행위 등에 대해 적극적으로 자진 시정안을 수용했다. 하지만 기업들이 기금을 마련한 뒤 이를 제대로 쓰는지 확인하기 쉽지 않다는 이유로 제도에 대한 비판이 거셌고, 결국 '기업 봐주기' 논란은 더욱 커졌다.조직을 둘러싼 수많은 리스크가 있다. 그중 법률적 범위뿐만 아니라, 다양한 규제 영역에서의 관리가 필요하다. 행정·사법부를 의식한 보여주기 식이 아닌, 법 위반의 재발을 방지할 수 있는 조치들을 사전에 준비해야 한다.

행정·사법부는 신이 아니다. 그들의 한정된 조사와 수사 인력만으로 모든 법 위반을 감시하거나, 사건을 처리할 수 없다. 그리고 그들도 기업 형사적 법률 위반 행위를 판단해야 하며, 입증 가능한 데이터들이 있어야 원활한 판결이 가능하다. 여기서 중요한 것은, 치료적 사법과 같은 효과적인 컴플라이언스 경영 시스템이 인정되려면 반드시 '효과성'을 충족해야 한다는 것이다. 단순히 보여주기 식 인증과 시스템 구축에만 그쳐서는 안 된다. 동의의결 제도 또한 기업 봐주기 식에서 벗어나, 실효성 확보를 위한 개선방안이 절대적으로 필요하다.

미국은 기업범죄를 판결할 때, 효과적인 컴플라이언스의 존재 여부에 따라 벌금액이 결정된다. 한국과 다르게 법률이 구체적이며 세부적인 행정당국, 검찰 및 사법부의 법규범적 가이드라인이 있다.

앞서 설명했듯, 최근 대법원의 판결들은 대부분 실효성과 효과성을 강조하고 있다. 불가피하게 기업의 법 위반 행위가 발생하였을 때, 입증 증거 기록이 있어야 항변할 수 있다.

법원은 향후 이 같은 입증을 구체적으로 판단할 수 있는 법규범적인 성격의 지침서 및 관련 양형지침을 만들 필요가 있다. 다시 언급하지만 행정·사법부는 신이 아니다.

우리나라 컴플라이언스 제도가 조금 더 안정적으로 정착되기를 희망한다.

2

부패방지, 드디어 컴플라이언스와 만나다

01 조직의 경영 시스템

이번 장에서 다루고자 하는 것은 조직의 경영 시스템이다. ISO에서는 경영 시스템을 '어떤 목적을 위하여 활동하는 조직을 지휘하고, 관리$_{Control}$하는 통제장치'라고 정의한다. 이 목적에는 종합적인 목표와 개별적인 목표가 있다. 종합적인 목표는 회사의 모든 일원을 위한 공통 노력이며, 개별적인 목표는 조직원 스스로 성공하고자 하는 것이다. 여기서 목적과 목표는 다르다. 목적$_{Goals}$은 가치 중심적 표현으로, 장기적 열정을 투입하고자 하는 지향점으로 해석된다. 이는 비가시적이며 측정할 수 없어 비전과 미션, 즉 유관 용어로 쓰인다. 글로벌 컴플라이언스(부패방지) 체계를 구축함으로써, 조직의 지속가능한 경영을 도모할 수 있는 것을 예시로 들 수 있다.

반면 목표$_{Objectives}$는 사실 중심적 표현이다. 단기적으로 달성하고자하는 실적(결과)이나 수준으로 해석된다. 이는 가시적이며 측정 가능하여 성과, 실적의 유관 용어로 쓰인다. 예시로 ISO 37301:2021 인증과 조직원의 법, 규정 위반을 사전에 막을 수 있다. 그래서 차례로 제정된 ISO 37001:2016과 ISO 37301:2021, 이 두 경영 시스템을 통합적인 관점에서 비교하고 해석해 보고자 한다.

이 두 경영 시스템은 어려운 법률 용어를 사용하지 않고서도 어느 조직에서나 적용할 수 있어, 법률 전문가가 아니더라도 부패(뇌물)방지와 컴플라이언스 경영 시스템에 대해 이해하는 데 도움을 준다. 그리고 다양한 영역에서 적용 가능한 부패(뇌물)방지와 컴플라이언스를 체계적으로 정리하고 있어, 어떠한 조직도 사용할 수 있다. 또한, 하나하나 의미와 연결성을 갖추고 있어, 4장에서 10장까지의 구성이 쉽고 자연스럽다. 아무 의미 없는 내용이 뒤섞여 있는 것 같지만, 그 안에는 컴플라이언스에 대한 질서와 메시지가 담겨 있다. 필자 역시 눈에 들어오지 않았던 컴플라이언스 제도를 퍼즐 그림 맞추기 하듯 쉽게 이해할 수 있었다.

간혹 이 두 시스템을 통합할 수 없다고 하는 이들도 있다. 부패(뇌물)방지와 컴플라이언스 경영 시스템은 절대 섞일 수 없다는 것이다. 이는 잘못된 접근법으로 인한 오해이다. ISO 37001:2016과 ISO 37301:2021은 상당한 공통점을 가지고 있으며, 성격 또한 비슷하다. 특히 컴플라이언스는 모두를 포괄할 수밖에 없는 구조로 되어 있다.

다음의 근거를 제시하여 자세히 설명하고자 한다. 첫 번째로 ISO 37001:2016의 3.1항에 따르면, '뇌물$_{Bribery}$은 적용 가능한 법률을 위반(In violation of applicable law⋯)하여 특정 인원의 직무성과 관련된 행동을 수행, 또는 제안하도록 유도하거나 대가를 제공함으로써 직접, 또는 간접적으로 지역과 관계없이 어떤 가치(재무적 또는 비재무적이 될 수 있음)에 대하여 부당한 이익을 제안, 약속, 제공, 수락, 또는 요청하는 것이다.'라고 하였다. 여기서 적용 가능한 법률은 컴플라이언스 경영 시스템의 범주에 충분히 해당한다. 사실 각 나라와 국제투명성기구 기준 등에서는 뇌물과 부패를 별도로 구분하고 있지는 않다. 포괄적으로 부패가 뇌물을 담고 있기 때문이다. 뇌물과 관련된 법들은 형법, 청탁금지법, 부패방지법, 국제뇌물방지법, 약사법, 부패재산몰수법 등이 있으며, 컴플라이언스 필수적 의무$_{Mandatory}$ 중 법률만 보더라도 이 범위$_{Scope}$를 포괄적으로 포함하고 있다.

둘째, ISO 37001:2016 표준의 부속서 A.2.1(단독 또는 통합 부패방지 경영 시스템)에서는 컴플라이언스 경영 시스템의 일부로 통합하여 실행할 것을 선택할 수 있다고 정의하였다. 아울러, 각 조항에서도 부패방지와 컴플라이언스를 통합하여 설계할 수 있음을 약 85번의 단어를 이용해 여러 차례 언급하였다.

셋째, 모든 글로벌 스탠다드는 2015년 이후 공통적인 상위 레벨 구조인 HLS$_{High Level Structure}$를 따르고 있어, 아래 두 경영 시스템의 통합이 매우 용이하다. 즉, 부패(뇌물)방지와 컴플라이언스(준법)은 하나의 경영 시스템으로 통합 관리·운영할 수 있다. 각 공통 조항과 용어로 이루어졌기에, 준법 경영 시스템(ISO 37301:2021)을 총론적인 몸통 삼아 각 모듈에 따른 내용을 추가할 수 있다.

이 두 시스템은 ISO/TC 309라는 Governance of organizations 기술위원회$_{Technical Committees}$에서 제정되었다. 이 위원회의 의장국은 부패방지를 주도하고 있는 영국의 영국표준협회이다. 2016년에 개설되어 약 4개의 표준을 제정하였다. 조직의 방향, 통제 및 책임 측면과 관련된 거버넌스 분야의 국제표준을 다룬다. 2016년도부터 2018년까지, 한국은 관망 멤버$_{Observing\ members}$였다. 선진국을 비롯한 다른 나라들은 참여 멤버$_{Participating\ members}$로 활발히 활동하였다. 정부와 민간 누구도 관심을 가지지 않았던 ISO 37001:2016을 눈여겨본 실무자가 참여 멤버로 가입해야 한다고 목소리를 높였으나 무산되었다.

이후 청탁금지법, 전 대통령 구속, 정권 교체, 각종 이슈 등으로 제도를 향한 관심이 증가하면서 한국은 참여(P) 멤버로 전환하여 열심히 활동하고 있다. 사전에 적극적으로 대응하였더라면 여러 사건을 예방하였을 것이라는 아쉬움이 남는다. 2022년 현재 참여 일원은 약 55개 국가이며, 관망하는 멤버는 23개 국가이다. 개발된 4개의 표준 순서로는

- ISO 37001:2016(Anti-bribery Management Systems - Requirements with guidance for use),
- ISO 37301:2021(Compliance Management Systems - Requirements with guidance for use),
- ISO 37000:2021(Governance of organizations - Guidance),
- ISO 37002:2021(Whistleblowing Management Systems - Guidelines)

이 있다.

아래는 현재 개발 중인 표준이다. 이 표준 중 ISO 37001:2016과

ISO 37301:2021에 대해 집중적으로 다루도록 한다.

e ISO/AWI 37004(Governance of organizations – Governance
  maturity model)

– ISO/AWI(nongovernmental of organizations – Selecting, Creating
  and Using Indicators: Guidance for Governing Bodies)

– ISO/AWI 37006(Indicators of Effective Organizational Gover-
  nance Guidance)

e ISO/AWI 37007(Corporate Governance – guidelines for efficiency
  measurement)

– ISOBARIC TS 37008(Internal Investigations of Organizations –
  Guidance)

02 ISO 37301:2021(Compliance Management Systems)

ISO 37301:2021이 제정되기 이전 ISO 19600:2014라는 컴플라이
언스 경영 시스템$_{Guideline}$(지침서)이 먼저 제정되었다. 당시 글로벌 전문
가들과 저자는 넓은 범위의 용어로 쓰이는 컴플라이언스는 참고할 수
있는 지침서$_{Guideline}$에 맞는다고 생각했다. 그러던 중, ISO 37301:2021
이라는 규격이 제정되면서 국제표준화기구는 전문가들의 예상을 깨고
컴플라이언스 경영 시스템 제도를 제정하였다.

필자에게는 ISO 37301:2021이 제정되기 이전, 많은 국가와 컴플라
이언스에 관해 교류할 기회가 종종 있었다. 당시에는 컴플라이언스가

인증 가능한 요구사항$_{Requirement}$으로 제정될 경우, 그 넓은 범위의 컴플라이언스를 누가, 어느 범위까지, 어떤 기관이 인증할 것이며, 어느 조직이 어떻게 준비할 것이냐는 의문이 있었다.

이후 2021년 4월 13일, TC 309라는 기술개발 위원회에서 주도한 투표 끝에 ISO 37301:2021이 국제 표준으로 제정되었다. TC 309라는 기술개발 위원회에서 주도한 오랜 투표 끝에 제정된 것이다. ISO 37301:2021은 미국 연방양형지침을 통해 발전된 효과적인 컴플라이언스 프로그램을 기반으로 제정되었다. 기존 ISO 19600:2014와 차이점은 거의 없다. 다만 이전 컴플라이언스인 ISO 19600:2014$_{Guideline}$ 사용을 인증$_{Certification}$할 수 있는 ISO 37301:2021$_{Requirement}$ 표준으로 변경되었다. 고용 프로세스상에는 실사$_{實査, Due \; diligence}$ 조항, 컴플라이언스 위반 시 징계 조치, 내부제보 강화 및 신고자 보호, 조사 과정의 새로운 원칙들이 추가되었다.

이 표준은 컴플라이언스를 발전시킨 미국을 비롯한 선진국의 주도로 제정되었다. 법규만으로는 위법행위 억제에 한계성이 있다는 시각이 강하기도 하였다. 미 법무부는 양형 감경이나 기소유예 합의 조건으로 효과적인 컴플라이언스 프로그램 구축과 운영을 의무화하였다. 서문에서도 밝힌 바와 같이, '많은 국가·지역에서 법원은 관련 법규를 어길 시 부과해야 할 적절한 범칙금을 결정할 때, 컴플라이언스 준수에 대한 조직의 의지 표명을 고려해왔다. 따라서 규제기관이나 사법기관 또한 이 문서를 벤치마킹할 수 있다.'라고 제시하였다. 어느 나라건 기업범죄에 대한 민형사상 양벌규정이나, 양형 사유에 입증 가능한 자료가 될 수 있다는 것이다.

하지만 단순히 '인증을 받기 위해 이 제도를 도입해야 한다.' 라고 생각한다면 이 책을 덮어도 좋다. 인증이라는 것은 컨설턴트가 표준에 근거하여 요구사항을 경영 시스템 형식으로 갖춰주고, 전문성 없는 부실인증이 아닌 제대로 된 인증기관 심사를 통과한다면 인증은 대부분 가능할 것이다. 인증은 일정한 테스트를 통과하면 취득할 수 있는 운전면허증처럼, 어느 조직이건 획득할 수 있다.

중요한 것은, 어떠한 전문성 있는 기관이 컨설팅과 인증심사, 그리고 정상적 비용과 기간에 의해 도입 및 운영을 하느냐이다. 인증은 끝$_{Finish}$이 아니라 시작$_{Start}$이다. 이후가 더 중요하다. 즉, 경영 시스템을 어떻게 유지하느냐가 관건일 것이다. 유지가 제대로 되지 않는다면 면허증을 받고 나서 음주운전, 안전벨트 미착용 등과 같은 사고를 일으키고 만다.

인증서에 집중하는 것보다 우리 조직의 몸에 맞는 글로벌 컴플라이언스 경영 시스템을 도입하는 것이라고 생각하면 된다.

관련 업무를 하는 사람으로써 인증 받은 기업과 인증 받을 기업에게 다시 한 번 강조하고 싶은 것은 인증을 절대 명사$_{Noun}$로 정의하면 안된다. 인증은 동사$_{Verb}$로써 내외부 인원들이 신뢰할 수 있도록 그 신뢰성을 지속적으로 입증시켜 주어야 한다. 심사(인증) 받기 위해 일하는 것이 아닌 우리 조직의 문제점을 찾아 개선하자는 취지로 의미가 있는 인증이 되어야 한다.

ISO 37301:2021은 국제적 모범사례$_{Best\ Practice}$를 반영하고 있다. 나라마다 컴플라이언스와 관련된 좋은 모델을 전 세계의 표준으로 만든 것이다. 이를 제정한 ISO/TC 309 위원회에서는 조직 거버넌스와 투명성 및 지속가능성을 강조하고 있어, ESG와 같은 방향을 취한다. 많은 이들이 ESG를 E(환경), S(사회), G(거버넌스)로 구분하여 평가하는 것으로 이해하고 있다. 이는 편의상 카테고리로 나눈 것일 뿐, ESG는 각각 분리된 것이 아닌 하나의 몸체이다.

법인$_{法人}$을 인격체에 비유했을 때 어느 한 사람을 쪼개서 평가할 수 없듯, 조직이 실행하는 ESG는 조직원 모두 기본적으로 수행해야 한다. ISO 37301:2021의 컴플라이언스 필수적$_{Mandatory}$ 의무 중 법$_{Law}$만 보더라도, 환경, 사회, 지배구조 어느 하나 빠짐없이 전 조직원이 지켜야 하는 부분들이 있다. 즉, ISO 37301:2021은 ESG의 전반을 다룰 수 있다. 환경(E), 사회(S), 지배구조(G)에 관한 법률, 규정, 허가, 면허(라이선스), 기타 허가 형식(수권서), 규제기관의 명령, 규칙, 지침, 법원이나 행정법원의 판결, 조약, 협정 및 의정서, 그리고 계약, 행동(윤리) 강령, 표준 등을 종합적으로 다루고, 관리하는 프로세스의 결과물이 바로 컴플라이언스 경영 시스템이다.

ISO 37301:2021은 ESG와 관련한 컴플라이언스 미준수 행위를 예방, 탐지, 완화, 대응하는 데 필요한 종합세트로서 최소한의 도구이다. 인증을 받았다고 우리 기업이 투명하고 깨끗하며, 법을 잘 지킨다는 것이 아니라, 최소한의 도구를 갖추고 계속 열심히 하겠다는 준법(컴플라이언스) 경영 의지를 이해관계자에게 표명하는 것이다.

ISO 37301:2021의 목적 중 하나는 컴플라이언스 관련 리스크를 효과적이고 건전하게 관리하는 것이다. 이 시스템은 컴플라이언스에 관한 적극적인 문화의 발전과 보급을 지원해 줄 수 있다. 이로써 사업 기회와 지속가능성을 향상시키고, 조직의 평판과 신뢰성을 보호하고 강화한다.

기업의 존재 이유는 이윤 추구이다. 매출 확대와 실적 개선이 가장 큰 과업일 수밖에 없다. 그래야 이해관계자를 만족시킬 수 있다. 그러나 최근 산업화에 지친 세계인들은 저마다 다른 시각으로 기업을 바라보고 있다. ESG의 등장으로 기업 경영진에게 새로운 임무가 부과된 것이다. ESG를 추진하려면 컴플라이언스 경영 역시 필수로 진행해야 한다. 컴플라이언스를 외면하고는 절대 ESG를 향상시킬 수 없다. 기업이 사회적 책무를 다해야 이해관계자를 만족시킬 수 있다.

위에서도 언급했듯, 사법기관에 컴플라이언스 리스크를 효과적이고 효율적으로 관리하고 있다는 의지를 입증할 수 있다. 이로써 조직의 신뢰도를 향상시키고, 컴플라이언스 미준수로 인한 평판·법률·경제·환경 등 다양한 리스크를 최소화할 수 있다. 더 자세한 내용은 저자의 다음 도서 『ESG 경영의 근간, 컴플라이언스 솔루션.ZIP』을 참고하기 바란다.

03 ISO 37001:2016(Anti-bribery Management Systems)

ISO 37001:2016의 개요에서 부패(뇌물)는 만연하게 퍼져 있는 현상이라고 한다. 부패(뇌물)는 심각한 사회적, 도덕적, 경제적 및 정치적 우려를 불러일으키고, 올바른 지배구조를 훼손하고, 개발을 방해하며, 경쟁을 왜곡할 수 있다. 아울러, 부패(뇌물)는 정의를 무너뜨리고 인권을 침해하며 빈곤을 구제하는 데 장애가 된다. 또한, 비즈니스 비용의 증가, 상거래에 대한 불확실성 초래, 상품 및 서비스 비용의 증가, 제품 및 서비스의 질 하락을 유발하여 생명과 재산의 손실을 유발하고, 기관에 대한 신뢰를 파괴하며, 공정하고 효율적인 시장 운영을 저해하는 사회의 악$_{惡}$이다. 우리는 모두 부패를 부정적으로 평가한다.

각 정부는 OECD의 「국제상거래에 있어서 외국 공무원에 대한 뇌물 제공행위 방지를 위한 협약」, 「부정부패 방지를 위한 유엔 협약」과 같은 국제적인 협정과 국내 법률을 통해 부패(뇌물)를 다루는 정책을 진전시켜 왔다. 대부분의 사법권 내에서 개인이 부패에 가담하는 것은 범죄이며, 이는 조직으로까지 확대되는 경향이 있다. 앞서 설명한 것처럼 모든 문제를 법률만으로 해결하는 것은 충분하지 않다. 대기업뿐만 아니라 전 조직은 부패(뇌물)방지에 적극적으로 기여해야 하는 책임이 있다.

조직은 부패(뇌물)방지 경영 시스템을 통해 성실성, 투명성, 개방성 및 준법 문화의 수립을 달성할 수 있다. 조직 문화에 있어 부패(뇌물)방지 경영 시스템의 성공 여부는 매우 중요하다. 관리가 잘된 조직은 적절한 경영 시스템과 지배구조를 통해 승인받은 부패방지 방침$_{Policy}$을 통해 완전성에 대한 의지 표명과 컴플라이언스를 준수할 수 있다.

부패(뇌물)방지 방침은 전반적인 컴플라이언스 방침의 구성 요소에 포함된다. 이 경영 시스템은 조직의 부패(뇌물) 관련 비용, 리스크 및 피해를 방지하거나 완화하고, 비즈니스 거래에 대한 신뢰와 명성을 높인다. 특히 ISO 37001:2016은 국제적 모범사례$_{Best\ practice}$를 반영하며 모든 관할 범위에서 사용할 수 있다. 공공, 민간 및 비영리 부문을 포함하여 모든 분야의 소규모, 중간 규모 및 대규모 조직에 적용할 수 있다. 조직이 직면한 부패(뇌물) 위험은 조직의 규모, 조직이 운영되는

지역 및 부문, 조직 활동의 특성, 규모 및 복잡성 등의 요소에 따라 다양하다. 그러므로 조직의 부패(뇌물) 리스크에 따른 합리적이고 비례적인 방침, 절차 및 관리에 의한 실행을 규정한다. 여기서 합리적이고 비례적이라는 것은, 큰 대포알로 참새를 잡을 수 없듯 조직 역시 필요와 정도에 맞게 구상할 수 있다는 것이다. ISO 37001:2016 문서에 규정된 것처럼 부패(뇌물) 리스크를 완전히 제거할 수 없으므로, 조직과 관련한 부패(뇌물)가 발생하지 않았거나 발생하지 않을 것을 보장하지는 않는다. 다만, 조직이 부패(뇌물)를 예방, 탐지 및 대응할 수 있는 합리적이고 비례적인 조치 실행에 도움이 될 수 있다고 소개한다.

ISO 37001:2016의 요구사항에서 나오는 내용은 대부분 부패$_{Corruption}$가 아닌 뇌물$_{Bribery}$에 초점이 맞춰져 있다. 사실 ISO 37301:2016(부패방지 경영 시스템)은 정확히 표현하면 뇌물방지$_{Anti-bribery}$ 경영 시스템이다. 한국 국가기술표준원의 TC 309 위원회는 영어로 제정된 ISO를 한국 버전 KS로 번역했다. 2017년 11월, KS A ISO 37001:2016은 뇌물$_{Bribery}$이 아닌 부패$_{Corruption}$로 그 범위를 넓혔다. 물론 바꾸기 위한 근거도 있었다. ISO 37001:2016의 제1장 적용 범위 내에서 '이 표준은 사기, 카르텔 및 기타 반독점/경쟁 위반, 자금세탁 또는 부패 관행과 관련된 기타 활동을 특별히 다루지는 않지만, 조직이 그러한 활동을 포함하도록 경영 시스템의 범위 확장을 선택할 수 있다.'라고 명시되었던 것이다. 비$_{非}$영어권 국가 중 일부 국가만 뇌물방지가 아닌 부패방지라는 용어로 사용하고 있다.

뇌물은 비교적 좁은 범위로 영어로 'Bribe(브라이브)'라고 하는데, 이는 사실 자선이나 자비를 베풀 때 쓰는 선의의 물건을 일컫는 말이다.

중세 시대에는 '선물'이라는 의미로 사용되었다. 한국에서는 '떡값'이라는 명목으로 소소하게 건네는 돈으로, 뇌물이라 하기에는 적고, 선물이라 하기에는 대가성이 있기에 그 경계가 모호하다.

ISO 37001:2016에서는 뇌물을 '적용 가능한 법률을 위반하여 특정인원의 직무 성과와 관련한 행동을 수행, 제약하도록 유도하거나 대가를 제공함으로써 직접 또는 간접적으로, 지역에 연관 없이 어떤 가치 (재무적 또는 비재무적이 될 수 있음)에 관하여 부당한 이익을 제안, 약속, 제공, 또는 요청하는 것'이라고 정의하고 있다. 즉, 주고받는 관계 속에서 발생한다는 것이다. 형법에서는 제129조(수뢰, 사전수뢰), 제130조 (제3자뇌물제공), 제131조(수뢰후부정처사, 사전수뢰), 제132조(알선수뢰), 제133조(뇌물공여 등), 제134조(몰수, 추징) 등이 있다.

이외에도 뇌물 관련 법안은 여러 개별 법률에 존재한다. ISO 37001:2016에서 정의한 '적용 가능한 법률을 위반하여…'를 읽다 보면, '법률을 위반하지 않으면 뇌물이 아니란 것인가?' 라는 의문이 들 수 있다. 적용 가능한 법률에 국한되고 있기에 뇌물의 범위를 축소하였다.

부패의 범위는 생각보다 넓고, 해석과 개념 역시 다양하다. 일반적으로 '사적인 이익을 위해 공적인 권한이나 지위를 오남용하는 행위 (Lambsdoff, 2007)', 또는 '불법적이거나 부당한 방법으로 재물, 지위, 기회 등과 같은 물리적 획득, 사회적 이득을 얻거나 다른 사람이 얻도록 돕는 모든 일탈행위(국가청렴위원회, 2006)' 등으로 정의된다. 이처럼 다양한 부정행위를 포함하는 개념이기에 하나의 뜻으로 규정하기에는 어려움이 있다. 국제기구들은 별도의 정의를 내리지 않고, 다양한 형태의 부정행위를 명시하고 ISO 37001:2016 범위를 뇌물방지에서 부패방지로 넓혔다. ISO 37001:2016의 내용은 대부분 부패방지가 아닌 뇌물방지를 포괄하고 있다.

용어의 정의와 관련하여 다툼도 많았다. '뇌물'은 범위가 좁으니 '부패'로 넓혀 본인 집단들의 이익을 차리자는 부류와 아무것도 모르는 상태에서 따라가기만 하는 비즈니스 교수들이 만들어낸 결과물이다. ISO 37301:2021의 '컴플라이언스' 정의는 나오지 않았다. 어떤 단어로 번역될지 궁금하다.

04 ISO 37001:2016과 ISO 37301:2021의 비교점

ISO 37001:2016은 영국 표준 BS 10500:2011(Specification for an Anti-bribery Management System)을 기초로 국제 사회와의 합의를 통해 제정되었다. 여기서 BS 10500:2011은 영국 왕립표준협회$_{BSI}$가 2011년 제정한 영국 표준으로, 부패방지 경영 시스템에 대한 합리적 표준 요구사항을 담고 있다. BS 10500:2011은 뇌물 리스크를 예방, 또는 최소화하고 발생 시 효과적으로 적발, 보고, 처리하는 프로세스를 갖춤으로써 뇌물방지에 있어 지속적인 지원을 하기 위한 표준이다.

여기서 주목할 점은, 조직의 양벌규정에 대응할 영국 뇌물방지법 제7조의 적절한 절차$_{Adequate\ procedures}$ 마련을 위한, 보다 세부적인 지침이다. 제7조에서는 영리조직의 직원이나 대리인 등 관계자가 뇌물 제공 행위를 저질렀더라도 조직이 그러한 뇌물제공을 예방하기 위해 마련한 '적절한 절차$_{Adequate\ Procedures}$'를 시행하고 있다는 사실을 입증한다면, 관련 개인의 처벌과는 별개로 기업은 면책될 수 있다는 내용을 명시하고 있다.

제7조의 내용으로 인해 뇌물방지에 실패할 경우, 기업들의 법규 리스크는 크게 증대될 수밖에 없지만, 다른 한편으로는 뇌물 관련 문제를 방지하기 위한 사전 예방에 보다 적극적으로 나설 수 있는 강력한 동인이 마련된 것이다. 청탁금지법 제24조(양벌규정)과 같은 맥락이다. 제24조에서는 '법에 저촉되는 부패 행위의 행위자는 물론, 그가 소속된 법인 및 단체에도 과태료를 부과한다. 다만, 조직이 부패 행위를 방지하기 위하여 해당 업무에 관하여 상당한 주의와 감독을 게을리하지 아니한 경우에는 그러하지 아니한다.'라고 쓰여있다.

BS 10500:2011과 청탁금지법, 그리고 ISO 37001:2016의 관계를 보면, 기업의 부패를 예방하기 위한 '적절한 조치, 상당한 주의'를 시행하고 있음을 입증한다면 면책될 수 있다는 내용이 포함되어있다. 즉, 처벌이 능사만은 아니라는 것이며, 무엇보다 법과 표준에서도 예방의 중요성을 언급하고 있다. 이는 기업 자체적으로 '반부패 시스템' 구축을 장려하기 위함이다. 마찬가지로, 영국 법무부에서 발간한 이행지침(가이드라인)의 6개 원칙을 반부패 시스템에 포함시킬 것을 요구한다. 이행 지침은 법적 구속력은 없지만, 법에 의거해 작성되었고, 연성규범$_{Soft\ Law}$[8]으로 작용하고 있다.

또한, 앞서 설명한 것과 같이 미국은 FCPA 위반에 따른 형사처벌에서 영국의 뇌물방지법과 같이 연방 양형 기준$_{U.S.\ Sentencing\ Guidelines}$을 적용하고 있다. 기준이 되는 Base offense level을 정하고 이를 가중하거나 감경하는 요인을 고려하여 처벌 수준을 정한다. 조직의 대리인들에 부과된 제재들은 공정한 처벌 및 적당한 억제, 조직들의 범죄 행위 예방, 탐지 등의 내부 제도를 유지할 수 있게끔 인센티브를 제공하도록 고안되었다. 법원은 실행 가능하거나 조직의 위반이 발생하였을 경우, 이를 구제하도록 명령해야 한다.

ISO 37001:2016 이전부터 국제 사회의 뇌물방지 및 부패방지 요구는 꾸준히 있었다. 앞서 설명한 1977년 미국의 FCPA, 2010년 영국의 Bribery Act가 가장 강력하고 넓은 범위 글로벌 수준의 법규였다면 2016년 BS 10500:2016은 영국 표준이었다. 더불어 1993년, 국제 투명성기구가 창설되어 각국의 투명성 지수를 점수와 등수로 발표하였다. OECD 뇌물방지협약은 1997년에 채택되어 1999년에 발표되었다. 이 협약은 OECD 회원국들의 기업이 해외에서 활동할 때, 해외 공무원에게 뇌물을 포함한 어떠한 형태의 혜택도 제공하는 것을 금지하고 있다. 즉, 뇌물 공여를 범죄로 규정하고, 이를 어길 시 자국의 법으로 처벌해야 한다는 내용을 담고 있다. 한국 역시 1998년 12월, 협약의 취지에 따라 해외에서 외국 공무원에 대한 뇌물제공 행위를 처벌하는, '국제 상거래에 있어서 외국 공무원에 대한 뇌물방지법'을 제정하였다.

이후 2003년, UNGC를 창설하여 사회적 책임 주도 10대 원칙을

---

8 The term "soft law" refers to quasi-legal instruments which do not have any legally binding force, or whose binding force is somewhat "weaker" than the binding force of traditional law, often contrasted with soft law by being referred to as "hard law". Traditionally, the term "soft law" is associated with international law, although more recently it has been transferred to other branches of domestic law as well.

발표하였다. 2003년 UN 반부패협약은 국가마다 부패 문제를 국제법으로 처벌한다고 서명하였다. 2010년 G20 반부패 행동계획 채택과 행동계획서 승인(2010), 부패회사 블랙 리스트를 유지하고, ISO 26000:2010(사회적 책임)을 제정하였다. 이어 2016년에는 런던에서 반부패 정상회의가 개최되었고, 한국의 청탁금지법(2016) 등이 그 제도의 역사를 보여주었다.

이를 기초로 2016년 10월, ISO 37001:2016이 국제 표준으로 제정되었다. ISO 37001:2016은 뇌물방지에 대해 합리적이고 균형 잡힌 정책, 절차 및 통제 프로세스를 체계적으로 갖추고 있다. 조직이 직면한 뇌물 리스크의 성질과 정도를 고려하여 합리적이고 비례적인 시스템을 구축하도록 하고 있다. '큰 대포알로 참새를 잡을 수 없다.'는 말처럼, 뇌물방지에 대한 적용 범위를 설정하고 이해관계자의 요구사항을 고려하여, 조직의 몸에 맞게 시스템을 구축하라는 것이다. 필요하더라도 방법과 정도에 맞게 실행하여야 한다. 그래야 조직은 비즈니스에 대한 신뢰와 명성을 높일 수 있다.

두 표준 모두 국제적 모범사례Best Practices를 반영하였다. 거버넌스, 투명성, 지속가능성을 전제로 하고 있다. 공공, 민간, 비영리 부문 모두에 상관없이 모든 조직이 도입할 수 있게끔 만들어져 있다. 또한, 지배구조, CEO의 역할과 실증 발휘를 직접 요구하여 그들의 참여 중요성을 적시한다. 컴플라이언스(부패방지) 책임자에게 적절한 책임과 권한을 넘겨 주며, 이들은 체계적으로 지배기구에서 임명되고 중요 사항을 보고받게 되어 있다. 컴플라이언스 의무를 체계적으로 식별하여 조직 운영에 대한 영향을 평가하도록 한다. 또한, 이에 연결되어 컴플라이언스(부패방지) 리스크 관리, 목표설정, 교육훈련, 실사$_{\text{Due diligence}}$, 모니터링, 우려 제기, 조사, 보고, 내부심사, 경영 검토, 시정조치 등 적절한 관리 절차 기준을 마련하도록 요구하고 있다.

ISO 37301:2021(준법 경영 시스템)과 ISO 37001:2016(부패방지 경영 시스템)의 가장 큰 범위의 차이점은 부패방지 경영 시스템의 목표는 부패(뇌물)방지의 제로$_{\text{Zero}}$화이다. 반면 컴플라이언스의 목표는 컴플라이언스 의무사항(법령 등)의 위반에 대한 제로화가 아니다. 미국 법무부의 시각은 분명했다. "모든 부정을 막을 수 있는 CP$_{\text{Compliance Program}}$는 없다."라고 하였다. 중요한 것은 '법령위반 행위의 발견 중심으로 전환하여, 발견과 그 시정과 시정조치에 중점을 둬야 하는 것'이다. 또한, 범위와 깊이가 다르다. 준법 경영 시스템이 넓은 범위를 다룬다면, 부패방지 경영 시스템은 깊은 범위를 다룰 수 있다.

즉, 컴플라이언스(준법)는 각종 법률, 규정, 행정법원의 명령, 정책, 절차, 원칙, 코드, 스탠다드, 허가, 라이선스 또는 다른 혜택의 권한, 규칙, 조약, 규약, 회계부정, 탈세, 프로토콜, 가이드라인, 윤리 등 넓은 범위를 다룬다.

반면 부패(뇌물)방지는 뇌물에 집중하고 있다. 앞서 설명한 관계 속에서 발생하는 선물, 접대, 기부, 뒷돈을 주고받는 형태로, 회사로 보면 영업사원과 인허가 관련 부서가 대상이 될 것이다.

부패(뇌물)방지 경영 시스템 심사를 하면 항상 같은 딜레마를 겪곤 한다. 대부분의 피심사 부서의 실무자급(대리, 과장, 차장 등)이 심사를 받는다. 그들이 뇌물을 주거나 받는 일은 거의 없다. 오히려 심사를 받아야 할 경영진들은 심사에 관심이 부족하고 피하려고 한다. 분명한 것은 생선은 머리부터 썩는다는 것이다.(The fish always stinks from the head down-wards.)

그들은 다른 이들보다 부패(뇌물)와 관련된 기회도 많고, 단위도 커서 발생 가능성이 높은 사람, 또는 집단들이다. 직급은 높아지고 권한이 많아질수록 사람의 생각은 변할 수 있다. 인간의 생에 주기에 따라 맑았던 20대 초반의 직장인이 세월을 거치면서 승진하고, 권력을 얻으면서 탐욕을 갖게 된다. 모두가 그렇지는 않지만, 사람은 주변 환경에 따라 변하게 되어있다. 경영진이 탐욕, 갑질, 직권남용, 거짓말, 청탁 등의 부정을 일으킬 때가 있다.

그러나 ISO 37301:2021(준법 경영 시스템)은 위와는 많이 다르다. 심사를 받는 대상은 크게 중요하지 않다. 법률 위반에 대해 의도했건, 의도하지 않았건 심사 시 모든 인원은 컴플라이언스 의무사항을 따라야 하고, 이해해야 하기 때문이다. 가령 인사 부서의 법률에 대한 의무식별과 리스크 평가에 대해 심사한다면, 다음 법률을 지키고 있는지 확인할 것이다.

근로기준법, 개인정보보호법, 정보통신망법, 노사관계 발전 지원에 관한 법률, 장애인 고용 촉진 및 직업 재활법, 모자보건법 등과 고객과 관련된 법률은 소비자기본법, 개인정보보호법, 제조물책임법 등이다. 아울러 비즈니스 파트너와의 관계에서는 민법, 상법, 공정거래법 등이 있을 것이다.

이처럼 컴플라이언스(준법)의 법과 관련된 심사는 넓은 범위를 다루고 있기에, 직원들이 몰라서 지키지 못하는 부분까지 관리할 수 있다. 즉, 컴플라이언스를 주관하는 부서 차원에서는 제3자 인증기관의 전문 심사원을 통해 각 부서원의 생각을 일깨울 수 있고, 법률에 대해 인식의 전환을 가져올 수 있다.

두 개의 시스템은 거버넌스와 관련된 국제표준이다. 조직은 이를 적용하여 방향, 통제 및 책임 측면과 관련하여 지속가능성을 볼 수 있다. 준법 경영의 브레이크 역할을 할 것이다. 기업에는 가속 페달만 있어서는 안 된다. 반드시 브레이크 역할이 있어야 한다.

자동차는 18세기 프랑스에서 최초로 개발되었다. 당시 자동차의 속도는 시속 5㎞밖에 되지 않았다. 이는 사람이 걷는 속도와 같아서 자동차의 제동을 담당하는 브레이크가 필요 없었다. 그러던 어느 날, 내리막길에서 속도를 줄이지 못하고 벽에 부딪히거나 사람이 다치는 사고가 발생했다. 또 산업과 기술이 발전하면서 사고는 계속 이어졌다.

하여 자동차를 멈출 수 있는 브레이크가 필요해진 것이다. 가속 페달이 발전하면서 브레이크도 점차 개선되었다. 기업도 마찬가지이다. 자동차의 가속 페달 역할을 하는 영업 등 관련 부서는 매출을 남길 것이다. 브레이크 역할을 하는 컴플라이언스 부서는 미리 방지할 수 있다. 가속 페달만 있다면 언젠가 기업은 사고가 반드시 난다.

기업의 목적은 이윤 창출이다. 도덕과 철학으로만 움직이는 조직이 아니다. 그리고 기업은 지속 가능한 성장을 이루어야 한다. 그래서 이 시스템들은 수단일 뿐, 목적은 아니다. 오로지 컴플라이언스 경영만을 고집한다면 기업은 있을 수 없다. 자동차처럼 어느 하나 없어서 안 되는 것이 바로 가속페달과 브레이크이다.

ISO 37001:2016과 ISO 37301:2021은 많은 공통점을 가지고 있으며, 성격도 비슷하다. 표준이 공통적인 상위 레벨 구조인 HLS$_{\text{High Level Structure}}$를 따르고 있어, 아래 두 경영 시스템의 통합이 용이하다. 즉, 부패(뇌물)방지인 ISO 37001:2016과 컴플라이언스인 ISO 37301:2021은 하나의 경영 시스템으로 통합 관리 · 운영할 수 있다. 준법 경영 시스템(ISO 37301:2021)을 총론적인 몸통으로 삼아 각 모듈에 따른 내용을 추가할 수 있다.

05 ISO 37301:2021을 중심으로 세부 비교

ISO 37001:2016	ISO 37301:2021
1. 적용 범위	1. 적용 범위
2. 인용 표준	2. 인용 표준

ISO 37001:2016	ISO 37301:2021
3. 용어와 정의	3. 용어와 정의
4. 조직상황 4.1 조직과 조직 상황의 이해 4.2 이해관계자의 니즈와 기대 이해 4.3 뇌물방지 경영 시스템의 적용 범위 결정 4.4 뇌물방지 경영 시스템 4.5 뇌물 리스크 평가	**4. 조직상황** 4.1 조직과 조직 상황의 이해 4.2 이해관계자의 니즈와 기대 이해 4.3 준법 경영 시스템의 적용 범위 결정 4.4 준법 경영 시스템 4.5 준법 의무 4.6 준법 리스크 평가
5. 리더십 5.1 리더십과 의지 표명 　5.1.1 지배기구 　5.1.2 최고 경영자 5.2 뇌물방지 방침 5.3 조직의 역할, 책임 및 권한 　5.3.1 역할과 책임 　5.3.2 뇌물수수 방지 기능(준수 기능) 　5.3.3 의사결정의 위임	**5. 리더십** 5.1 리더십과 의지 표명 　5.1.1 지배기구와 최고경영자 　5.1.2 준법 문화 　5.1.3 준법 거버넌스 5.2 준법 방침 5.3 조직의 역할, 책임 및 권한 　5.3.1 지배기구와 최고경영자 　5.3.2 준법 기능 　5.3.3 경영진 　5.3.4 인원들
6. 기획 6.1 위험과 기회를 다루는 조치 6.2 뇌물방지를 위한 목표와 목표 달성 기획	**6. 기획** 6.1 위험과 기회를 다루는 조치 6.2 준법 목표 및 목표 달성 기획 6.3 변경 기획
7. 지원 7.1 자원 7.2 역량 및 적격성 　7.2.1 일반사항 　7.2.2 고용 프로세스 7.3 인식과 교육 훈련 7.4 의사소통 7.5 문서화된 정보 　7.5.1 일반사항 　7.5.2 작성 및 갱신 　7.5.3 문서로 만들어진 정보의 관리	**7. 지원** 7.1 자원 7.2 적격성 　7.2.1 일반사항 　7.2.2 고용 프로세스 　7.2.3 교육 훈련 7.3 인식 7.4 의사소통 7.5 문서화된 정보 　7.5.1 일반사항 　7.5.2 작성 및 갱신 　7.5.3 문서화된 정보의 관리

ISO 37001:2016	ISO 37301:2021
8. 운영 8.1 운영 기획 및 관리 8.2 실사 8.3 재무적 관리 8.4 비재무적 관리 8.5 통제받는 조직과 비즈니스 관련자의 뇌물방지 관리 실행 8.6 뇌물방지에 대한 의지 표명 8.7 선물, 접대, 기부 및 유사한 편익 8.8 뇌물방지 관리의 불충분에 대한 관리 8.9 문제/우려 사항 제기 8.10 뇌물수수 조사 및 처리	**8. 운영** 8.1 운영 기획 및 관리 8.2 관리와 절차의 수립 8.3 우려 제기 8.4 조사 프로세스
9. 성과평가 9.1 모니터링, 측정, 분석 및 평가 9.2 내부심사 9.3 경영검토 9.3.1 최고경영자 검토 9.3.2 지배기구 검토 9.4 뇌물방지 기능 검토	**9. 성과평가** 9.1 모니터링, 측정, 분석 및 평가 9.1.1 일반사항 9.1.2 준법 효과에 대한 피드백 원천 9.1.3 지표 개발 9.1.4 준법 보고 9.1.5 기록보관 9.2 내부심사 9.2.1 일반사항 9.2.2 내부심사 프로그램 9.3 경영검토 9.3.1 일반사항 9.3.2 경영검토 입력 9.3.3 경영검토 결과
10. 개선 10.1 부적합 및 시정조치 10.2 지속적 개선	**10. 개선** 10.1 부적합 및 시정조치 10.2 지속적 개선

1장(적용 범위)에서는 조직 내에서 효과적인 컴플라이언스(부패방지) 경영 시스템을 수립, 개발, 실행, 평가, 유지 및 개선하기 위한 요구

사항을 규정하고, 지침을 제공한다. 2장(인용표준)에서는 두 개의 경영 시스템이 따로 없다. 3장(용어와 정의)은 앞으로 전개될 4~10장에 대한 세부 내용을 정의하고 있다. 그리고 ISO 37301:2021과 ISO 37001:2016의 각 4~10장을 비교해 보면, 4장(조직과 조직상황)의 ISO 37301:2021은 컴플라이언스 의무사항이 있다. 컴플라이언스 의무를 식별해야 한다. 이 의무는 다양하다. 법률, 규정, 허가, 라이선스, 행정명령, 조약, 표준 등 조직의 상황과 기능에 따라 분명히 다르다. 가령 IT와 제조회사의 인사 부서는 법령이 비슷할 수 있으나, 다른 기능을 하는 영업부서는 규정이 다를 것이다. 이에 맞는 컴플라이언스 의무를 식별하여 리스크 평가에 반영하여야 한다.

반면 ISO 37001:2016은 부패(뇌물)방지에 대한 리스크 평가는 매우 중요하다. ISO 37001:2016에서의 뇌물은 '적용 가능한 법률을 위반'으로 정의되어 있기에, 뇌물에 대한 범위가 굉장히 좁게 요구되고 있다. 뇌물은 반드시 통제되어 기업의 뇌물 사고를 막아야 한다. 컴플라이언스는 필수로 따라야 하는 것들이기에, 위에서 언급한 컴플라이언스 의무Obligation 식별이 중요하다. 식별하지 못하면 몰라서 법을 못 지킬 수 있기 때문이다.

5장(리더십)에서 ISO 37301:2021은 이사회, 최고경영진, 관리자, 임직원의 역할을 구체적으로 정의하였으며, 나머지 표준과 달리 컴플라이언스 문화를 다루고 있다. ISO 37301:2016은 경영진의 부패방지 의지 표명을 강조하고 있다. 6장(기획)과 7장(지원), 10장(개선)의 구성은 크게 다르지 않다. 8장(운용)의 ISO 37301:2021은 통제Management가 많이 포함되어 있지 않다. 컴플라이언스는 의무사항으로, 내부의 통제

책이 필요 없다.

앞서 설명한 것처럼 법은 반드시 지켜야 하는 공통의 가치관이다. 누구에게나 공통으로 적용된 규칙이고, 어길 시 처벌받는다. 반면 ISO 37001:2016을 보면, 부패(뇌물)는 조직 내에서 통제 책으로 다뤄 뇌물 제로(0)화를 만들어야 한다고 되어있다. 그러기 위해서는 각종 통제장치가 있어야 한다. 재무적, 비재무적, 실사實査, 의지 표명, 부적절성 관리 등을 세심히 다뤄야 한다. 9장(성과평가)에서는 ISO 37301:2021은 컴플라이언스 모니터링, 성과지표와 기록이 눈에 띈다. 특히 컴플라이언스 기록은 매우 중요하다. 나중에 양벌과 양형의 요인으로 법령에서 책임이 강화될 것이기 때문이다. 10장(개선)은 같다.

위 두 경영 시스템은 PLAN, DO, CHECK, ACT으로 PDCA 사이클을 따르고 있다. PDCA 사이클은 1950년 미국 통계학자 에드워드 데밍$_{Edward\ Deming}$이 개발한 툴이다. 그의 이름을 따서 '데밍 사이클'이라고도 불린다.

이는 품질 개선을 위한 방법으로 고안됐는데, 현재는 경영의 기본 관리 체계로 더 많이 활용되고 있다. PDCA 사이클은 프로세스, 제품, 서비스를 지속해서 개선하고, 문제를 해결하기 위한 반복적인 4단계 접근 방식으로 구성된다. 먼저, 실적에 근거해 계획$_{PLAN}$을 세운다. 계획에 따라 실행$_{DO}$한 다음, 결과물을 평가한다$_{CHECK}$. 결과물이 계획을 반영하지 못했다면 개선$_{ACT}$ 작업을 거친다. 이 같은 일련의 흐름$_{Flow}$ 속에서 진행되는 하나의 프레임워크$_{Framework}$가 바로 PDCA 사이클이다. 따라서 매년 시스템을 개선해야 한다.

〈PDCA 사이클〉

구분	내용
PLAN(계획)	공동체의 목적에 따라 결과를 도출하는 데 필요한 목표 및 과정의 계획 수립
DO(실천)	과정의 실행 및 목표의 달성
CHECK(검토)	공동체의 정책, 목표 및 약속과 대비하여 과정을 모니터링, 측정 및 결과 보고
ACT(개선)	성과를 개선하여 다음 계획에 반영하기 위한 활동

이는 외부의 인증(검증)기관에 의해 지속적인 컴플라이언스(준법) 건강검진을 받을 수 있는 제3자 인증제도이다. BS 10500:2011 또한 PDCA 사이클을 따르고 있어, 어느 나라든 전반적인 경영 시스템을 쉽고 체계적으로 관리할 수 있다. 『ESG 경영의 근간, 컴플라이언스 솔루션.ZIP』에서 자세히 설명하게 될 HLS_{High Level Structure} 덕분에 쉽게 통합할 수 있고, 심사 시 피심사 조직 입장에서 최대 20%의 심사를 감축 받게 된다.

HLS를 간단히 설명하면, 동일 조항 구조_{Identical structure}, 동일 핵심 본문_{Identical core text}, 공통 용어 및 정의_{Common terms and definitions}의 체계를 갖추고 있다. 다시 한 번 설명하면 ISO 19600:2016이 제정됨으로써 폐기되었다. 이후 ISO 37001:2016이 제정되고, 이어 ISO 37301:2021이 제정된 것이다.

앞서 설명한 것처럼 컴플라이언스(준법)는 부패(뇌물)방지를 포괄하고 있다. ISO 37001:2016에서는 '부패방지 방침은 전반적인 컴플라이언스 방침의 구성 요소'라고 하였다. 그리고 최종적으로 제정된 ISO

37301:2021에서는 '준법 경영 시스템은 독립성을 유지하면서 조직의 다른 관리 프로세스와 운용 요구사항 및 업무 절차와 통합하는 것이 바람직하다.'라고 하였다. 즉, 전사적 준법 경영 시스템으로 운영할 수 있다는 것이다.

경영 시스템의 통합은 위 표준들이 의도하는 성실성, 투명성, 개방성 및 올바른 컴플라이언스 문화를 달성하고, 지속 가능한 경영을 도와줄 것이다. 조직은 ESG에서 중요하게 요구하는 이해관계자의 니즈와 기대를 고려하고, 장기적인 목표를 달성하기 위해 컴플라이언스 문화를 수립 및 유지할 필요가 있다. 또한, 방침을 통해 완전성에 대한 의지 표명과 법적 의무를 포함한 컴플라이언스 준수 의지를 입증할 수 있을 것이다. 조직과 개인은 의무를 적극적으로 지켜야 할 책임이 있다. 법률만으로 모든 것을 다 해결할 수 없기 때문이다. 그렇기에 부패(뇌물)방지가 포함된 준법 경영 시스템은 조직과 개인 모두에게 도움이 될 것이다.

최근 기업과 은행의 연이은 횡령·배임 논란에 한 가지 덧붙이자면, 감사제도는 실질적이고 효과적이어야 한다. 횡령과 같은 사건은 이전에도 있었기에, 단순히 어제오늘의 문제가 아니다. 내부통제 시스템이 무력했고 이사회와 CEO, 그리고 경영진의 적극적 지원이 부족했다. 준법감시인, 준법지원인, 자율준수관리자 등 사람이 아닌, 컴플라이언스 기능Function에 집중하여야 하며 한 명 이상의 관리자를 선임하여야 한다. 그리고 그는 이사회로부터 임명받아 적절한 권한이 있어야 한다. 최근 여러 사건 이후로 국회에서는 내부통제를 강화하는 법인이 계류 중이다. 앞으로 최고 경영진과 경영진(임원)을 징계해야 하며, 선량한 관리자의 주의 의무를 다하지 않을 시 사정기관의 제재를 받아야 한다. 제재 시 민형사상 소송 비용과 시간은 모두 개인이 부담해야 할 것이며 세간의 평판으로 다시는 업계에 진출하지 못할 것이다.

한국은 빠르게 변화하였고 또 대응하였다. 거액의 횡령·배임 등의 윤리·준법에 반하는 문제들은 어쩌면 변화하기 위한 좋은 신호일 수 있다.

ISO 37301:2021(컴플라이언스 경영 시스템)과 같은 글로벌 스탠다드 규격을 활용하여 내부 기준, 리스크식별 및 관리, 모니터링, 내부검토 및 지배기구 보고를 할 수 있어야 한다. 사전 예방을 잘하기 위해서는 감당하지 못할 강력한 사후적 제재가 효과적일 수 있다.

3

안전 컴플라이언스 시스템을 구축해야 한다

01 하인리히의 1:29:300의 법칙

미국의 트래블러스 보험사의 엔지니어링 및 손실 통계 부서에서 일하던 허버트 윌리엄 하인리히는 1931년,『산업재해 예방:과학적 접근』이라는 책을 출판한다. 그는 다양한 사고를 통하여 하나의 통계 법칙을 발견했는데, 1명의 사망자가 나오면 그전에 같은 원인으로 29명이 경상을 입고, 그 이전에는 300건의 무상해 사고가 발생했다는 것으로, 1:29:300 법칙이라 부르며 큰 사고는 단발적으로 존재하는 것이 아니라 이전의 가벼운 사고들이 발생하며 수십, 수백 개의 징후로 일어난다는 점이다.

다시 말하면 대수롭지 않게 생각하는 문제들이 큰 재해로 이어진다는 것이고, 사소한 일도 원인을 파악하고 잘못된 부분을 수정할 필요가 있음을 시사하고 있다.

자동차는 서로 다른 약 2만 개의 크고 작은 부품이 결합되고 완성되어 움직일 수 있다. 모든 부품 협업의 결과로 '자동차'라는 명사가 생겨 움직이는 것이다. 안전하게 운전하기 위해서는 모든 부품이 제 역할을 충실히 움직여야 하고, 목적지까지 안전하게 도달해야 한다. 그러나 어느 하나 문제가 생긴다면 운전자뿐만 아니라 타인의 생명과 사랑하는 가족의 희망을 앗아갈 수 있다.

조직도 마찬가지이다. 조직이 정한 목표로 가기 위해서는 한쪽 날개의 조직원, 투자자, 협력사, 파트너사 등 모두가 제 역할을 충실히 해줘야 한다. 반대편 날개는 정부, 규제기관, 소비자 등으로, 새의 좌우 양 날개처럼 훨훨 날아갈 수 있으며 이들이 협력적으로 적극적으로 참여해야 서로의 발전이 가능할 수 있다. 그러나 조직 운영에 있어서 사건, 사고 등 문제는 항상 발생한다. 조직이 크든 작든, 공공, 민간 모두 상관없이 사건, 사고는 일어난다.

과거 우리나라는 급격한 성장을 겪으며 원칙보다는 성과의 입장에서 많은 것들을 덮었다. 원칙이 사라진 경우가 대부분이었다. 우리가 기억해야 할 많은 것들이 있다. 산업별로 보면 방산, 에너지, 건설, 제약뿐만 아니라 정치, 경제, 사회, 종교, 문화, 국방 등에서 뼈저린 사건, 사고를 겪었고 현재도 진행형이다. 서해훼리호 선박침몰(1993), 성수대교 붕괴(1994), 삼풍백화점 건물 붕괴(1995), IMF(1997), 이천 냉동창고 화재(2008), 세월호 침몰(2014), 광주 아파트 붕괴(2021) 등이 있다. 이러한 사고는 갑자기 생겨난 것이 아니라 오랜 기간에 걸쳐 축적된 위험 요인들로 발생한 것이다. 위험 요인들이 축적되어 나타난 결과이다.

인식하지 못하고 있지만, 대한민국의 외적 성장은 세계 경제 10위권 내외로 대단한 성공을 거두었다. 반면 급속한 산업화 과정에서 비정상적인 사고로 내적 성장은 튼튼하지 못한 뿌리를 갖추고 있다. 위의 사고들은 고스란히 그 결과를 반영하고 있는 것이다.

더불어 '깨진 유리창 이론Broken Window Theory'이라는 법칙이 있다. 사소한 무질서가 어떤 영향을 미치는지 실험한 것으로, 미국의 범죄학자인 제임스 윌슨James Q. Wilson과 조지 켈링George L. Kelling이 공동 발표한 이론이다. 두 대의 중고차 보닛을 살짝 열어둔 채 각각 다른 위치에 주차해둔다. 그리곤 한 대는 창문을 깨어 부순 채로 관찰한다. 단순 보닛을 열어놓은 차는 5일이 지나도 그대로였지만, 창문까지 깨어놓은 차는 10분 만에 배터리와 라디에이터 등의 소모품들을 도둑맞고 심한 낙서와 함께 파손되었다. 깨진 유리창은 처음에는 사소해 보이지만, 이를 가만히 둘 시 "아무도 관심을 보이지 않으며, 당신 마음대로 해도 좋다."라는 메시지를 전하게 된다.

록히드 마틴Lockheed Martin 기업의 윤리강령과 사업행위 수칙Code of Ethics and Business Conduct에 따르면 조직 내 깨진 유리창이 있을 때 들려오는 소리가 반드시 있다고 한다.

"그냥 이번 한 번만 이렇게 하지, 뭐."
"아무도 모를 텐데, 그냥 하자!"
"목표 달성을 위해선 어떤 수단과 방법을 사용해도 괜찮아!"
"성과가 눈에 보이잖아!"
"쭉 그렇게 해왔어!"
"다른 회사/사람도 다 이렇게 하고 있어!"

"근거를 없애 버려야 해!"

"이 정도는 충분히 숨길 수 있어!"

"아무에게도 해가 되지 않는 일이야!"

"걸리면 이직하지, 뭐!"

"이렇게 하면 경쟁사를 이길 수 있어!"

"우리는 절대로 이런 말 한 적 없는 거야!"

길에 쓰레기가 있으면, 나 역시 괜찮겠지 싶어 따라 버리는 일이 반복되고, 해당 지역은 결국 쓰레기장이 되고 말 것이다.

작고 사소한 문제일수록 확실하고 단호하게 처리해야 하며, 작은 문제점이 개인이나 조직에 치명적인 위험이 될 수도 있다는 사실을 명심해야 한다. 나비의 작은 날갯짓이 뉴욕에 태풍을 일으키는 나비효과처럼, '나 하나쯤'이라는 안이한 사고思考가 누군가의 아들, 딸, 배우자, 부모, 친구 등 사랑하는 가족에게 큰 사고事故를 일으킬 수 있다. 기업도 이와 다르지 않다. 조직組織은 개인이 움직이는 곳이 아닌, 특정 목표를 달성하기 위해 협력하는 집합체이다. 1:29:300 법칙처럼, 잘못된 생각과 접근 방법은 조직 전체를 악惡하게 만든다. 한 개의 썩은 사과가 조직 내에 침투하여 바이러스처럼 또 다른 썩은 사과를 만들어내며, 손실을 떠안을 수 있는 건강하지 않은 조직 문화를 형성하듯 말이다.

02 징벌적 손해배상, 중대재해 처벌법 그리고 ISO 45001:2018

ILO_{International Labor Organization}(국제노동기구) 홈페이지에 따르면, 1일 동안 약 6,000명이 사고와 질병으로 사망하고, 약 3,170,000명이 업무상 치명적인 사고를 겪는다고 한다.

대한민국 산업재해 발생현황을 OECD와 비교하였을 때, 평균 100,000명당 사고사망자 수는 OECD(16개국)는 3.7명, 대한민국은 5.3명이다. OECD 기준 1.5명이 더 많이 사망한다는 것이다. 2021년에 집계된 산재 사고 사망 수는 828명이다. 물론 통계산출방법, 적용범위, 업무상재해 인정범위, 산업의 분포도 등에 따른 단순비교는 곤란하지만, 매우 충격적인 숫자이다.

대한민국은 세계 경제 강국임에도 불구하고 여전히 '후진국형 재해' 문제에서 벗어나지 못하고 있다. 대부분의 재해는 기본 안전 수칙을 철저히 준수했다면 충분히 예방할 수 있었을 것이다. 안전에 대해 관리·감독을 대폭 강화해 나가고 있음에도, 재해는 끊임없이 발생하고 있다. 분야별 산업재해 사고 사망자로는 건설업이 단연 1위이며, 제조업이 그 뒤를 따르고 있다. 5~46인 기업이 약 45%로 가장 많고, 5인 미만의 기업이 약 35%이다.

대부분 중소 건설사업장에서 이뤄진다는 것이다. 대한민국을 선진국이라고 부르기 민망할 정도의 수치이다.

오너경영이 뚜렷한 대한민국은 재벌체계에서 책임을 지지 않는 경우가 종종 있었다. 평소에는 관심이 없다가 인명 사고가 일어나면, 전문경영인을 앞세워 문제를 해결한다. 이러한 시늉 이후, 오너는 물러나는 척하지만, 주식과 현금(배당금 및 퇴직금)은 끝까지 챙긴다.

최근 화두가 되는 ESG 관점에서 본다면, 재해가 잇따르는 이유는 ESG(환경·사회·지배구조) 요소 중 S(사회) 영역 대응이 미흡하기 때문이 아니라, G(지배구조)가 취약하기 때문이다. 대부분 중대재해가 일어나면 S(사회) 점수가 깎이는데, 이는 개선해야 한다. S(사회)가 아닌 G(지배구조)에 집중해야 하며, 이는 컴플라이언스 관점에서 전반적으로 다뤄야 할 것이다. E(환경) 또한 건강한 G(지배구조)가 바탕이 되어야 한다. 대한민국 ESG 경영의 최대 변수는 S가 아니라 G이다.

지배기구를 중심으로 한 전사 차원의 컨트롤타워 역할이 부족하며, 이익에 눈이 먼 관행적 건설 재하도급 등이 재해율을 높이고 있다.

또한, 근래 중대재해처벌법 시행 전 발생한 태안화력발전소 압사사고, 광주 아파트 붕괴사고 등 일련의 사건들은 안전에 대한 인식을 높이는 기폭제가 되고 있다.

같은 상황에서 2022년 1월 27일, 중대재해처벌법이 시행되었다. 산업현장에서는 1호 대상자가 됨으로써 받는 언론의 스포트라이트와 법 위반에 따른 처벌을 피하고 싶어 했다. 그래서 시행 첫날, 대부분의 건설 현장은 평균 10일을 쉬었다. 중대재해처벌법은 처벌을 위한 법이 아니라 기업, 즉, 경영책임자가 스스로 안전보건 관리 체계를 구축 및 이행하는 목적이 강하다. 근로자를 포함한 종사자 모두를 보호하기 위한 안전권 확보, 기업의 조직문화 개선이 취지이다. 엄중처벌(사업주, 경영책임자, 법인)이 궁극적인 목적은 아니라는 뜻이다. 기본만 지켜도 사고를 예방할 수 있다.

사실 '안전'이 들어가는 법률은 오래전부터 제정되어 있었다. 산업안전보건법, 시설물의 안전관리에 관한 법, 고압가스 안전관리법, 승

강기시설 안전관리법, 어린이놀이시설 안전관리법, 연구실 안전 환경 조성에 관한 법, 품질경영 및 공산품 안전관리법 등 수많은 법이 존재한다. 그럼에도 불구하고 지금 이 순간에도 사건은 반복적으로 일어나고 있다. 즉, 법률이 모든 안전사고를 막을 수 없으므로 자발적 예방 장치인 안전보건관리체계가 중요하다.

중대재해처벌법이 본격적으로 시행되면서, 기업과 인증기관에서는 ISO 45001:2018에 대한 인증 마케팅이 높아지고 있다. ISO 인증은 대형 로펌, 인증기관, 컨설팅 기관을 중심으로 중대재해처벌법에 대응하기 위한 필수 요소가 되고 있다. 기업으로서 방어권을 행사할 수 있는 장치로 부각되고 있다. 실제로 안전보건 사고를 예방하기 위한 시스템에 집중하는 것이 아닌 쉽게 인증(보험)을 받아 사고 발생 시 재판의 근거 자료로만 생각하고 있는 것이다. 전문가를 통하여 제대로 된 컨설팅을 받아 실제로 안전보건 경영 시스템을 운영해야 한다. 법률 전문가는 향후 사건 발생 시 이슈에 대응할 수 있지만, 경영 시스템적 관점은 부족하다.

단적인 예로, 경영시스템을 제대로 알고 있는 전문가라면 왜 ISO 45001:2018에서 임직원이 아닌 근로자$_{Worker}$라는 용어를 정의하였는지 알아야 한다. 다름 아닌, 안전보건 경영 시스템의 우선 목표는 근로자의 안전보건 보호임을 명확히 하기 위함이다. 안전보건과 관련된 의사결정 과정에서는 근로자의 참여$_{Involvement}$를 중요하게 여기고 있다.

안전보건 경영 시스템은 제3자 인증을 받아서 법적인 방어를 하기보다, 사고 예방 차원이 강하다. 비슷한 안전보건 경영 시스템으로는 국제표준화기구$_{ISO}$가 운영하는 'ISO 45001:2018'과 한국산업안전보건

공단이 운영하는 건설업 안전보건경영시스템 'KOSHA-MS'가 대표적이다. ISO 45001:2018이 산업안전보건 경영 시스템의 국제표준이라면, KOSHA-MS는 국제표준 체계를 기반으로 한 한국표준이다.

〈ISO 45001:201과 KOSHA-MS 비교〉

구분	ISO 45001:2018	KOSHA-MS
운영주체	ISO 표준화 기구 (KAB, IAS, 인증기관)	안전보건공단
인증성격	ISO 표준	공단 표준
심사원 기준	ISO 17024	공단기준에 의거
표준내용	ISO 45001 Requirement	ISO 45001:2018과 유사
복수사업장 샘플링 적용 여부	적용 가능	적용 불가

이외에도 고용노동부 고시인 '사업장 위험성 평가에 관한 지침' 등의 관련 가이드라인을 참고하면 좋다.

ISO 45001:2018은 사업장에서 발생할 수 있는 각종 리스크를 예측·예방할 수 있는 국제표준이다. ISO 45001:2018이 산업안전보건법, 중대재해처벌법 등을 동시에 대비할 수 있는 안전보건관리체계의 구축을 도울 수 있으며, ESG 안전보건, 거버넌스 체계 또한 구축할수 있다. 앞서 설명한 것처럼, 이 시스템을 통해 사고율을 감소시킬뿐만 아니라 규정을 지킬 수 있고, 임직원의 안전보건에 대한 동기부여와 인식도를 향상시켜 단기간에 사고를 감소시킬 수 있다. 앞서 설명한 ISO 37301:2021(준법 경영 시스템)과 통합하면 효과는 더욱 극대화되며, 시스템을 통합하여 두 개가 아닌 하나의 관리 시스템을 확립하고 운영할 수 있다. 아울러, ISO 45001:2018은 중대재해처벌법과 유사한 체계를 갖추고 있어, PDCA의 반복을 통해 ISO 안전보건 관리 체계를 지속적으로 개선 · 구축할 수 있다.

〈ISO 45001:201과 중대재해처벌법 비교〉

		ISO 45001:2018		중대재해처벌법 주요사항
Plan	4항 (조직상황)	• 조직과 조직상황, 이해관계자, 적용범위 결정, OHSMS	구축	• 안전보건 관계법령 범위 결정, 법률 식별, 리스크 평가
	5항 (리더십)	• 안전보건 방침 수립, 근로자 협의 및 참여		• 안전보건 목표와 경영방침 설정
	6항 (기획)	• 리스크와 기회를 다루는 조치·안전보건 목표 설정		• 안전보건 목표 및 세부달성 계획의 수립
Do	7항 (지원)	• 교육훈련 및 의사소통, 적격성, 문서화된 정보 관리	이행	• 안전보건 교육 확인 및 종사자 의견 청취
	8항 (운용)	• 통제, 리스크 관리 및 비상사태 대응		• 유해 위험요인 확인, 점검, 위험 대응절차 수립 및 시행
Check	9항 (성과평가)	• 모니터링, 내부심사, 경영검토	효과성	• 안전보건 관계법령의 의무이행 사항 점검 및 보고
Act	10항 (개선)	• 시정조치 및 지속적 개선		• 점검 결과에 따른 인력배치 및 예산 편성 조치

그러나 안전보건 경영 시스템을 운영하고 인증을 받는 것은 단번에 끝나는 요식행위로 그쳐서는 안 된다. 앞서 설명한 바와 같이 유지가

더 중요하다. 인증 취득 후에도 매년 사후심사와 3년 이내 갱신심사를 받아야 한다. 단순히 심사를 받기 위한 인증 유지보다도 중요한 것은, 조직의 상황에 맞게 시스템을 지속적으로 업그레이드하는 것이다. 따라서 대형기관 브랜드와 내용 없는 멋진 PPT를 앞세우거나 저렴한 비용으로 단기간에 컨설팅과 인증을 해주겠다는 기관은 반드시 의심해 봐야 한다. 인증은 끝Finish이 아니라 시작Start이다.

03 기업의 책임責任

지구촌은 산업화 이후로 급격하게 용광로가 되었다. 약 1800년 이후로 급격한 지구 온도 상승이 이어지고 있다. 그리고 이 책을 쓰는 6월의 평균 기온이 30도를 오르내린다. 무분별한 화석연료 사용이 그 원인으로 지적되고 있다. 인권과 안전보건은 산업화를 거치면서 많이 개선되었다고 하지만, 아직도 개발도상국에서는 글로 담을 수 없는 인권유린 행위들이 자행되고 있으며, 선진국은 이를 손 놓고 방관하고 있다. 과거 전통적 소비자, 투자자 등은 자신들의 이기심에 의해 움직였으나, 현재는 이타주의에 집중하고 있다. 물론 ESG도 주주 이기주의에 의거하지만, 그 배경은 지속 가능한 성장을 지향함에 있다.

ESG는 앞으로의 세대들에게 중요한 용어가 될 것이기에, 기업과 정부 역시 선택이 아닌 필수 사항으로 인식하고 있다. 중소기업 또한 공급망 실사법과 같은 협력사의 인권, 환경 등이 중요해짐에 따라 유럽과 미국 등 선진국에서는 법제화를 이행하고 있다.

사회적 책임Corporate Social Responsibility을 요구하는 목소리가 점점 높아지고 있다. 기업이 존재하기 위해서는 이윤추구 활동 이외에도 법령과 윤리를 준수해야 한다는 것이다. 이해관계자의 요구에도 적절히 부응해야 사회에 긍정적 영향을 미칠 수 있다는 것이다.

자본주의가 더욱 견고해지고 기업의 영향력과 그 역할이 중요해짐에 따라 기업의 사회적 책임 역시 더욱 중대해지고 있다.

이 장에서는 기업의 책임에 대해 논하고자 한다. 흔히 책임을 인과 책임, 법률 책임, 도덕 책임, 역할 책임 등으로 구분할 수 있다. 그러나 정작 우리는 책임의 속뜻을 살펴봐야 한다.

대표적 책임을 두 가지 영어로 Responsibility, Accountability라고 한다. Responsibility는 어떤 상황을 줬을 때 반응$_{Response}$ 내지, 대처하는 책임을 말한다. '책임감 있게 행동한다.', '책임감 있게 수행한다.' 등 어떤 일이 발생하기 전에 행하는 사전적이고 자발적인 책임을 의미한다.

반면 Accountability는 어떤 문제가 발생한 이후 문제 발생의 원인을, 그 문제가 왜 발생했고, 누구의 잘못인지 설명$_{Account}$하는 책임을 말한다. ISO 26000:2010에서는 설명 책임$_{Accountability}$에 관하여 조직의 통제기관, 법률 당국, 넓게는 조직의 이해관계자에게 의사결정 및 활동에 대해 답변할 수 있는 지위$_{State}$로 정의하고 있다. ISO 26000:2010의 영어 원문에서는 23번의 언급으로 그 중요성을 강조하며, 누가 책임자이고, 누가 옷을 벗고 나가야 하는지 등의 항상 사고 때는 책임자 처벌을 이야기한다. 즉, 사고가 난 이후 사후적인 관리의 책임을 뜻하며, 시스템보다도 사람에 초점이 맞춰져 있다. 그러므로 사고가 터지면 그에 대한 책임$_{Accountability}$자를 색출하고, 이에 따라 언론과 사법기관에서는 마녀사냥을 한다.

사건 발생 시, 대부분은 책임을 이야기할 때 반응적 책임$_{Responsibility}$이 아닌 설명적 책임$_{Accountability}$을 따져 묻는다. 지속적인 설명적 책임만을 강조한다면 안전한 사회를 달성할 수 없다. 우리는 항상 겪어왔다. 과거의 사건들을 되돌아보면 언론, 수사기관, 정부, 국회는 책임자 처벌에 집중하였다. 언론의 눈이 가려져 본질적 사건에 대한 내막은 보지 못하였다. 문제는 안전 수칙을 무시하는 몰상식한 작업자들 때문에 발생할 수도 있고, 그 뒤에는 이윤만을 추구하는 악덕 기업들이 존재할 수도 있다.

재하도급을 거치면서 약 70억 원의 공사비를 10억 미만으로 떨어뜨리지만, 악덕 기업은 가만히 앉아 이윤만을 추구한다. 사고 발생 시 꼬리 자르기와 책임자 색출에 나선다. 그리고 사주는 뒤로 빠져 조용히 물러나는 듯 하지만 사실 현금 배당금과 여론의 눈치를 보고 경영권 복귀를 노린다.

중소기업의 상황 역시 쉽지 않다. 제한된 자원으로 최대한의 효율을 보려고 하려고 할 것이다. 투입 대비 산출률을 높이는 것이다. 중소기업은 인력 부족으로 여러 가지 리스크를 접하게 되며, 동시에 딜레마를 겪을 것이다. '괜찮겠지.', '지금까지 이렇게 했어.', '다른 회사(사람)도 다 그렇게 하잖아.'라는 깨진 유리창 법칙처럼, 사소한 질서를 지키지 않을 시 큰 사고로 이어질 가능성이 있다는 사실을 무시할 것이다. 따라서 많은 권한을 가진 경영자들에게 엄격한 책임을 물을 필요가 있다. 그러나 책임자 색출에만 집중하기보다는, 기업이 처한 복잡한 상황을 고려하여 장기적인 개선방안을 만들어야 한다.

이를 증명하듯, ISO 37301:2021에서는 반응적 책임$_{Responsibility}$이 26 번 언급되는 반면, 설명적 책임$_{Accountability}$은 4번 언급하였다. 더불어 법적·도의적 의무$_{Obligation}$는 무려 83번을 다룬다. 우리는 그만큼 본질적인 컴플라이언스 의무$_{Obligation}$ 관점에서 생각해야 한다. 즉, 기업의 효과적인 컴플라이언스 노력이 사고를 예방할 수 있다.

중대재해처벌법 시행을 계기로, 기업 내 산업안전의 중요성이 더욱 커지고 있다. 기업에는 그 책임과 의무를 다하기 위한 사전예방적 컴플라이언스 활동과 사후 대응조치가 필요하다. 산업안전 컴플라이언스 활동과 안전에 대한 동기부여$_{Motivation, 動機附與}$를 주기 위해서는,

1. 안전에 관한 최적의 조직 상태를 유지하여 동기 유발할 수 있는 환경 조건을 만들어야 한다. 안전보건에 관한 역할 및 책임의 명확화, 규정화를 하여 기본적 조건을 만족시킬 수 있다.

2. 안전과 생명의 가치를 지속해서 교육해야 한다. 몰라서 못 지키는 경우를 막을 수 있도록 반복적이고 지속적인 교육으로 그들을 도와야 한다.

3. 조직의 안전 경영 목표와 비전을 명확히 설정하고, 이를 지킬 수 있는 방향을 설정해 주어야 한다.

4. 안전 경영과 관련된 모든 결과를 투명하게 공유해야 한다. 안전보건의 이행 점검과 결과를 보존하고, 투명하게 추적 관리해야 한다.

5. 안전과 관련하여 포상과 징벌을 명확히 내려 주어야 한다. 이는 안전·보건에 대한 동기부여가 될 수 있다.

6. 근로자 간 경쟁뿐만 아니라 협동을 안내해야 한다. 반면 사후적 대응조치도 준비할 필요가 있다. 실제로 중대재해가 발생하면, 노동청, 경찰 등 수사당국의 피의자 조사 준비, 압수수색 대응, 특별감독 대응, 언론 응대, 유족 보상, 시민단체 항의 대응, 관련자 인사 조치 등의 긴급 사안이 동시다발적으로 발생한다. 기업은 컴플라이언스 대응체계를 미리 만들어 역할을 분담하고, 대응 지침을 마련하여야 한다. 대응 지침이 없으면 조직은 제대로 대응하기 어렵다. 경영진은 모든 책임을 지고 사태를 수습하여야 한다. 중대재해처벌법은 강력한 법 집행으로 이어진다. 더불어 사회적 기대를 어긋나는 모든 평판 리스크를 떠안아야 한다.

조직은 총체적인 반응의 책임을 몰 수 있는 책임$_{Responsibility}$ 문화를 형성해 사건·사고를 줄일 수 있다. 사마천이 저술한 중국 역사서 『사기$_{史記}$』에서는 라이벌 항우와의 오랜 전쟁에서 승리하고 천하를 통일한 유방과 신하들의 대화가 소개된다. 유방은 신하들을 모아놓고 '경들은 내가 천하제일의 장수인 항우를 물리치고 대륙을 통일한 까닭이 무엇이라 생각하오?'라고 물었다. 신하들은 모두 유방의 탁월한 지도력과 덕을 칭찬하고 항우의 부족함을 깎아내렸지만, 유방은 머리를 흔들면서 말했다. '나는 군사력을 세우는 데는 장량만 못하고, 군대에 보급이 끊어지지 않도록 하는데 소하만 못하며, 백만의 병사를 거느리고 싸우는 데는 한신보다 못하오. 하지만 내가 그들을 잘 통솔하며 재능을 마음껏 발휘할 수 있게 했기에 마침내 천하를 차지했던 것이오.'라고 하였다. 진정한 리더라면 업무든, 일상이든, 마주하는 모든 상황에서 자신을 낮추고 상대를 앞세워야 한다. 그렇다면 크게 잘못될 일이 없다.

반복적으로 설명하지만, 조직은 반드시 사람ᄉ에 집중해야 한다. 사람이 조직의 이윤을 일으키고 성장시키므로, 사람에 집중하지 못하면 사고는 반드시 발생한다. 장사와 사업이 다른 것처럼, 사람을 다루는 사업을 해야 한다는 것이다. 경영은 지식의 본질, 자기 인식, 지혜, 리더십과 관계를 두고 있다. 경영자는 비즈니스에 대한 총체적 책임이 있다. 우리의 사업장뿐만 아니라 외주처리한 사업장의 안전·보건 관리까지 도맡아야 하는 사회적 책임자이며, 이는 ESG 경영의 가장 기본적인 사항이다. 따라서 사람에 집중하고, 관련 전문가로부터 충분한 지원을 받아 부족한 부분은 시스템으로 사전 예방해야 한다. 경영학의 아버지 피터 드러커_Peter Ferdinand Drucker_(1909. 11. 19~2005. 11. 11)는 이렇게 말했다.

> "기업은 단순히 '기업'이 아니다. 기업은 민주주의를 이끄는 경제적 기관이다. 그래서 책임이 있다."

4

컴플라이언스 전문가 부족 시대

01 컴플라이언스 전문성

ESG 전문가$_{Expert}$라는 강사, 컨설턴트, 평가자 등을 심심찮게 볼 수 있다. 필자도 관련 업계에 있다 보니, ESG 관련자를 자주 만난다. 사실 ESG를 포괄할 수 있는 전문가라고 하는 것도 어불성설$_{語不成說}$일 수 있다. 넓은 영역의 E(환경), S(사회), G(거버넌스)를 모두 다룰 수 있다고 하는 것은 선뜻 이해가 가지 않는다.

당시 필자가 만난 ESG 전문가라는 분은 업계에서도 유명하며, 각 정부 기관에서 적어도 2~3달 전에 발표 요청을 간곡히 부탁해야 들어줄지 말지 하는 분이었다. 그분과 이런저런 얘기를 나누던 중, 컴플라이언스 업무를 무시하는 발언을 들었다. 컴플라이언스는 법의 영역만 다루며, 비$_{非}$ 변호사가 할 수 있는 업무 범위는 한계가 있다는 것이었다. 더불어 기업경영에 있어 ESG가 반드시 우선순위에 있어야 하며, 컴플라이언스 영역은 조직 내에 아무나 하는 업무라는 것이 발언의 맥락이었다. 컴플라이언스 업무를 하는 견해에서 화가 났지만, 꼭 참고

속으로 되뇌었다. 그렇다면

1. 그 넓은 ESG 영역을 다루는데 왜 통일된 ESG 평가·공시 등 기준은 없는가?
2. 컴플라이언스 제도와 실무를 제대로 알고 외부에서 ESG를 강의하는가?
3. 기업에서 컴플라이언스 해결책을 실무적으로 다뤄 봤는가?
4. 본인이 강의하고 컨설팅한 ESG를 적극 실천하는 기업에서 왜 사건·사고가 연이어 발생하는가?
5. 변호사가 모든 법률을 다 막을 수 있는가?

등 수많은 질문을 하고 싶었고, 진짜 ESG 전문가가 맞느냐고도 묻고 싶었다. 따라서 '컴플라이언스는 아무나 할 수 있는 일'이라는 그의 말은 필자가 생각하기에 옳지 않다.

늘 똑같은 내용과 주제, 자료를 설명하고 말로만 하는 강사는 전문가가 아니다. 직접 니즈를 반영한 데이터를 만들어 보고, 연구하며, 직접 현장 실무에서 뛰어다니는 컨설턴트가 진정한 전문가라고 생각한다. 직접 현장 실무에서 뛰어다녀야 진짜 전문가이다. 그 해당 조직을 가장 잘 아는 실무자가 진짜 전문가이다. 필자와 관련된 기관에서 활동하는 강사, 심사자들에게 꼭 하는 말이 있다. 지적은 누구나 하기 쉽다. 그러나 직접 만들어 보기는 어렵다. "이것을 뛰어넘으려면 반드시 많이 공부해야 하고 실무와 현장을 알아야 누구에게도 존경받는 강사, 심사자가 될 수 있을 것이다."라고 말이다. 솜씨 좋은 목소리는 누구나 낼 수 있다. 하지만 말과 행동이 언제나 일치해야 한다는 것을 명심해야 한다.

이름을 바꿔왔던 ESG와 마찬가지로, 컴플라이언스의 역사는 그리 길지 않다. 최근 들어 컴플라이언스 이슈가 계속해서 발생하고 있다. 사건의 크기와 범위를 떠나, 넓은 영역의 컴플라이언스 관리를 할 수 있는 인력과 전문성을 갖춘 이들이 부족하다. 컴플라이언스를 수행하는 인원들은 기본적으로 고도의 윤리의식을 가져야 하며, 비밀유지 엄수를 의식한 소양이 있어야 한다. 이들은 특정 분야에만 목적의식을 가지고 자신의 분야에 집중하는 스페셜 리스트$_{Specialist}$보다, 다방면에 걸쳐 많이 아는 박학다식한 제너럴 리스트$_{Generalist}$가 더 어울린다.

제너럴 리스트는 조직의 다양한 사업에 접근할 수 있고, 법률 이유에 대해서도 빠르게 해답을 도출할 수 있다. 원활한 커뮤니케이션을 바탕으로 조직원들과 거리낌 없이 소통할 줄 알아야 한다. 즉, 넓은 스펙트럼을 포괄하여 상호 협력적으로 의사나 코치처럼, 각 부서의 업무를 장악하고 이해해야 한다. 특출난 전문가가 아닐지라도, 다양한 분야를 섭렵하고 있어야 한다. 혼자 해결하기보다 상호 협력적으로 문제점을 극복할 수 있는 전문가가 되어야 한다. 그리고 모든 문의에 신속하게 응답하고, 협업 부서에 항시 분명한 솔루션을 전달할 수 있어야 한다. 그러기 위해서는 조직의 경험이 많은 시니어급으로 활동 영역이 넓은 사람이 담당해야 한다. 조직 내 모든 업무를 파악하여 검토할 수 있어야 한다. 컴플라이언스 전문가를 반드시 거쳐서 조기에 문제를 발견할 수 있도록 사전 검토 의무화 제도(시스템)화를 만들어야 한다.

감사 부서는 경찰$_{Police}$처럼 조직원의 부정부패를 발견하여 처벌하는 기업 내의 감시자이며, 컴플라이언스는 무언가 적발하고 처벌하는 목적이 아닌, 의사$_{Doctor}$로서 조직원들의 건강을 보호해주는 부서이다. 즉, 사업을 추진하는 과정에서 조직이 관련 법규 등을 준수하게끔 돕는 일련의 장치 역할을 하는 인원들이다. 또한, 조직의 컴플라이언스 의무사항$_{Obligations}$은 지속해서 바뀐다. 즉, 컴플라이언스 영역은 고정되어 있지 않다. 수시로 바뀌는 대내외 환경을 극복하지 못하면 기업은 가혹한 생태계 환경 속에서 생존하지 못한다. 그리고 컴플라이언스 담당자는 조직 내에서 매출을 내는 영업 관련 부서에 밀릴 수밖에 없고, 경쟁에서도 우위를 점할 수 없다. 컴플라이언스를 담당하는 인원들은 영업부서와 같이 생존적 매출을 일으키는 부서가 안전한 사업을 할 수 있도록 안내자$_{Guide}$ 역할을 해야 한다. 또한, 이들은 경영이 올바른 판단을 할 수 있도록 충분한 정보를 제공해 주는 조직 내의 전문가$_{Specialist}$이기도 하다.

만약 부패방지에 초점을 맞춘다면, 미시적 관점의 Specialist(스페셜리스트)가 알맞을 수 있다. 부패는 항상 개인 간 상호작용, 사회관계, 일상생활, 사회적 시선 등으로 인해 발생한다. 그러나 우리는 컴플라이언스적 관점에서 넓게 바라봐야 한다. 구조적인 문제에 초점을 맞추어, 거시적 관점에서 사회 구조 및 집단, 법률, 제도 등을 폭넓게 바라볼 수 있는 안목이 있어야 한다. 즉, 이슈가 발생하였다면 조직 내 사회 문화 현상이 발생하는 원인에 초점을 두어야 한다. 컴플라이언스는 미시적 관점의 개인 의지로 해결되지 않는다. 다 같이 노력해야만 성공할 수 있는 것이 컴플라이언스 제도다.

02 조직 운영에 대한 고찰, 정답은 사람

트렌드가 된 ESG와는 반대로 컴플라이언스 관련 서적과 학술연구는 그리 많지 않다. ESG 관련 서적은 2021년 이후로 급격히 시장에 쏟아져 나오고 있지만, 컴플라이언스 관련 서적과 연구는 찾아보기 힘들며 대부분 번역서와 은행, 금융, IT 등에 한정되어 있다.

아직은 갈 길이 먼 것이 컴플라이언스 제도이다. 반면 누구도 가보지 않은 길이기에 블루오션이라는 생각이 든다. 아직 많은 전문가가 없는 것도 현실이다. 체계적으로 컴플라이언스 과정을 교육하고 있는 곳이 부족한 것도 현실이다. 많은 조직에서 청렴, 윤리, 준법경영을 실천한다고 하지만 사건·사고는 지속해서 발생하는 그 이유를 생각해보면 사람$_{People}$, 기능$_{Function}$, 환경 구조$_{Structure}$에 집중하지 못하고 성숙기를 기다리지 못하는 것에서 비롯된다.

이에 대해서는 1992년에 있었던 미국 대선과 클린턴 행정부 이야기를 참고할 수 있다. 당시 조지 하워드 워커 부시의 지지율은 대단했다. 미국과 소련은 실질적인 전쟁은 벌이지 않았지만, 군비를 증강하고 과학기술을 과시하며 상대 진영보다 우월함을 뽐내기 바빴다. 결과적으로는 1991년 12월 26일, 소련이 연방 해체를 선언함으로써 냉전은 종결되었고 미국은 승리 국가가 되었다. 당시 빌 클린턴은 32세라는 젊은 나이에 아칸소 주지사를 거쳐 미국 대선 후보까지 올랐다. 부시의 재선 성공이 유력한 상황에서 빌 클린턴 캠프는 부시의 약점을 정확히 파고들 수 있는 방법을 찾아내 캠프의 슬로건 전면에 내세웠다. 바로 "문제는 경제야, 바보야(It's the economy, stupid)"라는 1992년의 선거 운동 문구이며, 이는 이후 미국 대선 역사상 가장 유명한 슬로건이 된다. 당시 걸프전 승리에 가려져 보이지 않았을 뿐, 부시 대통령은 몇 가지 경제 정책에서 실패를 거듭했다. 세수를 증가시키는 비판에 직면한 부시는 개선되지 않는 실업률과 경기 침체로 인해 골머리를 앓았다. 결국, 이 슬로건이 대역전극의 한 수가 되었다. 다양한 사회, 정치적 이슈에 앞서 먹고사는 문제가 우선임을 간파한 것이다. 즉 기업처럼 매출과 이익이 늘어야 직원들 주머니가 두둑해지고 자연스럽게 애사심과 근무 의욕이 높아진다는 것이다.

기업 경영에 있어 우리는 '사람'에 집중해야 한다. 빌 클린턴이 그랬던 것처럼 문제는 사람이다.(It's the men.) 기업은 사람이 운영한다. 사람을 관리하지 못하면 경영진은 그에 상응하는 대가를 치러야 한다. 막대한 소송 비용과 장기적 시간, 때로는 언론의 질타에 맞서야 하며 민·형사상 벌금 등의 엄청난 손실이 따른다. 기계는 새 제품으로 교체하거나 고치면 된다. 하지만 사람은 다중자아를 가지고 있어 언제든지 환경과 상황에 따라 변하고 원천적으로 각자의 생각이 다르며, 누군가를 마음대로 조종할 수도 없다.

이는 3가지의 관점에서 보면 된다. 첫째는 제도나 시스템으로 만드는 필수 조건이다. 업무에 녹아 들어갈 수 있는 제도를 만들고, 지속적 개선을 통해 성숙해야 한다. 대한민국은 급격한 성장을 겪음으로써 내적 성장이 부족했다. 그렇기에 여러 이슈를 통해 많이 아프고 힘든 것이다. 둘째는 인식의 충분조건이다. 교육 훈련은 끊임없이 해야 한다. 사람은 하루아침에 변하지 않는다. 지속적이고 반복적인 교육만이 성장시킬 수 있다. 이는 미국 하버드에서 실험에서처럼 2개의 그룹으로 나눠, 도덕적 각성의 메시지가 사람을 얼마만큼 변화시키는지 실험한 것이다. 당연히 윤리·준법 교육을 진행한 그룹이 안정적으로 사업을 하였다.

마지막으로 항산항심恒産恒心이다. '일정한 생산이 있으면 마음이 변치 않는다.'라는 뜻이다. 먹을 것이 있어야 법과 원칙을 지키고, 윤리도 지킬 수 있다는 것이다. 그렇지 않으면 정신적으로 늘 불안정하여, 하찮은 일에도 동요한다는 것이다. 이 세 가지 필수조건(제도나 시스템), 충분조건(인식 교육), 환경조건(보상)을 갖추어야 윤리·준법경영을 적극적으로 실천할 수 있다.

조직은 다수가 운영하는 집단이기에 계속해서 사건이 터질 수밖에 없다. 일어날 일은 반드시 일어난다. 사건이 일어난 조직은 운이 없었을 수도 있다. 그렇다고 아직 일어나지 않은 기업 역시 안심하면 안된다. 빙산의 일각처럼, 수면 아래에서 시한폭탄을 돌려막기 하는 이슈가 더 위험하다. 오히려 사건이 일어나서 개선하는 것이 나을 수도 있다는 것이다. 미국 부시도 분명 리스크를 알았을 것이다. 냉전 붕괴와 걸프전 승리를 통해서 90%의 압도적 지지율이 있었지만, 그 이면에는 경제가 하락하고 있었다. 그 이슈들을 다른 방향으로 돌리고 덮었을 것이다. 윤리·준법 경영은 조직과 조직상황을 잘 알고 있는 내부 직원들과 관련 전문가가 함께 톱니바퀴처럼 협동해서 추진해야 한다. 어설프게 진행하면 양날의 칼처럼 오히려 더 큰 화火가 돌아온다.

경영진들은 윤리·준법 부서를 적극 지원하고, 사람에 집중해야 한다. 얼마 전, 길을 지나가다 본 어느 시위자의 피켓에 이런 말이 쓰여 있었다. '회사의 최고 자산은?' 답은 바로 옆에 있었다. '사장님! 잊지 마십시오. 회사의 최고 자산은 직원입니다!' 직원이 회사의 돈을 벌어 주고 회사를 운영한다. 또 직원이 잘못하면 회사가 망한다. 기본적으로 회사의 혁신 원천은 사람인 것이다. 그래서 기업들은 인재경영에 나서서 핵심 인재를 발굴하고, 교육 훈련을 강화한다. 공동의 이익을 위해 함께 모여 일하는 집단이 회사이다. 사람이 전부인 기업에서 경영자가 사람에게 관심을 쏟지 않으면 사업은 실패한다. 가끔 이를 망각하고 직원을 기계로 보는 경영진이 있다. 인재를 관리하지 못하면 그 결과는 회사의 악영향으로 되돌아온다.

윤리·준법 조직 체계는 이원화가 되어야 한다. 특정 기능 하단에 속하여 지시를 받으면 안 되는 이유이기도 하다. 여러 기업을 방문할 때마다 느끼는 점이 있다. 그중 놀라운 것은 영업 관련 부서의 하위 부서로 윤리·준법 부서가 들어가는 경우가 가끔 있다. 이 경우 예방·대응·회복 업무의 컴플라이언스가 제대로 작동할 리 만무하다.

컴플라이언스는 특정 분야에 집중되는 스페셜 리스트Specialist가 아닌, 제너럴 리스트Generalist가 되어야 한다. 가속페달 밑에 브레이크가 있을 수는 없다. 동등한 위치에서 지배기구에 임명을 받아 그 역할과 책임을 다해야 하는 전반적인 문제를 고려할 수 있는 능력을 갖춘 이가 수행해야 한다.

윤리·준법 담당자들은 열심히 일하는 것도 중요하지만, 성과를 내는 것이 더욱 중요하다. 그 성과는 영업과 반대로 조직 내 사건과 사고가 일어나지 않는 것이다. 필수조건, 충분조건, 환경조건을 갖춰야한다. 과정과 결과는 둘 중 어느 하나만 선택하거나, 한쪽을 우선할 수 없는 문제이다. 그렇기 윤리 · 준법 부서는 과정과 결과 모두를 만족시켜야 한다.

참고로 윤리 · 준법 관련 부서는 아래의 컴플라이언스 진단 체크리스트를 점검해 보기를 바란다. 평균 30점 이하라면, 시스템에 대해 돌아보아야 한다.

03 조직 컴플라이언스 진단 체크리스트

문항		체크 항목	점수				
1	현상파악	조직과 경쟁사 그리고 해당 산업의 사건, 사고는 파악하고 계십니까?	5	4	3	2	1
2	시스템	조직 내 컴플라이언스&윤리경영 시스템은 갖추고 계십니까?	5	4	3	2	1
3	문화	조직원의 컴플라이언스 문화의 인식 정도는 어느 정도입니까?	5	4	3	2	1
4	전담 인력	조직 내 · 외부에 전담 인력을 갖추고 업무에 대한 예산을 충분히 투입하고 계십니까?	5	4	3	2	1
5	교육	각 기능과 계층별 컴플라이언스 교육을 주기적으로 시행하고 계십니까?	5	4	3	2	1
6	리스크 평가	컴플라이언스 의무사항과 발생 가능한 리스크를 식별 및 관리하고 계십니까?	5	4	3	2	1
7	검증절차	외부 독립된 제3자 검증절차를 시행하고 계십니까?	5	4	3	2	1
8	모니터링	부서별 컴플라이언스 모니터링의 수준은 어느 정도입니까?	5	4	3	2	1

문항		체크 항목	점수				
9	내부제보	내부제보 시스템의 수준은 어느 정도입니까?	5	4	3	2	1
10	개선	정기적이고 지속적으로 지배기구에서 검토를 수행하고 있습니까?	5	4	3	2	1

04 컴플라이언스 운영의 한계

여러 기업의 컴플라이언스 실무자들을 만날 때마다 안타까움을 느낀다. 분명 의사처럼 조직과 경영진, 그리고 임직원들을 보호해주는 윤리·준법 길잡이임에도 불구하고 기업 내에서는 누구나 하는 업무로 인식되고 있다. 그리고 컴플라이언스 실무자들은 현실에 늘 좌절한다. 열심히 컴플라이언스 업무를 하려고 해도 장벽에 막히는 경우가 종종 있다. 이처럼 컴플라이언스 운영에는 한계가 있다. 임직원들이 느끼는 부담, 영업 등 매출에 불편함이 있기 때문이다. 임직원들은 "바빠 죽겠는데 뭘 자꾸 귀찮게 컴플라이언스를 하라고 해.", "하라니까 하겠는데 무슨 말인지 하나도 모르겠다.", "내 업무도 아닌데 무슨 상관있느냐?", "컴플라이언스만 하면 회사가 돈 벌어다 주냐."라고 종종 불만을 토로한다. 나아가 이 부서는 한정된 자원과 인력으로 운영해야 한다. 이사회와 경영진에서는 큰 관심이 없어 지원은 늘 턱없이 부족하고, 영업 부서와의 충돌도 자주 발생한다. 그 예로 "기업은 이익을 위한 집단이다.", "영업은 안 중요하냐? 컴플라이언스만 할 것이냐?", "컴플라이언스 비용은 왜 이렇게 비싸냐?", "회사가 컴플라이언스만 할 것이냐?"라고 말하기도 한다. 이러한 안타까움을 극복할 방안이 있다.

첫 번째는 그들의 인식을 바꿔 주어야 한다. 컴플라이언스가 기업 영업에 걸림돌이 된다는 인식을 바꿀 필요가 있다. 인식을 바꾸기 위해서는 다양한 계층에서의 반복적인 윤리 · 준법 교육이 필요하다. 강의 내용은 동일하면 안 된다. 신입사원, 경력사원, 팀장급, 임원 등 각 기능과 계층에 따라 역할, 책임, 권한이 다르기 때문이다. 무엇보다 이사회와 경영진의 인식을 개선할 필요가 있다. 강의 결과 느낀 점은 모두 인식하고 있지만, 다른 사안에 밀려 관심이 부족했던 것이다. 필자가 강의한 것이라고는 컴플라이언스 판례_{判例} 위주와 그 중요성에 대해 짧고 굵은 메시지가 전부였다. 강의 후 대부분 궁금증이 높아 다양한 질문을 받았고, 조직 내 실무 담당자를 격려하였다. 준법 장치는 결코 경영의 장애물이 아니라 기업과 경영진, 그리고 임직원을 보호해 주는 장치이다.

경험자로서 내부 컴플라이언스 부서에서 강의하는 교육 훈련보다는 외부 강사가 효과적일 수 있다. 특이하게도 내부 인원보다 외부 강사를 더 신뢰한다는 것이다. 이 같은 양상은 보통 적절한 컴플라이언스 문화가 갖춰지지 않은 기업에서 발생한다. 그러므로 지속적인 인식과 교육 훈련을 통해 그들의 인식을 천천히 바꿔나가야 한다.

제3자 심사를 통하여 컴플라이언스가 특정 부서에만 국한되는 업무라는 인식을 바꾸어 주어야 한다. 전문성과 신뢰성이 있는 외부 심사자들은 1년에 한 번씩, 건강검진 형태로 각 부서에 준법, 부패, 윤리등의 문제를 제기_{Challenge}할 것이다. 적절한 대응을 하지 못하였을 경우

군중심리가 작동하여 보안 때문에 인증을 못 받거나, 조직이 준법 실패할 수 있다는 인식을 바꿔 경영 불안감을 해소할 수 있다. 또한, 몰라서 못 지킬 수 있는 준법을 깨닫게 해주는 역할을 한다.

두 번째는 조직원들을 탓하면 안 된다. 주어진 환경에 따라 그들이 더 쉽고, 더 편하게 지킬 수 있는 프로세스를 구축하면 된다. 컴플라이언스 관련 부서는 기업 매출을 발생시키는 부서가 아니며, 늘 예산의 통제를 받는다. '가격 대비 성능'이라는 용어를 줄여 '가성비$_{Cost-effectiveness, 價性比}$'라고 한다. 지불한 가격에 비해 높은 가치 효과를 봐야 한다. 가성비는 결국 가격 대비 실제 가치의 문제이다. 미국 네브래스카 오마하 출신으로 오마하의 현인$_{Oracle of Omaha}$이라 불리는, 역사상 가장 위대한 투자자 워런 버핏$_{Warren Buffett}$은 깔끔하게 정의를 내렸다.

Price is what you pay. (가격은 당신이 내는 금액이다.)
Value is what you get. (가치는 당신이 얻는 것이다.)

이렇듯, 가격과 가치를 분리하여 모두가 만족할 수 있는 가성비를 얻어야 한다. 주어진 환경에 최선을 다해야 한다는 것이다. 벤치마킹할 수 있는 ISO 37001:2016과 ISO 37301:2021을 참고하여 국제 모범사례$_{Best practice}$를 활용하면 된다. 그리고 준법 리스크의 우선순위를 식별하고 관리하는 것이다. 한정적 자원으로 할 수 있는, 가장 현실적이고 효과적인 방법이다. 그리고 '동원'보다는 '동참'이 될 수 있는 컴플라이언스 문화를 만들어야 한다. 비폭력 평화시위 1,000만 촛불집회 시위자들은 동원된 것이 아니었다. 자발적으로 거리에 나서 폭력 없는 아름다운 시위 문화를 만들었다. 이처럼 컴플라이언스 문화를 만들기 위해서는 무엇보다 자발적인 참여가 중요하다. 조직원들이 자발적인 참여를 할 수 있는 환경을 조성해야 한다.

덧붙여 컴플라이언스 부서원들의 역할은 간단하다. 본 책이나 외부 전문 교육을 통해 학습한 것을 토대로 윤리 · 준법 DNA를 깨워야 한다. 이어 조직원들이 쉽고 편하게 컴플라이언스에 접근할 수 있도록 예방, 조치, 교육, 심사 등을 받게 해주는 것이다. 사업상 발생하게 되는 의무사항 위반(법 위반 등)의 유혹을 막고, 지켜주기 위해 최선을 다해야 한다. 이러한 역할을 다하지 못하였을 때는 직무유기가 될지도 모른다. 그렇기에 윤리 · 준법 경영 시스템의 책임을 할당할 때는 다음을 실증하는 것을 보장하고 있음을 고려하여야 한다.

- 컴플라이언스에 대한 완전성과 의지 표명 실증
- 효과적인 의사소통과 영향력이 있는 기술
- 조언과 지도의 수용을 명령할 수 있는 능력과 지위
- 준법 경영 시스템의 설계, 실행 및 유지 관련 적격성
- 시험(테스트)와 도전을 위한 적극성, 비즈니스 지식과 경험
- 컴플라이언스에 대한 전략적이고 사전 대처적 접근
- 역할의 니즈를 충족시키기에 충분한 시간 확보

마지막으로는, 극단적으로 경영진이 사건과 사고의 결과를 몸소 체험하면 된다. 대한민국 교도소 시스템은 외국(미국)보다 매우 잘 갖춰

져 있다고 한다. 그러므로 컴플라이언스 기능은 체험 후 더욱 중요하게 여겨질 것이다. 즉, 사건이 터지고 나서야 중요해지는 것이다. 호미로 막을 것을 가래로 막는 경우이다. 시간이 지나고 후회해봤자 소용없다.

컴플라이언스 업무를 수행하는 모든 관련자는 적절한 권한, 지위 및 독립성을 가져야 한다. 여기서 권한이란, 컴플라이언스 책임자가 지배기구와 최고 경영진에 의해 충분한 권리를 부여받는 것을 의미한다. 지위란, 다른 인원이 컴플라이언스 기능(책임자)의 의견을 경청하고, 존중할 가능성이 크다는 것을 의미한다. 독립성이란, 컴플라이언스 기능(책임자)과 컴플라이언스 리스크에 노출되는 활동에 개인적으로 관여하지 않는 것을 의미한다. 자신의 임무를 수행하는 데 이해 충돌이 없어야 한다.

컴플라이언스 업무를 하는 독자가 본서를 읽고 있다면, 미래를 멀리 바라볼 것을 강조하고 싶다. 눈앞의 바다만 본다면 멀미를 느낄 것이다. 컴플라이언스 기능에 대해 좀 더 알고 싶다면 ISO 37301:2021 5항(리더십)과 8항(운영)을 좀 더 학습해 보길 바란다.

드라마 〈미생〉의 "네가 이루고 싶은 게 있다면 체력을 먼저 길러라."라는 대사처럼, 무작정 걷기보다 걸으면서 나아가는 것이 중요하다. 나아가지 못하는 길은, 길이 아니다. 길은 모두에게 열려있지만, 누구나 그 길을 가질 수 있는 것은 아니라는 것을 명심해야 한다.

별첨

미국 연방 법무부(DOJ), 2020년 개정된 기소유예 합의제도 조건의 3가지 관점

The U.S DOJ Guidance Document is based on three "fundamental questions"

1. 'Is the corporation's compliance program well designed?'

(기업의 컴플라이언스 프로그램은 잘 설계되었는가?)

o 프로그램을 평가하는 핵심적 요인은 종사자들의 불법행위를 예방 및 탐지하는 데 있어 크게 효과적인지, 회사의 경영이 컴플라이언스 프로그램을 실행하는지, 종사자들이 불법행위를 가담하도록 강요, 조장하거나 추구하지 않도록 잘 설계되어 있는지에 대한 여부이다.

o 이에 따라 검찰은 불법행위는 용인하지 않는다는 명확한 메시지 뿐만 아니라 방침과 절차(책임의 적절한 위임부터 훈련 프로그램, 인센티브와 징계 절차 등)가 확보되어 있는지, 컴플라이언스 프로그램이 그 회사의 운영과 현장에 잘 통합되어 있는지 등, 컴플라이언스 프로그램의 전반적 사항을 조사해야 한다.

A: 리스크 평가 Risk Assessment

-기업의 컴플라이언스 프로그램을 평가하는 출발점은, 회사 경영과 관련하여 리스크 프로파일을 밝혀내고 평가·결정하는지, 프로그램이

리스크와 관련하여 적합한 조사 등에 기여했는지 정도에 있다.

-검찰은 프로그램이 회사의 경영 라인과 복잡한 규제환경에서 일어날 가능성이 있는, 특별한 형태의 불법행위를 탐지할 수 있도록 고안되어 있는지 고려해야 한다.

(예: 검찰은 회사가 회사의 경영 장소, 산업영역, 시장의 경쟁, 규제영역, 잠재적 고객과 비즈니스 파트너, 외국 정부와의 거래, 외국 관료 및 제3자를 이용한 뇌물 제공, 여행, 그리고 유흥경비, 기부와 정치 기부금과 관련하여 제기되는 다양한 리스크를 분석 · 해결해 왔는지 고려해야 한다.)

-또한 검찰은 프로그램이 리스크 평가에 근거하여 최적화된 결과를 도출하는지, 기준이 주기적으로 업데이트되는지에 대한 회사의 리스크 평가와 방식의 효율성을 고려해야 한다.

-회사는 부패 리스크를 주기적으로 평가하고, 불법행위를 감소시키기 위한 컴플라이언스의 각 필수조건을 기획 · 실행 · 변경하는, 적절한 조처를 해야 한다.

-검찰은 컴플라이언스 프로그램이 리스크 높은 거래에 대한 적절한 주의와 자원을 동원하였음에도 불구하고 불법을 예방하는 데 실패했을 시, 컴플라이언스에 기반한 질과 효율성에 대해서는 평가를 해주어야 한다. 따라서 검찰은 얻은 교훈에 비추어 프로그램이 리스크에 맞춘 지표로서 변경되는 것을 고려해야 한다.

□ 리스크 관리과정_{Risk Management Process}: 회사는 직면한 위험을 밝히고, 분석하고, 해결하는 데 있어 어떤 방법론을 사용하였는가?

□ 리스크 맞춤형 자원 할당_{Risk-Tailored Resource Allocation}: 회사는 부패 리

스크가 높은 영역(의심스러운 제3자 컨설턴트에 대한 지급, 의심스러운 무역 활동, 과도한 재판매업자나 유통업자 등)보다는 리스크가 낮은 분야에 시간을 투자하고 있지는 않은가?

☐ 업데이트와 개정_{Updates and Revision}: 리스크 평가가 현재적이고 주기적으로 이루어지고 있는가? 주기적 검토가 정책, 절차, 통제장치 분야의 업데이트를 만들고 있는가? 이러한 업데이트가 불법행위로 발견된 리스크 또는 컴플라이언스 프로그램을 토대로 볼 때, 다른 문제들을 해결할 수 있는가?

☐ (경험으로) 익힌 교훈_{Lessons Learned}: 회사는 이전에 경험한 문제, 또는 동일한 산업, 지역에서 운영 중인 다른 회사의 문제에서 배운 교훈을 주기적인 리스크 평가에 추적하고, 통합하는 프로세스를 가지고 있는가?

B: 방침과 절차_{Policies and Procedures}

–잘 고안된 프로그램은 윤리적 규범을 만족시키고 영향력을 미치며, 회사에 의하여 식별된 리스크를 해결하거나 감소시키는 방침과 절차를 포함한다.

–검찰은 직원들에게 접근하기 쉽고, 적용 가능한 방식으로 연방법과 관련하여 회사가 컴플라이언스에 헌신하기 위한 충분한 행동강령을 가졌는지 조사해야 한다.

–검찰은 컴플라이언스 문화를 회사의 일상적 행위에 통합되도록 하는 방침과 절차를 수립했는지 평가해야 한다.

C: 교육과 커뮤니케이션Training and Communications

−검찰은 방침과 절차가 모든 이사, 임원, 관련 종사자, 대리인, 비즈니스 파트너에게 주기적 교육과 인증을 시행하여 회사와 통합되었는지 확보하기 위해, 회사에 의해 취해진 조치를 평가해야 한다.

−검찰은 이전의 컴플라이언스 사건을 충분히 포함한 교육과 어떤 방식으로 회사가 교육 커리큘럼의 유효성을 측정할 것인지를 평가해야 한다.

−요약하면 검찰은 컴플라이언스 프로그램이 '진정으로 효과가 있는지'의 여부를 결정하기 위해 실제 현장 종사자들에 의해 이해되고 전파되고 있는지 조사해야 한다.

☐ 리스크에 기반한 교육Risk−based Training: 회사는 불법행위가 일어나는 분야의 리스크를 해결할 수 있는 훈련을 포함하여, 고위험 및 리스크 통제기능을 수행하는 직원들을 상대로 맞춤형 교육을 시행하고 있는가? 감독 성격의 종사자들은 차별화되거나 추가적인 훈련을 받았는가? 회사는 누가 교육을 받아야 하는지, 그리고 어떤 주제를 받아야 하는지 분석하고 있는가?

☐ 교육의 방식 · 내용 · 효과Form/Content/Effectiveness of Training: 교육은 피교육생을 위한 적절한 언어와 방식으로 제공되는가? 온−오프라인 교육과 이를 선택한 기준은 무엇인가? 교육은 이전 컴플라이언스 사건으로부터 경험한 교훈을 다루고 있는가? 교육의 효성에 대해 측정하는지, 측정한다면 어떤 방식으로 측정하는가? 회사는 종사자들의 행위나 기업에 교육이 어떤 영향을 미쳤는지에

대해 평가하는가?

□ 불법행위에 관한 커뮤니케이션_{Communications about Misconduct}: 고위간부
는 종사자들이 불법행위와 관련한 회사의 입장을 알 수 있도록
하는가? 종사자들이 회사의 방침, 절차 및 규율에 따르지 않아
해고되거나 징계를 받는 것에 관해 알 수 있는가? (예: 징계를 초래
한 불법행위의 형태에 관한 소개 등)

□ 지침의 유효성_{Availability of Guidance}: 어떤 자원을 컴플라이언스 방침
과 관련하여 종사자들에게 제공할 수 있는가?

D: 신뢰할만한 보고체계 및 조사과정_{Confidential Reporting Structure and Investigation Process}

−종사자들이 익명, 또는 신뢰할 방법으로 회사의 행동강령이나 방
침, 위반, 예견되거나 실제 일어나고 있는 불법행위에 대해 신고
할 수 있는, 효율적이고 신뢰할 만한 신고체계가 존재하는지 평가
해야 한다.

−검찰은 주저함 없이 신고할 수 있는 환경과 신고자나 내부고발자
를 보호하기 위한 프로세스를 갖추었는지 평가해야 한다.

−검찰은 또한 적합한 자에 의한 신고 처리, 시의적절하게 완료된
조사 징계 조치 등 회사의 신고 조사 처리 프로세스를 평가해야
한다.

−비밀이 보장된 신고체계는 불법행위를 효율적으로 탐지하고, 예
방하는 회사의 거버넌스 체계를 확립하는 데 있어 높은 유인책 역
할을 한다.

□ 효율적인 신고 체계_{Effectiveness of the Reporting Mechanism} : 회사는 익명의 신고체계를 갖추고 있는가? 그렇지 않다면 이유는 무엇인가? 신고체계는 어떤 방식으로 회사의 종사자들이나 제3자에게 공표되는가? 실제로 활용은 되는가? 회사는 종사자들이 핫라인을 알고 편하게 이를 이용할 수 있게끔 조치하는가? 신고가 접수될 때 혐의의 심각성을 어떤 방식으로 평가하는가? 컴플라이언스 기능이 신고, 조사와 관련된 정보에 충분한 접근 권한을 가지고 있는가?

□ 자격 있는 자에 의한 적절한 조사_{Properly Scoped Investigations by Qualified Personnel} : 회사는 추가적 조사가 필요한 신고를 어떤 방식으로 결정하는가? 조사가 적절히 이루어졌는지 어떤 방식으로 보장할 수 있는가? 조사가 독립적, 중립적, 적절히 수행되고, 문서화되는 것을 보장하기 위해 어떤 조치를 취하는가? 누가 조사를 수행하고, 누가 그러한 결정을 내리는지를 어떻게 판별하는가?

□ 조사 결과 대응체계_{Investigation Response} : 회사는 조사의 결과를 모니터링하고, 조사 결과, 또는 권고에 대응한 책무성을 보장하기 위한 절차를 가지고 있는가?

□ 결과에 대한 자원 및 추적_{Resources and Tracking of Results} : 신고 및 조사 체계에 충분한 예산이 지원되고 있는가? 회사는 신고 메커니즘으로부터 어떻게 정보를 모으고, 추적 및 분석하고 활용하는가? 컴플라이언스의 취약점을 파악하기 위해 불법행위의 패턴을 파악하고, 신고 및 조사 결과에 대해 주기적으로 분석하고 있는가? 주기적으로 핫라인의 유효성(예: 신고 시작부터 종결까지 추적 등)을 테스트하는가?

E: 제3자 관리Third Party Management

-컴플라이언스 프로그램은 리스크에 기반한 실사가 제3자 관계성에도 적용되어야만 한다.

-회사의 제3자 관리와 관련하여 검사는 컴플라이언스 프로그램이 기업의 특정한 사업 분야에서 발생할 수 있는 특정유형의 불법행위를 탐지하는지 판별하는 요소이다.

□ 리스크 기반 통합 프로세스Risk-Based and Integrated Processes: 회사의 제3자 관리 프로세스는 회사에 의해 확인된 기업 리스크의 특성과 수준에 어떻게 부합하는가?

□ 적절한 통제Appropriate Controls: 회사는 제3자를 이용할 때 적절한 비즈니스 기준을 어떻게 확보하는가? 제3자가 심각한 불법행위에 관련되어 있는 경우, 제3자를 이용한 비즈니스 기준은 무엇인가? 지급 조건이 적절한지, 명시된 계약상의 업무가 수행되었는지 여부 등을 확보하기 위해 어떤 메커니즘이 존재하는가?

□ 관계 관리Management of Relationship: 회사는 제3자를 어떻게 모니터하는가? 제3자의 기록과 계정을 분석할 수 있는 회계감사 권한이 있으며, 과거에도 그러한 권리를 행사해 왔는가? 제3자와 관계된 매니저들에게 컴플라이언스 리스크에 대한 교육을 어떤 방식으로 시행하고, 어떻게 리스크를 관리해야 하는지 교육하였는가? 제3자의 컴플라이언스와 윤리적 행위에 대해 인센티브를 어떻게 부여하였는가?

□ 실제 조치와 결과Real Actions and Consequences: 회사는 제3자의 실사를

통해 파악된 위험징후를 추적하고 어떤 방식으로 해결하는가?
실사를 통과하지 못하거나 계약이 파기된 제3자에 대해 추적관
리를 하는가? 또한, 그러한 제3자의 고용을 막거나, 추후 재고용
되지 않도록 조치를 취하는가?

F: 인수 · 합병 Mergers and Acquisitions

−잘 고안된 컴플라이언스 프로그램은 인수대상에 대한 포괄적인
  실사뿐만 아니라, 현존하는 컴플라이언스 프로그램 구조와 내부
  통제에 해당 업체가 통합되어야 한다.
−Pre-M&A 실사는 매수하는 회사가 인수업체의 가치를 더 정확히
  평가하도록 하고, 해당 회사가 지닌 부패나 불법행위의 비용을 협
  상할 수 있도록 해 준다.
−흠결이 있고 불완전한 사전, 또는 사후 인수 실사와 통합은 불법
  행위가 지속하도록 하고, 회사의 이익, 평판, 그리고 민 · 형사상
  책임을 발생하는 리스크를 초래할 수 있다.

☐ 실사 과정 Due Diligence Process : 회사는 사전 인수 실사를 시행하였는
  가? 만약 하지 않았다면 그 이유는 무엇인가? 실사 과정에서 불
  법행위를 초래할 리스크를 확인하였는가? 인수합병 회사에 대한
  리스크 검토는 누가, 어떤 방법으로 실시하였는가?
☐ M&A 과정에서의 통합 Integration in the M&A Process : 컴플라이언스 기
  능이 합병, 인수 그리고 통합과정에서 어떻게 이루어졌는가?
☐ 실사를 실행과 연계하는 과정 Process Connecting Due Diligence to Implemen-

_{tation}: 실사 과정에서 확인된 불법행위 리스크를 추적하고 바로잡는 과정은 어떤 것이었는가? 새로이 인수된 회사에서 컴플라이언스 정책과 절차를 실행하고 사후 회계검사를 실행하는 어떤 절차를 실행하였는가?

2. 'Is the program being applied earnestly and in good faith? In other worlds, is the program being implemented effectively?'

(기업 컴플라이언스 프로그램이 효과적으로 작동하도록 충분한 재원과 권한 부여가 이루어졌는가?)

○ 검찰은 컴플라이언스 프로그램이 형식적인 문서만 갖춘 프로그램인지, 실행할 수 없는 것인지, 비효율적인 방법으로 시행, 검토, 또는 개정되었는지 살펴야 한다. 이외에도 검찰은 회계, 문서, 분석에 충분한 자원을 제공해 왔는지, 컴플라이언스 노력에 관한 결과를 활용해 왔는지 조사해야 한다. 또한, 검찰은 종사자들이 컴플라이언스 프로그램에 대하여 교육과 정보를 충분히 받아왔는지, 프로그램에 대한 책무를 가졌는지에 대해 설득되었는지 조사해야 한다. 효율적인 컴플라이언스의 표준은, 조사의 원인이 되는 행동을 비롯하여 어떤 불법행위도 용납되지 않는다는 종사자들 사이의 의식과 컴플라이언스 문화를 포함한다.

A: 고위간부와 중간간부의 약속(실천의지)_{Commitment by Senior and Middle Management}

-컴플라이언스 조직, 방침 그리고 절차를 넘어 회사의 모든 수준에서 법률과 함께 윤리·컴플라이언스 문화를 만들고 촉진하는 것이 중요하다.

-컴플라이언스 프로그램의 효율성은 회사 리더십에 의한 높은 수준의 약속이 중간 및 상층부로부터 컴플라이언스 문화를 실행토록 요구한다.

-회사의 탑 리더(이사회와 이사)는 종사자들을 위한 분위기를 형성한다. 검사는 고위직이 윤리적 기준을 명확히 고안하고, 이를 확고한 어조로 수행하고 퍼트리는지, 엄격하게 지키는지 조사해야 한다.

□ 상층부에서의 실행_{Conduct at the top}: 고위직의 말과 행동을 통해 조사와 관련된 불법행위 형태를 포함하여, 컴플라이언스를 어떻게 촉진, 또는 좌절시켰는가? 그들의 구체적인 조치는 회사의 컴플라이언스와 시정 노력에서 어떤 리더십을 보여주었는가? 매니저는 새로운 비즈니스, 또는 더 큰 이익을 추구하기 위해 더 큰 컴플라이언스 리스크를 어떻게 용인했는가? 매니저는 비즈니스 목적을 달성하기 위해 종사자들에게 비윤리적으로 행동하거나, 컴플라이언스 인력이 그들의 임무를 효율적으로 수행하지 못하도록 방해를 해왔는가?

□ 공유된 약속_{Shared Commitment}: 고위직과 중간 간부 이해관계자들(예: 경영·운영, 재정, 계약, 법무, 인사 매니저 등)은 시정 노력을 포함하

여 컴플라이언스, 또는 컴플라이언스 인력에 대한 그들의 약속 (실천 의지)을 어떤 식으로 보여주었는가? 그들은 경쟁의 이해관계, 또는 비즈니스 목적 달성 앞에서도 약속을 지속해서 실천해 왔는가?

☐ 관리 · 감독_{Oversight}: 컴플라이언스 전문성은 이사회에서도 유용한 것인가? 이사회(그리고 또는) 외부 회계감사인은 컴플라이언스 · 통제 기능에 대한 간부회의, 또는 그룹 회의를 개최했는가? 이사회와 고위간부는 불법행위가 발생할 수 있는 영역에 대한 관리 · 감독을 위해 어떤 형태의 정보를 조사했는가?

B: 자율과 자원_{Autonomy and Resources}

-효율적 운영은 충분한 권한과 위상을 가지고 일상적인 관리 감독을 행사할 수 있어야 한다.

-검찰은 컴플라이언스 프로그램이 어떻게 구조화되어있는지 평가해야 한다. 나아가 검찰은 컴플라이언스 기능 내에서 인력과 자원의 충분성, 특히 컴플라이언스 책임자가 있는지 다루어야 한다.

(1) 조직 내에 충분한 경력자

(2) 충분한 자원, 즉 필요한 회계 · 문서화 · 분석을 수행하는 인력

(3) 이사회나 이사회 감사위원회에 직접적 접근 등과 같은 충분한 관리의 자율성이다. 그러나 각 요소의 충분성은 특정 회사의 크기, 조직체계, 리스크 프로파일에 의존한다.

-검찰은 컴플라이언스 인력이 효율적으로 부패행위를 탐지하고 예방하도록 권한이 위임되고 자리매김하여있는지에 대한 지표로, 내부 회계감사기능이 그들의 독립성과 정확성을 확보하는 데 있어 충분한 수준으로 수행되는지 평가해야 한다.

-검찰은 또한 회사가 컴플라이언스에 기여한 자원, 컴플라이언스와 관련된 인력의 질과 경력(그들이 잠재적 리스크를 초래하는 거래와 활동을 이해하고 밝혀낼 수 있다는 점에서), 컴플라이언스 기구의 권한과 독립성, 그리고 이사회에 전문적 영향력을 행사할 수 있는 컴플라이언스의 유용성을 평가해야 한다.

☐ 조직체계_{Structure}: 회사 내의 어느 부서(법무, 경영 또는 CEO · 이사에 독립적 보고기구 등)에서 컴플라이언스 기능을 수행하는가? 컴플라이언스 기구는 누구에게 보고하는가? 컴플라이언스 기구는 임명된 CP 책임자_{Chief compliance officer} 아니면 회사 내 다른 이사에 의해 운영되는가? 그리고 그 책임자는 회사 내에서 다른 역할을 가지고 있는가? 컴플라이언스 인력은 컴플라이언스에 책임이 있는가? 아니면 회사 내 다른 분야에도 책임을 지고 있는가? (인력의 전담 여부) 회사는 왜 이런 선택을 하였는가?

☐ (직위 등에 있어서) 선임과 위상_{Seniority and Stature}: 다른 전략 기구와 위상, 보상수준, 서열, 타이틀, 보고라인, 자원, 핵심의사결정자에 대한 접근 등에서 비교했을 때 컴플라이언스 보고 기구는 어떠한가? 컴플라이언스 조직의 이직률은 어떠한가? 컴플라이언스는 회사의 전략과 운영의 결정에 있어 어떠한 임무를 수행하는

가? 회사는 컴플라이언스가 제기한 문제에 대해 어떻게 대응하는가? 컴플라이언스 관심의 결과로 거래나 합의가 종결, 변경되거나 추가적 조사가 이루어진 적이 있는가?

□ 경험과 자격_{Experience and Qualifications}: 컴플라이언스 조직은 그들의 직무와 책임에 적합한 경험과 자격을 가지고 있는가? 회사는 컴플라이언스와 다른 콘트롤 인력의 훈련과 개발을 위해 추가 투자를 하는가? 컴플라이언스 기구와 해당 기구에서 수행한 것에 대해 누가 평가하는가?

□ 재정지원과 자원_{Funding and Resources}: 효율적인 회계감사, 문서화, 분석, 그리고 컴플라이언스 결과의 조치를 위해 컴플라이언스 인력이 충분히 지원되는가? 컴플라이언스 조직은 자원을 요청할 때 거부된 적이 있는가? 만약 그렇다면 어떤 근거로 거부되는가?

□ 데이터 자원 및 접근_{Data Resources and Access}: 컴플라이언스 조직은 회사의 방침·통제·거래 과정에 대해 시의적절하고 효율적인 모니터링, 검사가 가능하게끔 관련 자료의 소스에 접근할 권한을 충분히 가지고 있는가? 정보 접근을 제한하는 장애 요인이 있는가? 있다면, 회사는 이러한 장애 요인을 해결하기 위해 어떤 조치를 취하는가?

□ 자율성_{Autonomy}: 컴플라이언스 조직은 이사회, 혹은 감사위원회의 누구에게나 직접적인 보고 권한을 넘겨 주는가? 이사들에게 얼마나 자주 보고하는가? 상위직급의 임원은 이러한 보고에 참여하는가? 회사는 컴플라이언스 조직의 독립성을 어떤 방식으로 확보하는가?

□ 아웃소싱 컴플라이언스 기능_{Outsourced Compliance Functions}: 자사의 모든, 또는 일부 컴플라이언스 기능을 외부 회사나 컨설턴트에게 아웃소싱하는가? 만약 그렇다면 왜, 누가 외부 회사나 컨설턴트를 관리·감독하고 연락할 책임을 가졌는가? 아웃소싱된 프로세스의 효율성은 어떻게 평가하는가?

C: 인센티브와 징계조치_{Incentives and Disciplinary Measures}

- 컴플라이언스 프로그램의 효율적 수행은, 컴플라이언스를 위한 인센티브와 컴플라이언스가 없는 경우 역 인센티브를 부여하는 데 있다.
- 검찰은 회사가 명확한 징계 절차를 가지고 있고, 그러한 것들을 조직 내에서 지속적으로 강조하고, 징계가 위반행위에 비례하는지 조사해야 한다.
- 검찰은 또한 종사자들의 직위 등과 관계없이 비윤리적 행위를 한 경우, 용인되지 않을 것에 대한 커뮤니케이션 전달의 범위에 대해 평가해야 한다.
- 기관의 컴플라이언스 프로그램은 a) 컴플라이언스 및 윤리 프로그램에 부응하기 위해 수행하는 데 적절한 인센티브, b) 범죄행위에 가담하거나 범죄를 예방하고 탐지하는 조치를 취하는 것에 대한 실패와 관련하여 징계 조치가 촉진되고 실행되어야 한다.

□ 인사 프로세스_{Human Resources Process}: 불법행위의 형태를 포함하여 주가 징계 결정에 참여하는가? 각 불법행위의 사례에 대해 동일한

프로세스를 따랐는가? 그렇지 않았다면 이유는 무엇인가? 정보를 제한한다면 법적, 또는 조사와 관련한 이유가 있는가? 아니면 내부제보자 또는 외부조사로부터 회사를 보호하기 위해 거짓 이유를 대는 것인가?

☐ 지속적 적용_{Consistent Application}: 징계 조치와 인센티브가 조직 전체에 걸쳐 공정하고 일관되게 적용되는가? 컴플라이언스는 일관성을 확보하기 위하여 조사와 조사 결과에 따른 징계를 모니터하는가? 이와 달리 이루어진 사례가 있는가? 있다면 이유는 무엇인가?

☐ 인센티브 체계_{Incentive System}: 회사는 컴플라이언스에 관한 인센티브와 보상에 대해 고려하는가? 컴플라이언스와 윤리적 행위에 대해 어떤 방식으로 인센티브를 부여하는가? 누가 징계, 컴플라이언스 운영인력의 승진, 보너스 등 보상체계를 결정하는가?

3. 'Does the corporation's compliance program work, in practices?'

(기업의 컴플라이언스 프로그램이 실질적으로 운영되고 있는가?)

○ 기업연방 기소원칙_{The Principles of Federal Prosecution of Business Organization}은 검사가 법 위반과 기소 결정 시 컴플라이언스 프로그램의 적합성과 효율성을 평가하도록 요구한다.(JM 9-28.300)

○ 가장 어려운 질문 중 하나는, 프로그램의 불법행위가 즉각적으로 탐지되지 않으면 컴플라이언스 프로그램이 법 위반 시에도 효율적으로 작동되는지 평가해야 한다는 점이다. 이러한 질문에 답하

는 과정에서, 불법행위의 존재 자체만으로 컴플라이언스 프로그램이 작동되지 않았다거나, 비효율적이었다는 점을 의미하지는 않는다는 것을 주목해야 한다.

o 법 위반을 즉각적으로 예방하고 탐지하지 못한다고 해서, 그 프로그램이 불법행위를 예방하고 차단하는데 효율적이지 못했다는 의미는 아니다.

o 물론, 컴플라이언스 프로그램이 제때 개선되어 자진신고를 허용하는 것을 포함한 불법행위를 효율적으로 밝혀낸다면, 검찰은 컴플라이언스 프로그램이 효율적으로 작동하고 있다는 강한 지표로서 보아야 할 것이다.

o 불법행위가 일어날 때 컴플라이언스 프로그램이 효율적이었는지 평가할 때, 검찰은 불법행위가 어떻게 탐지되었는지, 의심 가는 불법행위 조사 시 조사 근거, 개선 노력의 특성과 철저함 등을 고려해야 한다.

o 기소 결정 시 컴플라이언스 프로그램이 효율적으로 작동하였는지 판단하기 위해, 검찰은 프로그램이 현존하고 변화하는 컴플라이언스 리스크를 해결하고자 지속해서 변화해 왔는지 고려해야 한다.

o 또한 무엇이 불법행위를 초래했는지, 앞으로 같은 사건을 예방하는 데 필요한 개선조치의 정도를 이해하기 위해 근본적인 원인분석을 충분히 했는지 고려해야 한다.

A: 지속적 개선, 주기적 검사와 검토_{Continuous Improvement, Periodic Testing, and Review}

- 효율적인 컴플라이언스 프로그램의 특징은 개선되고 발전해 나가는 역량에 있다. 실질적인 통제의 실행은 리스크의 영역과 잠재적 조정을 반드시 밝혀낼 것이다. 회사의 경영은 업무환경, 고객 특성, 관련 법규, 적용되는 산업 기준 등이 변하는 것처럼, 시간이 흐름에 따라 변화해 간다. 따라서 회사가 프로그램을 검토하고, 그것이 오래되지 않았다는 것을 확인하기 위한 노력을 기울여 왔는지 살펴보아야 한다. 일부 회사는 평가의 특성과 주기가 규모와 복잡성에 따라 다르다고 하더라도, 종사자들을 대상으로 컴플라이언스 문화를 측정하기 위한 설문조사를 시행하고, 컴플라이언스 프로그램이 효율적으로 작동되고 있는지 확증하기 위해 주기적인 감사를 시행하고 있다.

- 검찰은 개선과 지속가능성을 촉진하기 위한 노력을 보상할 수 있다. 특정 컴플라이언스 프로그램이 실제 현장에서 작동되는지 평가할 때, 경험으로부터 얻은 교훈에 비추어 프로그램을 개선해 나갔는지 고려해야 한다. 회사가 범죄행위를 탐지하기 위해 모니터링과 감사를 포함하여 컴플라이언스 및 윤리 프로그램을 따랐는지 확증하고자 합리적인 절차를 수행하였는지 살펴보아야 한다. 이러한 선제적 노력은 기소, 또는 벌금 부과 시 고려될 수 있다.

출처: 이천현, 황지태, 박학모(한국형사·법무정책연구원), 조창훈, 김상수(기업 준법윤리·준법경영 인증제도_{Compliance program} 도입 및 운영 방안 연구, 2021.11, 경제·인문사회연구회), 국민권익위원회 민간협력담당관실 제공 참고

| 참고문헌 |

각 단체, 조직의 홈페이지와 공시자료
언론 보도자료, 뉴스칼럼
네이버 전자사전
나무위키
YouTube
Wikipedia(영문)

공정거래조정원 CP 등급평가 안내

김성용 · 서권식 · 장대현 · 정관영 · 진욱재 · 최희정, 『컴플라이언스 솔루션』 (한
　국컴플라이언스아카데미, 2019.12)

김화진, 『소유와 경영』 (더벨, 2020.4)

조창훈 · 이근택 · 김종천 · 민병조, 『영업점 컴플라이언스 오피서(공통편)』 (한국
　금융연수원, 2014.2)

조창훈, "Compliance 시스템 구축의 실무적 이슈 검토 -효과적인 Compliance
　기능과 Compliance Committee 유형-", 선진상사법률연구 79호, 2017

조창훈, 미국과 우리나라 기업범죄, 기업윤리와 컴플라이언스 관련 제도 비교
　(2018.3.30. 경제법연구)

이천현 · 황지태 · 박학모(한국형사 · 법무정책연구원) · 조창훈 · 김상수, 『기업 준
　법윤리 · 준법경영 인증제도(Compliance program) 도입 및 운영 방안 연구』
　(2021.11, 경제 · 인문사회연구회)

마틴 비겔만, 『컴플라이언스』 (연암사, 2021)

노동래, 「금융투자 회사 컴플라이언스 프로그램의 운영 현황 및 개선방안에 관한
　연구」, 윤리 · 준법경영연구 제15권 제2호 (통권 제22호)

박미혜, 소비자의 정치적 소비행동과 관련된 영향요인 연구 (소비자정책연구,
　2020.6)

박미혜, 정치적 소비의 개념화와 척도개발 연구 (소비자학연구, 2019.4)

송혜진·박진주, 동의의결제도의 실효성 확보를 위한 운영방안 연구: 동의의결 이행관리를 중심으로 (한국소비자원, 2020)

김종국, 『협력경영』 (드림디자인, 2014.12)

문성후, 『부를 부르는 ESG』 (플랜팩토리, 2021)

이형종·송양민, 『ESG 경영과 자본주의 혁신』, (21세기북스, 2021)

김정수, 『반 부패의 세계사』, (가지, 2020)

김재필, 『ESG 혁명이 온다』, (한즈미디어, 2021)

배진욱, 「잇단 횡령 사고에 묘책 있을까…'3중 방어선' 쌓고 CEO·CFO 교차 확인」 (매일경제, 2022)

ISO 37301:2021(Compliance management systems: Requirement with guideline for use

ISO 37001:2016(Anti-bribery management systems: Requirement with guideline for use)

ESG와 윤리·준법경영.ZIP

초판 1쇄 인쇄 2022년 06월 30일
초판 1쇄 발행 2022년 07월 06일
지은이 용석광

펴낸이 김양수
책임편집 이정은
편집디자인 권수정

펴낸곳 도서출판 맑은샘
출판등록 제2012-000035
주소 경기도 고양시 일산서구 중앙로 1456(주엽동) 서현프라자 604호
전화 031) 906-5006
팩스 031) 906-5079
홈페이지 www.booksam.kr
블로그 http://blog.naver.com/okbook1234
이메일 okbook1234@naver.com

ISBN 979-11-5778-554-4 (03320)